REMEMBRANZAS

K

REMEMBRANZAS

ESCENAS DE UNA VIDA COMPLICADA

SINÉAD O'CONNOR

Traducción de Iñigo García Ureta

LIBROS DEL KULTRUM

Publicado por:
LIBROS DEL KULTRUM
Sinónimo de Lucro, S.L.

TÍTULO ORIGINAL:
Rememberings: Scenes of a Complicated Life

Copyright © 2021 by Universal Mother, Inc.

Published by special arrangement with
Houghton Mifflin Harcourt Publishing Company

© de la traducción 2021, Iñigo García Ureta
© de la fotografía de la cubierta 1991, de Herb Ritts

© de esta edición 2021, Sinónimo de Lucro, S.L.

Derechos exclusivos de edición:
Sinónimo de Lucro, S.L.

ISBN: 978-84-18404-06-1
DEPÓSITO LEGAL: B 5539-2021

En la cubierta: fotografía de Herb Ritts para *Rolling Stone*,
1991, Trunk Archive, Creative Image Licensing

Fotografías del dorso de la cubierta y la contracubierta
© Kate Garner, con autorización de Bolt Agency, Londres.
Diseño de Mark Robinson

Letra de «To Ramona», de Bob Dylan, copyright © 1964
de Warner Bros. Inc.; renovado en 1992 por Special Rider Music.
Todos los derechos reservados. Copyright internacional asegurado.
Reproducida con autorización de Special Rider Music.

Diseño de interiores y composición: Sergi Godia
Diseño de la cubierta: PFP Disseny
Impresión y encuadernación: Romanyà Valls

Primera edición: junio de 2021

ÍNDICE

Prefacio   11

PRIMERA PARTE

Prólogo: *Hey, Hey, We're the Monkees!*   19
El piano   21
Mis abuelos   25
Agosto de 1977   28
Lourdes   33
Mi tía Frances   40
El tren   42
Perdida en la música   48
¿Me seguirás queriendo mañana?   56
La colección de discos de mi madre   60
Por qué canto   63
La casa del sol naciente, primera parte   68
La casa del sol naciente, segunda parte   74
La casa del sol naciente, tercera parte   80
Cantar a la sirena   88
Hermanas   93
Cualquier sueño me vale   97
Te quiero, John   99
Sobre papá   101
Un poema de la infancia   103

SEGUNDA PARTE

¿Quién eres?   107
Acomodándome   122
Una o dos lecciones   126
Material inflamable   131
Raparme la cabeza   134
The Lion and the Cobra   137
Relojes y woks   142
«My Boy Lollipop», julio de 1987   148
A la manera de los jóvenes amantes   153
There Is a Light That Never Goes Out, 1987   155
Buenas noticias, malas noticias, etc.   163
Cómo pasa el tiempo   168
Rosas de papel   171
Sheviti Adonai L'negdi Tamid   173
That's Why There's Chocolate And Vanilla:
    la discográfica   187
«War», primera parte – *Saturday Night Live*, 1992   193
«War», segunda parte – «Gotta Serve Somebody»   201
No tiene por qué ser así   205
El estado en el que he estado – 1992, unos días
    más tarde   207
Un sintecho en Semana Santa   212
«War», tercera parte – octubre de 1992   214
Mi himno americano   219

TERCERA PARTE

Algunos apuntes musicales   227
I Do Not Want What I Haven't Got   229
Am I Not Your Girl?   234
Universal Mother   236
Gospel Oak   244
Faith and Courage   247
Sean-Nós Nua   250
Throw Down Your Arms   252

Theology 254
How About I Be Me 257
I'm Not Bossy, I'm the Boss 260
Próximamente... 262
«Dagger Through My Heart» 265
El mayor amor de todos 267
Lou Reed 274
Algunas lecciones e historias verdaderas 276
Un señor entrometido 278
Jake, Roisin, Shane y Yeshua 280
El mago de Oz 289
Hacia adelante y ahora 299
25 de septiembre de 2019 303

Epílogo 306
Posfacio 308

Dedicado con amor al personal y a los pacientes
del St Patrick's University Hospital, Dublín

para mi padre
y para David Rosenthal, Bob Dylan y Jeff Rosen.

PREFACIO

No alcanzo a recordar nada más que lo que buenamente pude entregar a mi editor. A decir verdad, excepción hecha de algunas cosas de índole privada o que prefiero sepultar en el olvido. La totalidad de cuanto no me ha sido dado recordar daría para atiborrar diez mil bibliotecas, así que mejor –proclamo– que no lo recuerde.

Puede decirse que no retuve gran cosa porque, hasta hará cosa de seis meses, no he estado –lo que se dice– en mis cabales. A la hora de sentarme a escribir estas líneas cuento cincuenta y cuatro años. Muchas son las razones por las que no he estado en mis cabales ni muy presente. Es mi propósito aquí rendir cuenta de dichos motivos. Al menos de la mayoría.

Lo cierto es que antes de que saliera mi primer álbum sí tuve conciencia de estar muy presente, pero luego resolví mudarme a otro lugar dentro de mí. Empecé entonces a fumar hierba y no dejé de hacerlo hasta mediado el 2020. Razón por la que puede afirmarse, sin temor a faltar a la verdad, que no he estado aquí del todo, y cuando una no está de cuerpo presente no se antoja cosa fácil acordarse de las cosas.

También me produce cierta incomodidad escribir sobre cómo creo y vivo mi propia música pese a que en aquella época sí me sentía presente, si bien en el rincón más profundo de mis entrañas, lugar que solo yo frecuentaba. Aunque supongo que si una pudiera escribir sobre música no necesitaría la música, de modo que muchas de las cosas que comentaré en este libro no versarán siempre sobre mi oficio. Sea como fuere, son la suma de cuanto me ha sido posible recordar y contar desde mi juventud hasta la fecha.

He omitido deliberadamente mentar en el relato a algunas personas, porque me consta que prefieren preservar su anonimato, y a otras tantas porque es mi deseo que se jodan cuando traten de dar con su lugar en el libro y no lo encuentren.

El hecho de que no me encontrara del todo presente explica por qué en esta crónica se escuchan dos voces muy distintas: una, cuyas andanzas conducen hasta el fatídico momento en que rompí la foto del papa en 1992, y otra, nueva, que emerge y empieza a abrirse paso poco después de aquella epifanía. El lapso de cuatro años que media entre ambas trae causa del bloqueo que me sobrevino tras «el serial del papa» (refiérome a la noche anterior y a la propia aparición en *Saturday Night Live*) y me impidió volver a escribir. Fueron años en los que viví a caballo entre varios centros psiquiátricos, tratando de comprender qué era lo que me impedía sentirme presente en mi propia vida. Con el tiempo, una nueva voz tomó la palabra. Quiero pensar que el lector lo entenderá y de veras espero que le parezca aceptable. (No hay mucho más, a decir verdad, que pueda hacer al respecto.)

Veo aquel primer hilo de voz como la trémula voz de un espectro y, en cambio, la segunda se me manifiesta como la de una mujer viva. Ambas tienen su importancia y su sentido. Hubo una muerte y un renacimiento simbólicos. Y una puede percibirlo en estas páginas. De hecho, debo decir que me siento bastante orgullosa del resultado.

Ahora bien, nada más lejos de mis aspiraciones que hacerme con el premio Booker en un futuro próximo.

Como escritora no le llegó ni a la suela del zapato a Bob
Dylan ni es mi intención equipararme al bardo de Strat-
ford-Upon-Avon; la verdad de las cosas es que ni siquiera
osaría compararme a mi maravilloso hermano Joseph.[1]
Pero he contado mi historia tal y como la recuerdo, y con
el firme propósito de que sonara tal y como la narro en
voz alta. En mi imaginación me asistía una persona con
la que conversaba a la hora de escribir o dictar estos ca-
pítulos pero no voy a revelaros su identidad.

Era yo muy joven cuando arrancó mi andadura como
artista. Nunca tuve ocasión ni me tomé tampoco el tiempo y la distancia necesarios para «encontrarme a mí misma». Creo, no obstante, que con la lectura de este relato
se adentrarán en la historia de una chica que se encuentra a sí misma, mas no por haber saboreado las mieles
del éxito en las cumbres del panteón de la industria discográfica, sino por no dejar pasar la oportunidad de perder verdaderamente la cordura de un modo sensato y
justificado. El caso es que, después de perderla, una se
encuentra de nuevo y siente que se desenvuelve mucho
mejor en la vida.

Ahora soy una mujer más adulta y tengo una voz diferente. Las páginas que siguen querría pensar que no
son más que unas primeras memorias. Tengo intención,
a partir de ahora, de llevar una larga y reposada vida, y
en esta ocasión es mi intención llevar un diario para no
dejarme nada en el tintero. No obstando lo antedicho,
era muy necesario que dejase explayarse a la niña que

---

[1] Novelista, guionista, dramaturgo y locutor de radio. Es autor de
nueve novelas entre las que destacan *Star of the Sea*, *Ghost Light* y
Shadowplay. Obtuvo el Prix Zepter a la novela europea del año, así
como el Prix Millepages de Francia, el Premio Acerbi de Italia, amén
de otro galardón concedido por la American Library Association, además de hacerse con el Premio Irish Pen a su obra literaria. Sus obras
han sido traducidas a cuarenta idiomas. Desde 2014 compagina la
escritura con la docencia en la Universidad de Limerick. (*N. del E.*)

llevo dentro, porque está bien claro que buena falta la hacía. Gracias al hecho de haber tomado esa determinación, ella se nos presenta ahora un poco más mayor y decide anclarse en la visión que de ella misma tiene a los diecisiete.

Sepan, por favor, que profeso un profundo e infinito amor, y no menor compasión, por mis progenitores, que me dieron lo mejor de sí mismos en la que fue una época muy difícil para Irlanda y para los irlandeses. Mi padre sigue siendo mi ídolo, toda vez que ha soportado más dolor que ningún otro ser humano que yo conozca y lo ha sobrellevado siempre de un modo heroico. Es el nuestro linaje de soldados, tengo tíos y tíos abuelos militares. Es algo que mi padre y yo llevamos en la sangre.

Espero y deseo que al dejar hablar a la niña no ofenda ni incomode a ningún miembro de mi familia. Aquí no hablo de otras experiencias más que de las mías. Y ofrezco mis disculpas de antemano si algo de lo que he escrito puede ser causa de alguna molestia. No era ni es esa mi intención.

Mi propósito no era otro que derramar ante mí todas las piezas del rompecabezas por el que me tengo para tratar de ver si era capaz de juntarlas. Buscaba con ello hacerme entender. Asimismo, tampoco quería que el ignorante de turno se aprestara a contar mi historia cuando yo haya dejado este mundo, cosa que habría sucedido de no haberla contado yo de mi propio puño y letra.

Si a algo aspiro con este libro, por mi condición de artista, no es a otra cosa que lograr que anime a algunas personas a mostrarse tal como son. Mi público parece estar compuesto por gente a la que le ha costado mucho (y lo ha pasado mal luchando por) mostrarse como es. No es fácil reunir el valor necesario para ello, y tal vez desconozcan que solo gracias a ese dolor compartido llego a manifestarme tal como soy. Sobre las tablas de un escenario siempre puedo ser quien de veras soy.

Fuera del escenario, difícilmente alcanzo la misma franqueza. A no ser que fuera por medio de la canción, nunca nada de lo que hice o dije tuvo sentido para nadie, ni siquiera para mí misma.

Espero que lo que aquí es mi propósito contar sí adquiera cierto sentido.

De lo contrario, anímense a cantarlo y a ver si así les sonríe mejor fortuna.

PRIMERA PARTE

PRÓLOGO:
HEY, HEY, WE'RE THE MONKEES!

Antes de meternos en harina de otro costal, y a fin de que no haya duda alguna al respecto, ahí les va la hoja de ruta para navegar por la constelación familiar con el pormenorizado relato de cuándo y con quién anduve.

Mi madre, Marie, y mi padre, John, se casaron en 1960 y se instalaron en Crumlin, el barrio de Dublín donde se habían criado. Tres años más tarde nació mi hermano Joe y la familia se mudó a Glenageary, un barrio de clase media al otro lado de la ciudad. Y en 1965 nació mi hermana, Éimear. Luego vine yo, catorce meses después, en 1966. Y tiempo después, ya en 1968, mi hermano John.

En 1975, mi padre dejó a mi madre por razones que este libro les ayudará a comprender. Obtuvo la custodia de la progenie entera y nos fuimos a vivir con él y con Viola, su nuevo amor y mi (encantadora) madrastra. Pero mi hermano menor y yo apenas nos quedamos unos seis meses con ellos porque echábamos de menos a nuestra madre.

En aquella época yo apenas tenía nueve años. Viví con mi madre hasta los trece y luego, por mi propia cuenta y riesgo, me mudé de nuevo con mi padre. Después de todo lo que había pasado con mi madre no conseguí adaptarme a mi nuevo hogar, por lo que, a las puertas de los catorce, me inscribieron en lo que eufemísticamente se conoce como un «centro de rehabilitación para chicas con problemas de conducta». (Creo que, a la vista de mi historial, el incauto lector convendrá conmigo que a mi padre deberían haberle devuelto el dinero, porque está fuera de toda duda que de bien poco sirvió.)

A los quince años dejé aquel centro e ingresé en un internado en Waterford. Aquel verano me uní a una banda y, cuando volví al internado, la echaba en falta. Así que, en diciembre, tras cumplir los dieciséis, me escapé de aquel lugar y, con enorme pesar para mi pobre padre, me busqué un estudio; una habitación alquilada, en realidad. Al final, una vez que acepté quitarme el piercing de la nariz que también me había hecho, mi padre me permitió quedarme. Él me pagaba el alquiler, pero no las facturas, así que tuve que buscar trabajo. Padre siempre fue un portento.

Viola, la segunda esposa de mi padre, tiene tres hijas de un matrimonio anterior. Así que tengo tres hermanastras. Viola y mi padre también tienen un hijo en común, Eoin; por lo que puede decirse que, a todos los efectos, tengo otro hermano.

En 1985 mi madre perdió la vida en un accidente de coche, cuando tenía yo dieciocho años. Aquel mismo año Ensign Records me ofreció un contrato discográfico y me trasladé a Londres.

Mi primer hijo nació cuando tenía veinte años, tres semanas antes de que saliera mi primer álbum. Tengo otros tres hijos y dos nietos, así están las cuentas por ahora.

EL PIANO

Es Navidad y estamos en casa de mi abuela paterna, que suele oler a berza (la casa, no ella).

Las luces alrededor del árbol indican que las demás luces del piso de abajo están apagadas. Los adultos están a oscuras, de espaldas al salón, ajetreados con sus respectivos cometidos, corriendo todos arriba y abajo por las escaleras. Soy tan pequeña que solo me verán si agachan la mirada. Tengo prohibido colarme en el salón de mi abuela sin la supervisión de un adulto. Aquí han colocado el árbol de Navidad. Me salí con la mía al colarme para ver los regalos, pero lo que quiero de verdad es otra cosa.

Contra la pared descansa un viejo piano. Sus teclas lucen ambarinas, como la dentadura de mi abuelo. Hay ecos en sus notas: un sonido extraño, como las fantasmagóricas campanas de un barco hundido. A menudo me cuelo aquí solo porque el piano me convoca. Para llamar mi atención logra que el aire a su alrededor vibre en enormes ondas, irradiando colores intensos.

Cuando acaricio sus teclas, el piano suena desconsolado. Es algo ciertamente angustioso. Una vez, al atardecer, le pregunté por qué.

–Porque estoy embrujado –respondió, y me dijo que pegara la oreja contra su vientre, ese panel plano de madera que cuando tocas te queda delante de las rodillas.

Presioné la mejilla derecha y el piano dijo:

Sinéad con cinco años (*cortesía de la autora*).

–Ahora toca algunas notas.

Toqué, estirando el brazo izquierdo hacia arriba, para que mi cara siguiera pegada a su vientre. Entre las notas que toqué acerté a oír otras muchas, así como un revuelo de voces superpuestas que susurraban cosas dispares. No podía entender lo que decían, eran demasiadas.

Me acerqué:

–¿Quiénes son?

El piano respondió:

–Historia.

Decía: «Están atrapados. Si nadie me toca no pueden salir, y con tanta gente aquí dentro apenas puedo respirar». Añadió al poco: «No me importa si no tocas bien; solo necesito que me toquen. Tócame con suavidad, con delicadeza, con mansedumbre, porque soy una cosa muy tierna, y en mi vientre esos fantasmas siguen muy traumatizados».

–Aún no me has dicho a quién pertenecen esas voces –insistí.

Contestó que no quería contármelo. Pregunté por qué. Dijo esto:

–Por la guerra.

«Una niña no debería saber nada de la guerra», me decía. «La gente se lo guarda todo, así que sus sentimientos se pierden en asuntos musicales», me aseguraba. «Los fantasmas son cosas que la gente no quiere recordar», afirmaba.

En la casa de mis padres, en Nochebuena, cuando colocamos al Niño Jesús en el pesebre, nos arrodillamos ante el belén del pasillo, algo que no puede hacerse antes de la medianoche, y entonces cantamos canciones que me hacen llorar.

Mi padre tuvo que ayudarme a arrodillarme y luego a subir las escaleras para meterme en la cama. No podía caminar porque tenía el cuerpo cargado de villancicos.

Me arqueaban, me retorcían, me impedían permanecer de pie. Mi padre comprende que esas canciones me hacen llorar. No lo ve como algo raro, pero me preocupa que eso pueda significar que, en efecto, soy rara: me preocupa que las canciones me hagan llorar, temo estar lisiada, me asusta ser solo una niña. Tras arroparme en la cama me canta «Scarlet Ribbons». Su voz suena muy triste. De hecho, él parece muy triste. Tan triste como yo.

Lovely ribbons, scarlet ribbons
Scarlet ribbons for her hair [2]

Esa canción me deja alucinada. Que los ángeles existan, y que los ángeles te dejen lacitos, y que las plegarias de los niños sean atendidas y que el *capo di tutti capi* pueda eclipsar a los padres…

Pero no son lacitos lo que yo quiero, lo que deseo es que las canciones me transporten a ese otro mundo. No me gusta la realidad. No quiero volver a yacer en ella al cabo de tres míseros minutos y tener que permanecer en ella hasta que se me presente la próxima oportunidad de verla desaparecer.

[2] «Lazos preciosos, lazos de color escarlata / lazos escarlatas para su melena».

MIS ABUELOS

El padre de mi padre es ebanista. Cría canarios y palomas mensajeras que guarda en una pajarera de malla y madera que él mismo construyó y se extiende a lo ancho del fondo de su jardín. Me gusta mucho. Es más regordete que mi abuelo materno y risueño, tiene una risa achispada.

Solía cogerle el dedo índice con la mano y lo arrastraba hasta la pajarera para poder verlo echar a volar esas palomas, a las que ataba en sus patas mensajes insertados en barrilillos. Luego las veíamos regresar con las patas desnudas. Una vez me preguntó si me gustaría que un pájaro enorme enviara un mensaje de mi parte, así que le pedí que escribiera: «¡Hola, Dios! Firmado, La pícara».

Cuando le pedí que me lo explicara mi abuelo me aclaró que me había puesto el mote de «Pícara», porque un pícaro es un bribón, alguien atrevido, y está claro yo soy la más atrevida de todos los hijos de mi madre. Y echó la cabeza hacia atrás y rio a carcajadas. Parecía un niño grande; sus ojos irradiaban felicidad. Le gusto porque soy audaz. Tal vez él mismo fue el más audaz de los hijos de su madre.

Por las noches, él y mi abuela salen juntos a tomar una copa porque están enamorados. Me gusta verlos perderse por la calle en verano, mientras me balanceo en la puerta de su casa. Se conocieron cuando vivían en la misma calle, llamada Francis Street, en The Liberties, un barrio de Dublín que por tradición solía ser de clase trabajadora y también era el hogar de la Guinness y de otras cervecerías. Pero cuando mi padre tenía doce años su familia tuvo que mudarse de The Liberties a Crumlin, un barrio más residencial cerca del centro de la ciudad. Ahora los padres de mi padre viven en Keeper Road, la misma calle donde también viven los de mi madre. Curiosa casualidad que mis padres se conocieran en la misma calle en la que crecieron, al igual que los padres de mi padre.

El padre de mi madre es repartidor de pan y viste pantalones negros, un viejo chaleco negro con reloj de bolsillo y un largo abrigo negro. Es muy alto y delgado, tiene cierto aire a Éamonn de Valera[3] pero a severa dieta.

Su casa y la de mi abuela son como la mayoría de las casas de ancianos. De las paredes, y sobre la chimenea, cuelgan fotos desgastadas de papas y demás ralea, junto con imágenes del padre Pío y de la Anunciación. En un recodo de las estrechas escaleras se ve una lámpara roja que brilla en la pared, es el Sagrado Corazón. Da mucho miedo; cuando todas las demás luces están apagadas nadie quiere subir por allí.

Al padre de mi madre no le gustan las mujeres que se maquillan. Las llama «Jezabel». Su repertorio de insultos suele ser más bien de origen bíblico. «¡Judas!», gritará cuando se mencione el nombre de fulano. O «¡Fariseo!».

---

[3] Éamonn de Valera (Nueva York, 1882–Dublín, 1975) fue una de las figuras políticas dominantes de la Irlanda del siglo XX. Copropietario de *The Irish Press*, ocupó varios cargos en la Administración entre 1917 y 1973, siendo elegido en varias ocasiones primer ministro y presidente de Irlanda. Figura prominente en la independencia de Irlanda de Reino Unido, se opuso al Tratado anglo-irlandés que desató la guerra civil irlandesa. Redactó la Constitución de Irlanda. «Hubo un tiempo en el que un soñador nato, espigado y austero, de orígenes rayanos en una pobreza de solemnidad, creyó en un gran sueño y lo creó, creó una Irlanda libre del ominoso lastre de la centenaria represión inglesa.» Álvaro van den Brule. (*N. del E.*)

Lo único que anhela en esta vida es un poco de silencio, pero no puede pronunciar la palabra correctamente porque es de Westmeath. Y así, cuando hacemos demasiado ruido o quiere mandarnos callar no dice «*Quiet!*» [tranquilos], sino «*Quite!*» [bastante], lo que nos hace reír, y de nuevo se pone a echar sapos y culebras.

Para compensar el tormento, me coloco detrás de la mecedora y lo acuno con suavidad por las noches, cuando estamos solos él y yo, para que se duerma. Compongo música en mi cabeza, al ritmo de la silla para que mis movimientos sean muy suaves y no se despierte: «Un-dos, tres, un-dos, tres, un-dos, tres», así, una y otra vez.

AGOSTO DE 1977

Elvis ha muerto.[4] Estoy llorando a moco tendido y no acierto a hacer la cama. El cuerpo no me responde. Sigo intentando extender la sábana a través de la cama, pero no puedo, no me responden los brazos. Intento arrastrarme por la cama con una esquina de la sábana en cada mano, pero no puedo, me fallan las piernas. Y mi madre se enfada porque no he hecho la cama. Me da vergüenza explicar por qué estoy poniendo perdidas de mocos y lagrimones esas sábanas limpias o por qué sigo cayéndome de rodillas y volviéndome a levantar. A ella también le gusta Elvis. Es más, juraría que ella sospecha por qué hoy no doy pie con bola. No se enfada por lo de la cama. En realidad, ni siquiera está enfadada, lo cual es bastante raro.

Ahora que Elvis nos ha dejado necesito un nuevo padre. Mi padre no está muerto, solo que no lo he visto en mucho tiempo porque a mi madre no le gusta. De hecho, no se soportan. Cuando están juntos tengo miedo. Sin embargo, quedarme sola con nuestro padre no me da miedo; pero ella es diferente.

[4] Refiérese la autora no a su ilustre paisano Elvis Costello, el que aún viste y canta, sino a Elvis («The Pelvis») Presley (1935-1977), rey emérito del rock 'n' roll "blanqueado" para consumo y deleite de los rostros pálidos. (*N. del E.*)

No busco un padre porque tengo a Dios. Y Dios me envía cosas, porque hablo con Él. Como es natural, Él es el padre número uno. Pero yo soy una niña. Necesito oír la voz de un padre, y Dios Todopoderoso no tiene el don de la voz terrenal. Por alguna razón, me gustan las voces. No sé por qué. A veces me dan ganas de abrazar a la gente solo con oír su voz, aunque temo los abrazos.

Cuando alguien intenta abrazarme, el cuerpo no me responde. Me gusta mi tía Lily, pero no puedo abrazarla, aunque sé que eso hiere sus sentimientos. Y de verdad quiero hacerlo. Pero me quedo tiesa y en mi cabeza veo una jauría de lobos, amontonados los unos sobre los otros, cubiertos de sangre, tanta que no pueden moverse, y solo hay un lobo que acierta a correr de un lado a otro, el que estaba en el fondo del tumulto cuando pasó lo que pasó y no está manchado de sangre. Está buscando ayuda.

Tampoco he visto por un tiempo a mi abuela, la madre de mi madre. Ella tiene una voz mansa y agradable. Le gusto. Dice que soy sincera y que nunca me disculpe si no voy a hacerlo en serio. Me deja comer todo lo que se supone que no debo comer. Me mete en su cama y con solo mirarme a los ojos logra que me quede dormida. Me gusta el tictac de su reloj. Me obliga a escuchar música. No la he visto desde que tenía seis años. Aquel día vino en autobús desde Keeper Road, haciendo varios trasbordos, para traerme un regalo de cumpleaños. Aunque mi madre no la dejó entrar. Mi abuela lloró y se quedó en la puerta, mirándome, sentada en las escaleras. Yo tenía miedo de sus grandes ojos. Ella le suplicó a mi madre. Le dijo que quería verme. Llevaba puesto un abrigo beige. Al final le dio a mi madre mi regalo y me dijo que podía abrirlo en las escaleras pero que luego la abuela tendría que irse, porque no la dejaría entrar por esa puerta, por mucho que fuera diciembre e hiciera frío. A mi abuela le gusta mi cumpleaños porque es un día sagrado y ama a Dios tanto como me ama a mí.

Kitty O'Grady, abuela materna de Sinéad (*cortesía de la autora*).

El regalo era un pijama blanco con unos tigres estampados. Me encantaba. Le sonreí con los ojos a mi abuela, porque sabía que no podía dejar que mi cara sonriera. Ella hizo lo mismo. Pero le corrían las lágrimas por el rostro. Como ya he dicho, no la he vuelto a ver desde aquel día. Empecé a fumar porque ella fuma y me gusta el olor. Y rezo, rezo mucho, porque ella me dijo que lo hiciera. Amo a Dios, como ella me dijo que hiciera. Lo único que le pido a Él es que esté conmigo.

Una buena mañana, después de lo de Elvis, bajo las escaleras y escucho una voz masculina y amable: es un hombre que le canta a una chica, diciéndole que ya no tiene por qué llorar más. Me acerco al tocadiscos. Hago que mi hermano Joe ponga esa canción de nuevo. Pregunto:

–¿Quién es?

–Bob Dylan.

Veo en la portada del álbum a un tipo tan bien parecido que me digo que luce como si Dios hubiera vertido su aliento desde el Líbano y así lo hubiera esculpido a su imagen y semejanza.

Cuando mi hermano no está en casa no se me permite ni siquiera posar la vista sobre ese disco.

A diario le espero, mirando por la ventana, porque él se ha buscado un empleo para el verano. O salgo a la calle y doblo la esquina para vigilarlo. Nunca sé cuándo va a volver a casa. Cuando él sale me siento muy insegura, a mi madre no le hacen ninguna gracia las niñas pequeñas.

Me gusta cómo canta ese tipo, el tal Dylan. Pasa a convertirse, para mis adentros, en el Hombre del Líbano. En el pecho lleva un portabebés vacío. Me zambullo dentro y su voz me reconforta como una manta. Es pura ternura y le encantan las niñas. Siento que puedo dormirme en su pecho.

No tardaría en dejar de llamar a las puertas de los vecinos de Glenageary y de preguntarles si me dejaban ser su hija. Llevaba haciendo eso desde que tenía seis años.

31

De todos modos, siempre me traían de vuelta a casa porque a buen seguro pensaban que mi madre era como las demás madres. Tengo para mí que a Dylan no le darían gato por liebre. Aunque en algunas casas me daban quesitos y cosas así. Una de las familias ante las que me presenté, cuando llamé a su puerta, estaba celebrando la típica congregación de Tupperware.[5] La encantadora señora que allí residía me dejó entrar porque me vio llorando. Me advirtió de que no podría quedarme con ella, pero que sí me dejaba quedarme allí un rato. Así que, a mis anchas, decidí sentarme bajo la mesa porque había mucha gente. Me dieron mucha comida y me hubiera encantado quedarme con ella. En el recibidor, mi madre se comportó muy educadamente cuando aquella señora me acompañó a casa. Luego pensé que, de todos modos, Bob es mucho mejor padre que Elvis. Aunque eso fue lo que pensé cuando me empujó contra la pared y me soltó un rodillazo en el vientre.

[5] Aquelarres para fetichistas conversos que en los años sesenta –y, probablemente, mucho antes en la Norteamérica de la posguerra–, organizaban amas de casa ociosas que transmutábanse en ávidas vendedoras, en plena efervescencia del márquetin piramidal de órbita doméstica, y agasajaban a sus convecinos a fin de endilgarles toda suerte de artefactos de plástico (mayormente contenedores para guardar todo tipo de enseres y alimentos). (*N. del E.*)

LOURDES

Hacía cinco días que acabábamos de volver de Lourdes. La cosa fue un poco dramática. Digamos que mi madre fue presa de uno de sus «accesos» y que después me las ingenié para engatusar a un sacerdote y lo agarré por el brazo para que viniera a ayudarla, porque esa era la razón por la que habíamos ido en peregrinación al santuario.

Al menos, esa es la razón por la que yo fui allí; los otros tuvieron que venir porque el viaje era mi regalo de Confirmación. La misión tenía por objeto averiguar si la madre de Jesús podía hallar un modo de ayudar a mi propia madre. No le conté a nadie que eso era lo que me traía entre manos y lo atribuyeron todos a mi obsesión por todo ese asunto de Lourdes, dado que llevo años leyendo sobre el tema en cuestión. Mi abuela me habló de ello por mi cumpleaños y porque mi segundo nombre, Bernadette, es el mismo que el de la doncella del siglo XIX a la que se le apareció la Virgen María.

El día antes de dejar Lourdes para regresar a Dublín no se había encontrado cura para la locura de mi madre, así que hacia las cuatro de la tarde decidí ir en busca de un sacerdote. Arrastré por las mangas de la sotana a mi víctima, mientras protestaba (yo) porque aquel cura no hubiera mostrado la menor disposición por ponerse a trabajar y se hubiera limitado (él) a pasearse ante las puertas de la basílica, bajo el sol, hojeando un periódico. Él dio su brazo a torcer, porque yo era demasiado para él (le puse ojitos)

Sinéad con su vestido de primera comunión (*cortesía de la autora*).

y lo tenía embobado, como si creer que en Lourdes puede haber milagros fuera una locura, aunque, a decir verdad, esa es la razón por la que lo han contratado sus jefes.

Le conté a mi madre que salía a por un helado, así que mientras lo llevaba a rastras por la calle –una mano en su espalda y tirándole de la manga con la otra, a fin de que no pudiera escapar– le fui recitando la trola que debía soltarle a mi madre si esta le preguntaba cómo nos habíamos conocido. Esperaba que fuera capaz de sonar más convincente que cuando te intentaba soltar una monserga sobre Lourdes.

Por fin él subió a su habitación. Para hacer tiempo, decidí esperarlo en el vestíbulo del hotel, observando a esas guapas señoras francesas que intentaban no parecer tan guapas precisamente porque se encontraban en Lourdes.

Al cabo de un rato baja con el periódico bajo el brazo, el sombrero negro de aspecto vaquero en la cabeza, los ojos verdes llorosos y fijos en el suelo. Cuando pasa junto a mi silla, me hace una señal con la cabeza para que lo siga.

–No puedo hacer nada por ella –dice, y me advierte de que, a menos que pueda escaparme antes, debo rezar hasta cumplir los dieciocho, momento en que podré largarme de casa.

Pienso para mis adentros: «Vaya, genial. Un sacerdote inútil. ¿Cómo coño se las ha ingeniado para obtener este puesto?».

A propósito, hace algunos años me sucedió un milagro propio de Lourdes. El caso es que me había salido una verruga en un dedo del pie, en el pie izquierdo, al lado del dedo meñique. Esa verruga era de las grandes, con un punto negro en el centro y, para colmo, me dolía. Era como la chica que ama a Annachie Gordon[6] en la antigua tonada popular, nada podía arrancarla de allí.

---

[6] «Annachie Gordon», canción tradicional de origen escocés («Lord Saltoun and Auchanachie») versionada por varios artistas de la órbita

El caso es que me dieron cita para ingresar en el hospital a fin de extirparme tamaña verruga, bendita la dicha, ya que significaba que me mimarían sin pausa durante dos días y me colmarían de halagos, y todos tendrían que ser muy amables conmigo; sin olvidar que me libraría de ir al colegio unos cuantos días y que, con un poco de suerte, en el hospital me atiborraría a base de helado y postres de gelatina.

La noche antes de internarme, mi madre me llevó al baño y me echó en la verruga unas gotas del agua bendita de Lourdes que mi abuela le había dado años atrás. Por la mañana, la verruga había desaparecido. No quedaba ni rastro de ella. Nadie habría adivinado que allí había brotado una verruga. Así que, a diferencia de mi amigo sacerdote, a mí sí me consta que los milagros de Lourdes suceden de verdad.

Habíamos contratado el viaje a Lourdes a través de una agencia de viajes. Nos recogió un autobús turístico en el aeropuerto y nos acomodamos a bordo del mismo junto con otras veinte personas que venían en nuestra excursión. No visitábamos solo Lourdes: primero fuimos a un pueblo llamado Nevers para visitar el convento donde vivió y murió santa Bernadette después de que se le apareciera Nuestra Señora.

Exhibían su pequeño cuerpo en una vitrina al estilo Blancanieves y a diario la gente entraba allí para verlo, componiendo una estampa grotesca. Me recordó al zoo-

---

folclórica céltica. Trágica historia de amor que, presumimos, pudo inspirar al bardo de Stratford para elucubrar el dramoncio de Montescos y Capuletos. Sinéad O'Connor grabó una versión de la canción en 2005 para el álbum de homenaje a la afamada acordeonista que da título al mismo: *Sharon Shannon Collection*. En los años treinta, Alan Lomax grabó a Aunt Molly Jackson cantando una versión americana, a la que esta puso por título «Archie D.», corte de la tonadilla del que dícese que es una de las grabaciones más antiguas de la misma inmortalizadas por el infatigable etnomusicólogo. (*N. del E.*)

lógico de Dublín. Habían metido a un cocodrilo en una vitrina de cristal del largo y ancho exactos de su cuerpo, de modo que el pobre animal no podía moverse y apenas tenía suficiente agua para cubrirse las patas, por lo que la parte superior del lomo quedaba expuesta. Y en la tapa del techo de vidrio había un hueco por el que los adultos le tiraban monedas que se posaban sobre el lomo del cocodrilo. Los visitantes se permitían importunarlo ya que no podía moverse. Me pregunto qué haría la gente del zoológico con todas aquellas monedas.

Durante los primeros treinta años que siguieron a su muerte, en 1879, desenterraron el cadáver de Bernadette en tres ocasiones para que la gente pudiera hacerse con fragmentos de sus huesos y depositarlos en sus altares. Al parecer un altar no es sagrado si no contiene alguna reliquia del cadáver de un difunto. Debo señalar que a mí eso se me antoja más diabólico que divino.

En el autobús turístico nos acompañaba un guía que se llamaba J. Trabajaba en una agencia de viajes local y conmigo era muy amable. Se sentaba en el asiento del copiloto y tenía un micrófono para ir contándole a la gente lo que podían ver si decidían mirar por la ventana, a izquierda y derecha. Y después empezó a cantar canciones, y mi madre me rogó un montón de veces que les cantara «Scarborough Fair», lo que hice con mucho sentimiento porque en secreto me había enamorado de J. Cuando regresamos a casa me puse triste porque sabía que iba a echar de menos verlo a diario.

Había estado suspirando y cantando la canción sola. Y luego me harté de hacerlo y decidí cubrir a pie los dos kilómetros que había hasta la agencia de viajes para declararle mi amor y pedirle que se casara conmigo.

Cuando llegué era la hora del almuerzo, pero J. estaba sentado en su escritorio hablando por teléfono. El corazón se me desbocó. Nunca se me había ocurrido que podría estar casado. Tal vez estaba hablando con su esposa. Colgó el teléfono y me vio en la puerta. Me hizo un gesto con la mano para que entrara, sorprendido de que una niña hubiera venido sola a organizar un viaje en una agencia de viajes.

Le dije que necesitaba hablar con él en privado. J. me llevó a una pequeña cocina, me sentó en la mesita redonda, me sirvió un vaso de leche y me preguntó si quería unas galletas, pero yo no podía comer porque estaba muy enferma de amor.

Al no tener valor para hablar, y habiéndome preparado de antemano para esta eventualidad, le pasé una declaración escrita. Él la leyó, sin parar de sonreír, mientras la luz del sol se colaba por la ventana abierta para iluminarle esos encantadores cabellos castaños. Cuando terminó de leer, dobló mi carta con cuidado y me preguntó si podía quedársela. Dijo que era la cosa más bonita que había leído nunca, pero que era demasiado viejo para casarse conmigo, o incluso para ser para mi novio, porque ya tenía treinta años, pero que un día yo conocería a un chico de mi edad y eso sería mucho mejor.

También afirmó que pertenecía a la clase de hombres que aman a otros hombres. Antes jamás había oído hablar de tal cosa, así que tuvo que explicármelo muy por encima. Me contó que en ocasiones Dios crea hombres que solo se enamoran de hombres, o mujeres que se enamoran de mujeres. Me preguntó si me importaría no contarle a nadie lo que me acababa de revelar porque le constaba que la gente no estaba de acuerdo con eso de que haya hombres que amen a otros hombres. Me confesó que con mucha frecuencia la gente era incapaz de reconocer lo que Dios amaba, y dijo que las más de las veces no amaban lo que amaba Dios.

J. me previno y me animó a creer que jamás debe demonizarse ningún tipo de amor si es verdadero, y que siempre debía tener la valentía necesaria para decirle a alguien que lo amaba. Añadió que había sido muy valiente al habérselo confesado y que, al hacerlo, le había hecho muy feliz. Me contó que no está bien que un adulto se comporte como un novio con una niña, y que después de lo sucedido hoy no debía decirle a ningún otro adulto que lo amaba porque no todos los hombres adultos se comportaban tan bien como él.

Cuando me preguntó por qué le quería, contesté que porque se mostraba amable; razón por la cual me dijo que siempre me asegurara de que aquel a quien amara fuera amable. Luego me dijo que cuando quisiera un vaso de leche y unas galletas que podía venir a verlo y que iba a ser mi amigo.

Dado que lo hice sonreír, y fue muy amable conmigo, no me entristeció su respuesta. Caminé a casa muy orgullosa de haber sido tan valiente, imaginando cómo sería mi futuro novio. Hay un chico llamado Gary que vive cerca y que no deja de pedirme que vaya a la disco con él. No se lo he contado a mi madre porque es muy estricta, pero tal vez lo haga.

MI TÍA FRANCES

Ella tiene dieciséis años y yo seis. Frances tiene síndrome de Down. Vive entre semana con las monjas en Navan Road, en una casa de acogida, porque mi abuela y mi abuelo son demasiado mayores para darle los cuidados que necesita, pero viene a casa cada fin de semana y la amo. Es como un gran corazón andante; lo ama todo y nos ama a todos. En su interior no alberga nada malo, solo cosas buenas. Es muy delicada y amable. Tiene las manos pequeñas como su hermana, mi madre, y de hecho es la única persona a la que mi madre adora.

A menudo estoy en casa de mi abuela cuando Frances viene a casa durante el fin de semana. La abuela coge el tocadiscos amarillo de mi abuelo y me lleva a la habitación de Frances y nos encierra allí. Tiene un montón de discos, todos de cantantes pop irlandeses, como Danny Doyle y Luke Kelly. Frances está enamorada de Danny Doyle:

–¿No es encantador? ¿No es encantador? –me pregunta con esa voz nasal tan divertida que tiene. Y yo debo asentir y afirmar que así es porque de lo contrario me golpeará con suavidad en la cabeza. Aunque, a decir verdad, él no tiene nada de encantador: lleva barba y tiene pinta de que se le va la mano con la cerveza.

Frances coloca el tocadiscos sobre la cama y cada vez que pone un disco me hace sostener la carátula con las manos y me obliga a leer en voz alta cada palabra de lo que hay escrito en las notas de tapa y en las galletas, ambas caras. Cuando no acierto a pronunciar una palabra, ella me corrige mientras se pasea por la estancia como una maestra. También me hace tocar cada milímetro de la carátula del disco, con los dedos y las palmas de las manos e incluso con las mejillas. Si no lo hago lentamente y no acaricio cada milímetro me arrea un bofetón.

Colecciona muñequitas, le encantan. Les cose vestidos. Mi madre la ayuda porque de soltera había sido modista, pero en Irlanda en cuanto te casas ya no te dejan trabajar.

La muñeca favorita de Frances se llama Brenda. Un día, sin querer, mi hermana y yo rompimos a Brenda y Frances no nos ha perdonado. Cada vez que nos ve me dice:

—Tú me rompiste a Brenda.

Entiendo cómo se siente porque mi primo le mordió el pico a mi peluche favorito, un pingüino llamado Charlie que mi padre me regaló cuando regresó de un viaje de trabajo. Lo cierto es que no hay manera de que perdone a mi primo y no pienso volver a hablar con él nunca más. Frances es, con diferencia, mucho más amable que yo.

EL TREN

Tras tres meses de descanso volví a clase. A partir de entonces fingía desmayarme un montón de veces sobre mi escritorio para que las monjas me mandaran a casa. Después de todo lo que ha sucedido, están siempre tan preocupadas por mí que me salgo con la mía con actuaciones merecedoras de los Globos de Oro: buenas, pero no como para ganar un Óscar.

¡Genial! A veces me bastaba con pestañear unas cuantas veces para que me enviaran a casa. Tengo por costumbre ser la más gamberra porque siempre estoy robándoles el almuerzo a las otras chicas (sobre todo los sándwiches de mantequilla de cacahuete) o robando en las tiendas de ropa o trincando dinero de los bolsos de los docentes en la sala de profesores para gastármelo en chucherías.

De vez en cuando la hermana Clothilde me lleva a la capilla a rezar para que me quiten las ganas de robar. Hasta ahora no ha surtido efecto, pero eso es porque a mi madre le gusta que robe.

Una profesora, la señora Sheils, solía preguntarme si mi madre me obligaba a hacerlo, pero yo lo negaba todo. Me preguntaba de dónde salían esas costras en mis rodillas, o aquel ojo morado que en una ocasión se me hinchó tanto.

—Te lo ha hecho tu madre, ¿verdad? —me preguntaba.

Pero yo lo niego.

Porque si mi madre se entera de que me he ido de la lengua me mata. No me hizo ninguna gracia mentirle a la Sra. Sheils porque es encantadora. No sé por qué le caigo tan bien, pero así es. Me gustaría ser su hija. Me gustaría irme a su casa con ella todas las tardes. Cuando he dicho que no había sido mi madre pareció echarse a llorar. Se le puso la cara roja como la grana y metió la mano en el bolso para darme dinero para chucherías y me dio palmaditas en la cara, como hace mi abuela.

Me pongo celosa cuando, después de clase, veo a las otras chicas caminar por Merrion Avenue del brazo de sus madres. Yo no soy así: soy la niña que llora de miedo el último día antes de las vacaciones de verano. Tengo que fingir que he perdido el palo de hockey porque sé que si lo llevo a casa mi madre me golpeará con él todo el verano. Aunque tal vez prefiera usar el atizador de alfombras. Me hará desnudarme, me obligará a acostarme en el suelo y abrirme de piernas y brazos, y a permitirle golpearme con el mango de la escoba en mis partes íntimas. Una y otra vez me obliga a decir que «No soy nada» y si no lo hago empieza a pisotearme. Grita que me quiere reventar el vientre. Me hace rogarle que tenga «piedad». En la guardería gané un premio por ser capaz de acurrucarme en una bola, pero mi maestra nunca adivinó por qué se me daba tan bien.

Amo a Jesús porque se me apareció una noche mientras mi madre me obligaba a tenderme en el suelo de la cocina. Estaba desnuda y manchada de cereales y café soluble. Mi madre no dejaba de gritarme cosas espantosas, y yo estaba allí, acurrucada, recibiendo golpes. De repente, allí se me apareció Jesús: en mi mente lo vi en una pequeña colina de piedra, clavado en la cruz.

Nunca le pedí que viniera; simplemente llegó. Llevaba una larga túnica blanca y la sangre le fluía del corazón, manchando la túnica. Aquella sangre corría por el suelo

Con el uniforme de la escuela primaria en Dublín (*cortesía de la autora*).

de la colina para llegar hasta el suelo de la cocina y de ahí hasta mi corazón. Me dijo que me devolvería la sangre que mi madre había tomado y que su sangre me fortalecería el corazón. Así que me concentré en Él. Cuando mi madre terminó conmigo me acosté en el suelo hasta que la oí cerrar la puerta de su dormitorio. Luego ordené todas las cosas que había tirado y puse la mesa para el desayuno.

En una ocasión también se manifestó el Espíritu Santo y se sentó a mi vera, aunque yo no se lo pedí.

Sucedió de la siguiente manera:

A mi vestido le faltaba un botón y era el vestido de mi hermana. Y se suponía que aquel fin de semana nos íbamos a casa de una amiga de mi madre. Me desnudó y golpeó otra vez y luego mi madre desenroscó la bombilla de la lámpara de mi cuarto, me encerró con llave y se fue con los demás. Cuando tengo miedo encuentro trozos de papel y escribo porque no se me permite decir que estoy enfadada con mi madre. Así que escribo y luego rompo las páginas en pedacitos y me las trago para que ella no las encuentre.

Eso sucedió un viernes. Cuando oscureció, busqué en mi habitación hasta que encontré papel y lápiz. Le escribí a Dios. Le dije: «Por favor, ayúdame». Estaba arrodillada en el suelo, de cara a la cama. Entonces, por el rabillo del ojo, vi una pequeña nube blanca y muy brumosa que se posó a mi izquierda, a mi espalda, y se quedó allí toda la noche.

Para mi infortunio, debo decir que el Espíritu no regresó a mi vera ningún otro día.

En todo aquel fin de semana no probé bocado y tuve que orinar en el suelo. Cuando volvió, mi madre se enfadó y me dio una buena paliza de nuevo. Aquel mismo día tuve que ir al hospital porque tenía un dolor horrible en el estómago. El amable y joven doctor dijo:

—Esta niña lleva mucho tiempo en ayunas.

Mi madre dijo que había comido *gulasch*, pero no era cierto.

Me encerró y volvió a largarse, pero por la noche mi padre vino, derribó la puerta y me llevó al médico. No sé cómo supo que yo estaba allí. Se molestó cuando me vio el rostro manchado de sangre coagulada. En el coche casi no dijimos palabra.

Ella también me encerraba muchas veces en el hueco de la escalera.

Cuando estoy en casa, puedo oír la voz de la señora Sheils en mi cabeza pronunciando mi nombre.

También oigo a la hermana Clothilde, llamándome por mi nombre. No sé si le caigo bien, supongo que un poco. Casi nunca sonríe, aunque es la directora, por lo que imagino que no se le permite sonreír muy a menudo. Ser monja debe de ser deprimente. Me aterra en lo más hondo de mi ser que Dios me anime a tomar los hábitos. Rezo una y otra vez para que no anide en mí la vocación, aunque lo cierto es que he sentido en alguna ocasión que me invitaba a trabajar para Él porque es muy bueno conmigo.

La última vez que oí la voz de Clothilde en mi cabeza ocurrió en casa: aún era de día, pero me mandaron a la cama por afirmar que la princesa Ana estaba «preñada». Me contrarió muchísimo que me mandaran a la cama. Y entonces oí la voz de Clothilde y repentinamente saltó el picaporte de la puerta cerrada de mi dormitorio y la puerta se abrió, pero no había nadie. Fui a la sala de estar para preguntarle a mi madre si ella había abierto la puerta. Me contestó que no había subido al piso de arriba, así que no sé quién pudo abrir la puerta. Tal vez fuera Clothilde.

No mucho después, estaba en la estación de Blackrock con mi hermana, para volver a Glenageary después de clase, aguardando la llegada de nuestro tren. Otro tren pasó a toda velocidad y un chico rubio de unos catorce años, con un uniforme escolar gris, abrió de pronto la puerta de uno de los vagones en marcha y esta me golpeó con fuerza en la cabeza, en el hemisferio derecho.

Sangré tanto que mi gabardina escolar quedó empapada desde el hombro hasta la rodilla. Mi hermana y yo montamos en nuestro tren cuando este llegó, nos bajamos en nuestra parada y luego fuimos hasta nuestra casa por la colina, caminando kilómetro y medio. A mi madre la soliviantó sobremanera que yo no conservara el billete de tren que necesitaba para demandar a la empresa del ferrocarril. Me acostaron en el sofá y vino el doctor y me dio unos puntos en la cabeza. Entonces llevaba el pelo muy largo. Cuando terminó de coserme, yo tenía la melena cubierta de sangre y él me advirtió que no debía lavármela durante un mes. Así que olía fatal. También dijo que debía dormir en el cuarto de mi madre, y que ella debía vigilarme por si perdía el conocimiento. En aquella época me lo pasé bien con ella. Me hizo una cama en el suelo y durante el día, cuando los demás estaban en clase, me enseñaba a coser mantas y me hacía batidos de plátano.

Por eso cuando volví al colegio me desmayé. Para forzarla a tenerme en casa y obligarla a amarme.

PERDIDA EN LA MÚSICA

Le pedí al médico de mi madre que la internara por todo lo que pasó después de que mi hermano Joe huyera. Ella llamó a la policía, y ellos pusieron una orden de búsqueda y captura, y él por fin accedió a reunirse con ella cerca de nuestra casa. Me llevó en el coche con ella. Joe se montó en el coche y aseguró que no pensaba a volver a casa. Ella le dijo que si no lo hacía me sentaría en el asiento del copiloto y conduciría por el carril contrario para hacerme daño y obligarle a volver. Pero él no la creyó: se bajó del coche y se alejó.

Acto seguido, ella cumplió con su amenaza. Me sentó en el asiento del copiloto y se estrelló adrede contra otro coche que venía en sentido contrario. Afortunadamente no nos sucedió nada, pero recuerdo que grité sin poder hallar consuelo.

Cuando llegamos a casa llamé enseguida a su médico. Y él vino y me dijo que por nuestro bien se la llevaría al hospital.

Mis hermanos y yo teníamos prohibido visitar a mi madre en el hospital. Me alegré porque así no tuve que decirle que me habían despedido del café. Descubrieron que había robado cincuenta y cuatro peniques, aunque sabían que llevaba sisándoles desde el principio. No puedo dejar de robar. Me despidieron de la tienda de ropa por robar faldas y cárdigan para mi madre. En verano y en Pascua todos tenemos trabajos temporales. La mayoría en restaurantes. Mentíamos cuando nos preguntaban la edad.

Desde que la llevaron al hospital hemos estado solos prácticamente todo el verano, sin supervisión alguna: no ha venido nadie, ni siquiera el doctor. Nos estamos divirtiendo como nunca.

Quiero ser bailarina de ballet. Me encanta el ballet. No hago más que dibujar pies con zapatillas de punta rosa o roja. Bailo con zapatillas de punta, aunque me las he puesto demasiado pronto; mi profesora no estaría de acuerdo. Es malo para los pies, pero me gusta tanto que no puedo parar. Soy demasiado tímida para bailar delante de la gente, pero por mi cuenta puedo hacer lo que se me antoje. Mis zapatillas son de color rosa con cintas de satén y me gustan más que ninguna otra cosa en el mundo. Mi hermana y yo fuimos al Hospital Rotunda a pedir yeso de París para hacer un molde de las zapatillas, pero el doctor nos contó que Rotunda es una maternidad y allí la gente solo tiene bebés, de modo que no tenían yeso.

Me encanta Margot Fonteyn. Es preciosa. Dibujo *El pájaro de fuego* con lápices de colores. Adoro también a Rudolf Nuréyev y cuando bailan juntos es como si se fundieran en perfecta armonía evocando los movimientos de un solo pájaro.

Una Navidad mi madre me regaló un gran libro sobre Margot Fonteyn. Me encantaba repasar las fotos a lápiz con papel de calco, luego copiaba las siluetas en una cartulina y las coloreaba con rotuladores.

Pero la profesora de ballet me advirtió que no podría darme más lecciones hasta que se me recuperara la espalda. Dijo que hay gente que puede curármela. Llevo toda la vida encorvada, torcida. No puedo enderezar la columna vertebral. Me dijo que desde el accidente de tren ha ido a peor. Me dio una carta para mi madre.

En el ballet, cuando suena la música, el universo entero gira a mi alrededor dando vueltas y vueltas, como uno de esos extáticos derviches en rotación permanente que vi en televisión. Aunque el universo gira tan rápido que no puedo verlo con claridad. Solo sé que hay planetas, y espacio, y destellos rosas y verdes y azules varios y rojos. Son manchas de color brumosas y puedes ver a través de ellas.

Cuando era niña escribí:

> *There's someone in the music too, it's not a person*
> *Its hands reach out for mine, it isn't human*
> *It's dark blue and green and made of space*
> *It wants to put its arms around my waist*
> *It wants to dance with me and whirl me by*
> *It seems to know me but I don't know why* [7]

También me encanta la música disco, Sister Sledge y todo eso. He oído muchas canciones en la radio del coche y siempre vemos *Top of the Pops*. Me encanta «54-46 Was My Number». También me chiflan otros temas de reggae como «Israelites» o «Uptown Top Ranking». Nunca había escuchado nada de reggae, salvo esas tres canciones y me encantan.

Ojalá supiera lo que significa la expresión *strictly roots*[8] que escucho en «Uptown Top Ranking».

---

[7] «También hay alguien en la música, no es una persona / Sus manos buscan las mías, no es humano / Es azul marino y verde y está hecho de espacio / Quiere ponerme los brazos alrededor de la cintura / Quiere bailar conmigo y hacerme girar / Parece que me conoce, pero no sé por qué.»

[8] Acceso de adhesión inquebrantable a la variante del reggae más desacomplejadamente panteísta, no exenta de cierto tufo a proselitismo rasta, inmortalizado en el estribillo de la tonadilla «Uptown Top Ranking» (1977), en la que Althea Forrest y Donna Reid, autoras e intérpretes de este éxito, abjuran del pop y de cualquier otra aberración ajena a la onda rastafari. (*N. del E.*)

También recuerdo a los Impressions: tienen una canción llamada «Fool for You» que va sobre un tipo que ama a una mujer que se porta mal con él. Me encanta porque han logrado que la música suene como si un tontolaba andara retozando por ahí sin remedio aparente.

También me gusta David Bowie. Lo vi en el show de Marc Bolan. No sé qué pensar de Marc Bolan porque parece que está fingiendo ser alguien que no es, pero David Bowie no finge. No es un estirado ni un meapilas, ni canta como se supone que te enseñan a cantar. No, tiene una voz propia. El tal Marc Bolan, en cambio, no tiene una voz propia. Creo que no se gusta a sí mismo porque si se gustara no necesitaría impostar su voz como si tuviera que ser alguien distinto.

Vi a un tal Bob Marley, otro tipo que tocaba reggae, en la tele. Llevaba una camisa azul y tenía el pelo muy largo. Me quedé despierta hasta muy tarde. Cantaba algo acerca de agitar algo,[9] pero yo no entendía con exactitud a lo que quería se refería.

Mi hermano Joe sintonizaba siempre la irlandesa Radio Nova, donde descubrí algunos de los himnos de la época, como «Stairway to Heaven» y «Freebird». Me encantaban, sobre todo «Freebird». En honor a la verdad, debo admitir que nunca llegué a entender del todo lo narrado en «Stairway to Heaven» porque el cantante afirma que la dama compra efectivamente la escalera, pero diríase que puede adquirirse como una bula papal.

Joe y yo nos hemos subido al techo del garaje para escuchar «Freebird» y una canción sobre perros husky que

---

[9] Infiérese que la autora probablemente esté haciendo referencia a la canción de Bob Marley «Stir It Up» [Menéalo], cuya letra es tan explícita que, pese a cuanto afirma la artista, apréciase algo de ironía en semejante aseveración y dedúcese que sí pudo hacerse una idea de su libidinoso significado. Marley la grabó en 1967 acompañado por los Wailers, y el sencillo de aquel corte se editaría aquel mismo año. Fue recuperada en 1973 para el lanzamiento de su álbum *Catch a Fire*. (*N. del E.*)

se mean en la nieve amarilla. Imaginamos ambos que tocamos en una banda. Cuando no hay nadie subo y pongo «Honky Tonk Women». Sacudo la cabeza y la melena se derrama sobre mis fauces, a la manera de los *headbangers*.[10]

Me encantan los Sex Pistols. Me chifla «Anarchy in the UK». También «Pretty Vacant» y «God Save the Queen». Y me gustan los Boomtown Rats y Stiff Little Fingers. Me encanta que griten tanto.

En la vida real no se te permite decir que estás enfadada, pero al cantar puedes decir cualquier cosa. Me encantan todas esas ruidosas guitarras eléctricas. Mi hermano me puso una canción de Bob Dylan llamada «Idiot Wind». En ella Dylan parece muy enfadado y le espeta un montón de bilis al objeto de sus invectivas. Es muy valiente. No está fingiendo ser recatadamente amable.

Hace un tiempo encontré una vieja radio rota en el garaje. Creo que podría ser de mi abuelo. No estoy segura, pero es muy vieja. ¡La desmonté y la volví a montar y ahora funciona! Ni siquiera sé cómo me las arreglé para repararla. La escondo debajo de la almohada y la escucho en silencio por las noches. Me gusta esa canción sobre el sol que se asoma en un día nublado, y esa otra sobre las lágrimas de un payaso, o esa otra que lleva por título «Just My Imagination». También me gustan las Supremes. Y Ray Charles. Y Elvis Costello y Dire Straits.

Mi madre siempre sintoniza la RTÉ, la radio nacional de Irlanda. Es muy aburrida y deprimente. Nunca ponen música alegre ni hablan de cosas alegres. Solo pinchan canciones tristes, como esa de un profesor de Arte que le

---

[10] Tribu compuesta por los aficionados al rock duro más danzarines, de cuya cabezona insistencia adoptaron su bipolar coreografía los aficionados a la metalurgia más pesada del rock. En peligro de extinción –la alopecia hace estragos con la edad–. Del inglés *headbanging*, literalmente, golpear con la cabeza –aunque, en estos casos, diríase más bien con la cabellera (propónese a los políglotas de aliento lupular la voz *hairbanging*). (*N. del E.*)

dice a un niño que las flores tienen que ser siempre rojas, o esa otra que se titula «Tears on the Telephone». También suenan orquestas que reverdecen su manido repertorio. Las orquestas de versiones son un asco. Los músicos son irlandeses que tocan horrísonas versiones de temas de Country & Western y visten trajes brillantes muy horteras y hacen temas de baile ridículos, como los Shadows.

Aunque en la RTÉ sobre todo hablan y hablan y hablan sin cesar. De cosas aburridas, estúpidas, tristes u obsoletas. En las noticias también cuentan cosas sobre la guerra en el norte. Me asusto cuando oigo hablar de bombas y de fuego, y de ancianos que sangran, y de cómo todo el mundo grita y hay tanques y soldados, y gente que arroja cosas, e incluso niños pequeños que ven cómo todo esto sucede en sus calles.

Y ese gritón de Ian Paisley,[11] con esa sotana y esos ojos saltones. Estoy segura de que es el diablo en persona, porque mi madre afirma que el diablo siempre viste de sacerdote. Cuando sale en la tele me quedo quieta. No me gusta cuando aparece en la tele y mi padre no está presente. Hace años, cuando era pequeña, tuve que ir a buscar a mi padre porque estaba viendo al Gordo y el Flaco y Laurel se cayó por el desagüe y me puse muy triste. Ojalá en vez de Laurel se hubiera caído ese tal Paisley.

De noche, antes de la carta de ajuste, en la cadena RTÉ suena el himno nacional y se supone que todos debemos ponernos de pie.

---

[11] Ian Richard Kyle Paisley, barón de Bannside (Armagh, Irlanda del Norte, 1926 - Belfast, Irlanda del Norte, 2014). Pastor protestante, político y escritor norirlandés, fundador de la Iglesia Libre Presbiteriana del Ulster (1951) y la Asociación en Defensa del Ulster (UDA, 1981), grupúsculo unionista comprometido con la defensa del protestantismo y la fidelidad a la Corona británica por todos los medios, incluida la lucha armada, vinculado, desde septiembre de 1971, al Partido Unionista Democrático del Ulster (DUP), defensor a ultranza de la pertenencia de Irlanda del Norte a Reino Unido. (*N. del E.*)

En la radio hay un programa tristísimo, donde, con una voz muy grave, una señora llamada Frankie lee cartas de personas cuyos novios son mala gente. Se supone que un mal novio es aquel que no se promete en matrimonio o aquel que quiere acostarse con su prometida antes de la boda. También lee cartas de hombres que son demasiado tímidos para pedirles a sus novias que se casen con ellos. También lee cartas con historias sobre gente a la que le han roto el corazón y cartas sobre muertes y tragedias.

En esa cadena ponen sin parar esa terrible canción de Marianne Faithfull, «Dreamin' My Dreams», en la que canta *someday I'll get over you* [algún día te olvidaré]. Mi pobre madre compró aquel disco. Si lo vuelvo a escuchar una vez más me volveré loca. Puede que ella desee olvidar a mi padre, pero yo nunca superaré el hecho de haber estado a merced de una canción tan espantosa.

Lo mismo me ocurre con la versión de Marianne de un tema de Shel Silverstein titulado «The Ballad of Lucy Jordan» sobre una mujer que pierde la cabeza.

Me he buscado un nuevo trabajo. En una discoteca. El caso es que el novio de mi madre me contó que una discoteca es un sitio donde la gente va a bailar música disco, y no esa aburrida música tradicional irlandesa que escuchan los estirados. Tengo trece años, pero me he maquillado con mucha base, colorete, rímel y lápiz de labios. Y, bueno, fui y le conté al jefe que tenía dieciséis años, y me creyó.

Es el mejor empleo que he tenido nunca. Me dejan vestir una blusa blanca con una preciosa falda negra. Robé ambas prendas en Dunnes, la gran cadena de almacenes.

Mi cometido es vender los tickets rosa para la cena. Al entrar, a los hombres no se les permite beber: antes tienen que pedir algo de comida. Así que primero hacen cola para que yo les dé un ticket numerado y luego hacen cola para recibir la comida. Por lo general toman un curry asqueroso que no se parece en nada al de mi madre, que es lo mejor que te puedes llevar a la boca. Me encanta porque al comerlo me arde la cara. Cuando lo cocina me ocupo de cortar las cebollas porque no me hacen llorar.

Los hombres son agradables y me gusta cómo el lugar se llena de humo y todos están un poco borrachos. Me gustan las luces: cómo rebotan por la sala, cómo relucen en la enorme bola de discoteca que cuelga del techo en mitad de la pista de baile. Me gusta cómo el humo y los pilares de la pista de baile hacen que no puedas ver a nadie correctamente.

El DJ me dijo que podía venir a trabajar media hora antes de la apertura, y eso hago. Él también llega temprano, antes que yo. Tiene que practicar su set, así que mientras pincha música a todo volumen enciende las luces de la discoteca para mí y pone la máquina de humo y yo me pongo mis zapatillas de ballet y unos brillantes pantalones azules elásticos. Si mi madre me viera con ellos me mataría porque son muy ajustados. También los he robado.

Y durante media hora tengo la pista solo para mí: allí no hay nadie salvo el DJ y yo le hago prometer que no me mirará cuando baile. Es bueno conmigo. No mira. Lo sé porque lo vigilo. Se agacha detrás de la mesa de mezclas y se ocupa de sus cosas.

¿ME SEGUIRÁS QUERIENDO MAÑANA?

De acuerdo, la cagué. El caso es que no sabía que estaba mal, así que creo no haber pecado. Al menos eso dice la Biblia. Ahora sé que es pecado y si lo hiciera otra vez sí cometería un pecado. Pero mientras no lo vuelva a hacer más estaré a salvo.

Estaba sentada en Pizzaland con mi amiga, le mostraba un divertido truco con los dedos que mi padre me había enseñado años atrás. Un camarero pensó que le estaba llamando. No fue así. Aunque me quedó claro que él pensaba que yo estaba coqueteando con él. Y entonces empezó a coquetear conmigo. Eso me pareció bastante halagador porque él era americano y, por consiguiente, aún más atractivo. Con el pelo rubio desteñido y enmarañado, y un acento de lo más *cool*. Solo tenía catorce años, pero cuando me preguntó la edad afirmé:

–Dieciocho.

Llevaba mucho maquillaje, así que me creyó.

Los americanos me parecen geniales; jamás son unos estirados. Los irlandeses son todos unos estirados. No hay nada sexi en ellos. Mi hermana y yo solíamos hablar con todos los mormones del lugar solo porque eran americanos, aunque nuestra madre nos dijo que no lo hiciéramos. Nos parecían muy guapos, eran como estrellas de cine e iban vestidos con traje. Trabajaban en pareja, de pie, en la calle, tratando de convertir a los irlandeses (mira si son cándidos que pensaban que podrían salirse con la suya). Pero todo lo que estaban consiguiendo era convertir a las adolescentes, que pasábamos de ponernos cachondas con adolescentes a ponernos cachondas con adultos, y en concreto con adultos vestidos con traje y corbata.

Mi hermana y yo les contamos a dos de aquellos mormones que queríamos ir a su casa para hablar de la Biblia. Era una mentira a medias porque la verdad es que me gusta hablar de la Biblia. Nos hicieron palomitas de maíz y ahí, sentados sin chaqueta, con sus camisas blancas, nos lo contaron todo sobre lo que significa ser mormón y sobre las muchas diferencias que hay con el catolicismo. No recuerdo ni una palabra de lo que nos dijeron. Me estaba imaginando felizmente casada con uno de ellos, viviendo en una granja, sin nada que hacer al final de la jornada salvo hablar de las Sagradas Escrituras y desnudándome y apretujándome contra él, enfundado en su traje.

En cualquier caso, aquel pobre camarero –se llamaba Paul– se puso a ligar conmigo pensando que yo tenía dieciocho. Yo nunca me había acostado con nadie, así que cuando él se ofreció a llevarme a su piso en Smithfield no pensé que fuéramos a tener un encontronazo bajo las sábanas. No miento. Pensé que nos besaríamos y esas cosas, como hace la gente de mi edad, pero sin acostarnos.

Sin embargo, después de unos magreos me quedó claro que él quería «ponerle la guinda al pastel» y pensé: «Bueno, alguna vez tendré que perder la virginidad».

La mayoría de mis amigas ya lo habían hecho. Yo no molaba porque no lo había hecho, y esta era mi gran oportunidad. Emocionada, me subí a la cama con él, aunque también estaba muy nerviosa: nerviosa y encantada de que me desflorase un americano. Nerviosa porque no tenía ni idea de lo que se suponía que debía hacer. Solo me habían dado una lección de educación sexual. Una tarde, una vieja monja regordeta entró en el aula. Nunca la habíamos visto antes. No teníamos la menor idea de por qué estaba allí. Sin decir esta boca es mía, tomó una tiza y, de un solo trazo, dibujó un pene gigante erecto apuntando hacia el techo. Aquello debía de medir un metro de largo y le puso un enorme par de pelotas colgando.

Antes de que terminara de dibujar, estábamos por el suelo muertas de risa. Teníamos que sujetarnos la barriga para no mearnos encima. Y cuando se dio la vuelta para soltarnos lo que sea que tuviera en mente ya no había nada que hacer: había perdido el control del aula. No podíamos levantarnos. Nunca se le ocurrió borrar el pene. En vez de eso, se plantó frente a él pidiéndonos silencio una y otra vez, sin éxito. Al final salió corriendo del aula. Y esa fue toda nuestra educación sexual.

He estado hojeando un libro de mi madrastra que se titula *El goce de amar* (Ediciones Folio, 1984). Es un poco soso porque tiene dibujos a lápiz de los diestros amantes. Y ambos son muy feos. Él lleva una barba horrible. Esos dibujos me desanimaron en lo relativo al sexo, por lo que no llegué a leerme aquel libro con la fruición debida y no he podido aprender gran cosa.

Además, en el libro hay un dibujo que me ha asustado mucho. Está en un capítulo sobre las cosas que tiene que dominar toda mujer. Sirve para hacer hincapié en que si no las haces a la perfección ellos te dejarán. El hombre está en la cama, enfadado, y señala la puerta, mientras la avergonzada mujer recoge su ropa para vestirse e irse. Él parece recriminarle su falta de pericia en el *ars amatoria*:

–Sal y no vuelvas a plantarte jamás en la puerta de mi dormitorio.

Así que estoy en la cama con este americano, Paul, pensando: «Ay, Dios, ¿qué hago?». Aunque apenas me dio tiempo a preocuparme. Tan pronto como intentó penetrarme se dio cuenta de que nunca había follado porque al principio no había forma de metérmela. Y al final sangré.

Vamos, que se dio cuenta de que no tenía dieciocho años, y cuando admití que solo tenía catorce casi le da un infarto. Me hizo vestirme de inmediato y luego me acompañó por la noche a tomar un autobús, mientras me suplicaba que nunca más mintiera sobre mi edad porque al parecer es ilegal mantener relaciones sexuales con alguien que no tiene dieciocho años y él podría buscarse problemas con la policía.

En el autobús me pregunté si la gente me vería de otra manera. Si los demás pasajeros estarían pensando «Esa chica ya no es virgen» y, por lo tanto, me verían como alguien superguay.

LA COLECCIÓN DE DISCOS
DE MI MADRE

Además de la cocina –y, en particular, de la repostería–
mi madre ama la música más que ninguna otra cosa en el
mundo. Estudió en la escuela de cocina Le Cordon Bleu
en la ciudad. Hace unos pasteles increíbles que decora
como nadie. Nos lleva a la casa de una extraña anciana a
quien le compra muñequitos para decorar las tartas. Esa
señora parece tan vieja que debe de estar muerta, pero
todo el azúcar que se mete entre pecho y espalda la man-
tiene en pie. Su casa está sucia y llena de tapetes hechos
a ganchillo.

Solo usamos la gran mesa del comedor en Pascua y
Navidad y, entonces, esas espléndidas tartas la ocupan
de un extremo al otro, pero el resto del año es la colección de discos de mi madre la que, como una baraja de
naipes, se desparrama de un lado a otro de la mesa.

Ahí hay discos de John Lennon; los discos carcelarios
de Johnny Cash; Waylon Jennings; el *Porgy and Bess* de
Ella Fitzgerald y Louis Armstrong; *Bridge Over Trou-
bled Water* y *Sounds of Silence* de Simon y Garfunkel.
Tiene *Woodstock*; *Moondance* de Van Morrison; la Velvet
Underground; discos de Lou Reed; muchos discos de los
Beatles y la banda sonora de *El libro de la selva*. También tiene muchos discos de Elvis; de hecho, el primer
disco que compré fue un álbum doble de Elvis titulado

Le Roi du Rock 'n' Roll. (También me encantan las películas de Elvis.)

Mi madre tiene muchos discos de Frank Sinatra, aunque hay algo en él que no me gusta. También tiene discos de un tal Donovan y de un tal Otis Redding. Y de un viejo con una nariz enorme que se llama Jimmy Durante. Canta una canción sobre el acorde perdido; me encanta esa canción,[12] es divertida.

Tiene discos de Nick Drake, Dusty Springfield, Joni Mitchell, Cat Stevens, Stevie Wonder, Mike Oldfield, y un disco muy raro de Rick Wakeman titulado *The Six Wives of Henry VIII*. También tiene un montón de discos del famoso tenor irlandés John McCormack. Dice que cuando lo oye cantar se siente como si estuviera en el séptimo cielo. Aunque cada vez que él abre la boca, a mí me parece que estoy en el infierno.

Mi cantante favorita de toda su colección es Barbra Streisand. Me encantan sus películas. Me encantan *Hello, Dolly* y *Una chica divertida*. Es muy guapa, tiene las uñas largas y usa un delineador de ojos genial. Me encanta su voz, tanto cuando habla como cuando canta. No canta como nadie que yo haya oído jamás, su voz suena mucho más libre, como la de David Bowie, aunque diferente, como es obvio. Ambos suenan como aves silvestres. En comparación con ellos, todos los demás suenan mansos. Algún día me encantaría cantar en musicales y ser como Barbra. También me gustaría dejarme crecer las uñas, pero me las muerdo hasta sangrar. Mi madre tiene las uñas muy largas. Siempre me pone esa cosa que

---

[12] Refiérese la autora a la canción «I'm the Guy Who Found the Lost Chord» (1947), compuesta por Jimmy Durante y Earl K. Brent. Formó parte de la banda sonora de la película de Richard Thorpe *This Time for Keeps*, con Esther Williams y el propio coautor de la canción, Jimmy Durante, como protagonistas, acompañados por Johnnie Johnston y la cantante de ópera Lauritz Melchior. (*N. del E.*)

sabe tan mal para que no me las muerda, pero se me queda en los sándwiches.

También me encanta John Lennon. Siento como si fuera mi hermano porque lo he oído cantar en la sala de estar desde que tengo uso de razón. Su voz suena como la de un ángel. También es audaz, como yo. Y está enfadado, como una servidora. Me gusta percibir el enfado en su voz. También está triste y se atreve a confesarlo. Me gustaba cuando se quedaba en la cama. Ojalá pudiera hacerlo. Me gusta su esposa; es una monada, como un gatito, y a mí me encantan los mininos. Sospecho que a ella se le ocurrió la idea de quedarse en la cama porque lo ama y quería abrazarlo todo el día. Ojalá yo también pudiera abrazarlos a los dos. Me pregunto si les gustaría tener una niña pequeña.

POR QUÉ CANTO

El sargento puede ver que estoy a punto de vomitar, pero no va a permitir que me vaya. Quiero escaparme y correr hasta la granja de Harvey Proctor, un anciano que cría cerdos. A veces me acerco porque me deja acariciar a los cochinillos. No recuerdo cómo lo conocí. Es muy amable conmigo. Las marranas huelen muy fuerte, y también los puercos, unos gordinflones que se pasan el día retozando en el estiércol. Ojalá fuera una gorrina. Me encantan sus cochinillos y los pequeños chirridos que sueltan. Quiero llevarme uno a casa, pero Harvey dice que no puedo porque se hacen enormes y no se pueden criar en una casa.

Me atraparon porque la semana pasada había dibujado un monigote bizco con grandes dientes en la puerta del baño de un pub de Dalkey con un rotulador azul y hace unos días volví con mi hucha de postular y el dueño se puso a perseguirme. Dijo que sabía que yo estaba robando de las huchas de postular y que había llamado a la policía. Corrí al baño y me escapé por un ventanuco. Desde entonces estaba muy asustada en casa y decidí que era mejor acercarme a ver al sargento para contarle lo que estaba pasando porque si mi madre se enteraba de que me había pillado la policía iba a necesitar protección policial.

Mi madre es cleptómana, tiene verdadera adicción al hurto. Lo ha sido desde que tengo memoria. Cuando pasan el cepillo de la colecta en misa, ella pilla dinero en lugar de ponerlo. Cuando construyeron la nueva rotonda en Avondale Road, ella condujo por la noche con una pala y unas bolsas de basura para robar los arbustos recién plantados. Cuando plantaron más arbustos, salió de nuevo y los volvió a robar. No sé qué hizo con ellos. Cuando estaba en el hospital se llevó el crucifijo de la pared. Incluso me envió a casa con las balanzas de su habitación del hospital bajo la gabardina del colegio. Va a visitar casas que están en venta solo para poder robar baratijas. En el suelo de su habitación tiene un millón de libros en una pila de un metro de altura. Los has robado todos y cada uno de ellos. Lo roba todo.

Yo también soy cleptómana. Por eso me gusta cantar himnos religiosos, porque no soporto ser tan mala. Tengo que hacer algo bueno para poder soportarme.

Llamo a las puertas de la gente y les vendo las mismas flores que he robado de sus jardines. Durante semanas, robé un montón de dinero de los bolsillos en los vestuarios del club náutico; me pillaron porque le pedí a un lechero que iba en una furgoneta que me cambiara las monedas por billetes y él se olió algo raro. Cuando una señora me dejó entrar en la trastienda de una zapatería para probarme unas zapatillas de ballet, robé una cartera de un bolso. Volví para ver si podía hacerlo de nuevo, pero me retuvieron y llamaron a la policía, aunque el policía fue muy amable conmigo. Le rogué que no se lo contara a mi madre y no lo hizo.

Hace un año empecé a tomar lecciones de primeros auxilios. La gente que dirigía el curso dijo que iba a hacer una colecta para el Día de la Bandera. Te dan una hucha y una identificación y vas de casa en casa rogando que hagan una contribución dineraria a la causa y luego ese dinero se usa para esas obras. Dijeron que a quien recolectara más dinero para el domingo siguiente le darían un premio: un bolígrafo Cross de plata. Y yo quería ganarlo porque los bolígrafos elegantes me recuerdan a mi padre. Caminé desde Blackrock a Glenageary llamando de puerta en puerta, y para cuando llegué a casa casi tenía la hucha llena. Estaba muy emocionada y quería contarle a mi madre que había hecho algo bueno y que tal vez podría ganar ese bolígrafo.

En casa tenemos un sofá un poco descolorido; es rojo, con detalles dorados. Mi madre apartó los cojines, cogió un cuchillo del cajón de la cocina y le quitó la tapa a la hucha. Debajo había un papel de aluminio. Ella pasó el cuchillo por el borde y retiró el papel de aluminio. Luego me devolvió la lata y me ordenó que vaciara su contenido en el sofá. Apilamos las monedas en montones de cincuenta, de diez, de cinco, de dos, de uno y de medio penique. Ella se quedó todas las monedas de plata y me dijo que me quedara con las de cobre.

Yo estaba horrorizada, pero le seguí la corriente porque la vi feliz. A ella le encantaba que yo hubiera conseguido dinero. Comprendí que si seguía trayendo dinero todo parecería un poco más seguro.

Junto al mayor banco de la ciudad, las organizaciones benéficas colocan remolques e invitan a la gente a recolectar dinero en su nombre. Te dan una hucha y un montón de insignias y cuando te preguntan quién eres, te inventas un nombre y les das una dirección cualquiera. Ni siquiera lo comprueban. Mamá y yo hemos estado manejando huchas de todo tipo, de toda suerte de organizaciones benéficas. No hemos dejado ninguna de ellas sin tocar. Ponemos acento pijo, así que todo el mundo se fía de nosotras. Es algo que hemos estado haciendo desde el día en que llegué a casa con la hucha de primeros auxilios. De noche vamos por todos los pubs de Dublín recolectando dinero. Sacamos cientos de libras cada fin de semana, tanto que a veces tenemos que vaciar la hucha en el coche antes de conducir al siguiente local. Entre semana sacamos la mitad.

Y ahora mamá está aquí, sentada, actuando para el sargento, y, aunque su actuación es buena, tampoco es digna de un Óscar. Finge no saber de dónde han salido esas huchas y se muestra indignada. Por eso quiero vomitar, pero el sargento no me deja salir. No, quiere que me quede a verlo, que vea a mi madre dispuesta a venderme por un plato de lentejas. Él me ha prometido que no me meterá entre rejas porque le he contado la verdad, pero ella no lo sabe. Además, a ella no le importa que me metan entre rejas. El sargento tiene pinta de querer pegarle un puñetazo.

Creo que he dejado de quererla.

De camino al colegio paso ante una gran casa llena de curas. Una mañana, en vez de ir a clase, llamé a la puerta. Me abrió una señora un poco mayor que mi madre. Le dije que quería ver a un sacerdote a solas. Ella me condujo a una gran sala bañada por el sol con una mesita de madera. Se fue y volvió con una bandeja de té con floridas tazas de porcelana y un plato con pastel de Madeira. Anunció que el sacerdote vendría enseguida y que yo debía mostrarme educada y comer. Mientras esperaba pensé en los cantos del coro de confirmación, porque los empecé a escuchar en la cabeza. Ni siquiera me gustan, salvo uno de ellos. El que dice que tal vez Dios puede convertirte, llevarte por la senda del bien cuando pecas.

Era un sacerdote amable y agradable, con pelo oscuro. No era muy viejo y tenía una voz pausada. Hablamos durante mucho tiempo. Le conté que era una ladrona y que Dios podía verme. Que soy una persona horrible, así es. Le conté todo lo que le había contado al sargento. Y que había metido los zancos de madera en la chimenea de casa y luego había intentado caminar por la alfombra con los zancos en llamas.

Él me escuchó muy atento y después me preguntó a qué quería dedicarme en el futuro. Le dije que me gustaba cantar.

–¡Vaya! ¿Sabías que el que canta reza dos veces?[13] –dijo.

–No lo sabía, padre –admití–, pero creo que también debe funcionar para las niñas, porque cantando «Don't Cry for Me Argentina» logro que mi madre se duerma.

–¿Y no recuerdas que un ladrón murió junto a Cristo en la cruz y que fue recompensado con el paraíso por arrepentirse de sus pecados?

Me preguntó qué cantantes me gustaban y le dije que me encantaba Randy Crawford. Me hizo prometer que cuando consiguiera un trabajo devolvería todo el dinero que había robado; me aseguró que solo entonces estaría en paz con Dios. Me dijo que si no quería esperar podía empezar tocando en la calle, pero aún no sabía tocar la guitarra. Solo llevo la funda de la guitarra de mi hermano vacía, mientras camino por Blackrock, para que todos piensen que soy un portento.

Pero voy a cumplir mi promesa.

---

[13] «Bis orat qui bene cantat» [El que canta, ora dos veces]. Atribuida a Agustín de Hipona, si bien la cita (v. comentario al salmo 72) reza como sigue: «Pues aquel que canta alabanzas, no solo alaba, sino que también alaba con alegría; aquel que canta alabanzas, no solo canta, sino que también ama a quien le canta. En la alabanza hay una proclamación de reconocimiento, en la canción del amante hay amor». (*N. del E.*)

LA CASA DEL SOL NACIENTE, PRIMERA PARTE

Contemplo el reflejo de mis ojos en la ventanilla del asiento trasero del coche de mi padre. Pienso que siempre serán los mismos ojos que me observarán toda la vida. Le he pedido que se detenga en la tienda de discos para comprar *Desire*, de Bob Dylan. Hace meses que dejé la casa de mi madre, después de que nos pillaran con las huchas robadas. Desde entonces he vivido con mi padre.

Su hogar es un poco caótico. Es como si hubiera tres familias: la de mi padre, la de mi madrastra y la que comparten. Mi madrastra tiene tres hijas. La mayor tiene la misma edad que mi hermana; la segunda tiene la misma edad que yo y la tercera tiene la misma edad que mi hermano pequeño, pero mi hermano pequeño no está aquí: sigue en casa de mi madre. Además, mi padre y mi madrastra tienen un hijo de casi cinco años. Solo hay cuatro personas que se portan bien: mi hermana, mi hermanastro de cinco años, mi hermanastra más joven y mi madrastra. El resto de la tropa, lo que incluye a mi padre, somos harina de otro costal.

Me gusta mucho Viola, mi madrastra. Es muy delgada. Es de Irlanda del Norte y tiene un acento suave y una voz muy dulce y siempre muestra una gran sonrisa. Lleva el pelo rubio corto y habla un francés excelente. Le gusta la caligrafía y me enseña algunas cosas. Muy de vez en cuando se toma una copa de jerez y entonces hay que ayudarla a acostarse. Es muy inocente. Besa el suelo que pisa mi padre. Ojalá fuera mi madre. A veces me enfado con ella porque no lo es. Lo cierto es que me enfadé mucho con ella por no haber conocido a mi padre antes.

Mi madre nos prohibió encariñarnos con nuestra madrastra. Cuando íbamos en coche por la ciudad señalaba las tiendas donde decía que mi madrastra compraba la ropa y afirmaba:

–Solo una fulana iría a esos sitios.

También señalaba hoteles y clubes, y decía lo mismo. Eso nos hacía reír a mi hermana y a mí, y ahora queríamos ir a todos esos lugares. Decía:

–Solo una fulana se hace agujeros en las orejas.

Así que unos días después de dejarla me perforé las orejas. También me corté el pelo muy corto porque «solo una fulana» haría algo así.

Viola ama a Dios, como yo. Hablamos mucho de Dios. Es muy amable y está muy enamorada de mi padre. No sé cómo lo soporta. Él pierde los estribos con facilidad. Tal vez les funciona porque ella es un pozo sin fondo de amabilidad. No es fácil sacarla de sus casillas. Si se enfada conmigo y con mi hermanastra nos reímos de ella.

Cuando estaba a punto de cumplir nueve años mis hermanos y yo vivimos en la casa de mi padre durante nueve meses. Como he mencionado, solía robar en todo tipo de tiendas, dulces y toda suerte de artículos, e imagino que debía ser un verdadero incordio de cría: no dejaba de discutir y me negaba a hacer nada de lo que Viola me pedía que hiciera. Pobre mujer, tuvo que bregar con esta bocazas.

Me tomaba la mano y, actuando como si estuviera muy enfadada, me daba manotazos, aunque tan ligeros que yo no sentía nada. Con cada manotazo pronunciaba una sílaba de la siguiente frase con su acento norirlandés:

–No me manipules, no te lo consiento –intentando con todas sus fuerzas apretar los dientes, aunque sin lograrlo porque no tenía ninguna maldad.

La razón por la que en aquella época mis hermanos y yo vivíamos con ella era no tenía mayor misterio: mi madre perdió la custodia porque el día que mi padre la dejó nos puso a vivir en una cabaña que él nos había construido en el jardín. En cuanto él se fue nos pusimos a llorar y entonces ella dijo que si lo queríamos tanto podíamos irnos a vivir a la cabaña. Frente a la pared del muro a dos aguas me arrodillé en el suelo y lloré ante la ventana del rellano para que nos permitiera entrar en casa al caer el sol. Ella no llegó a responder. La luz de su dormitorio se apagó y cayó la noche. Fue entonces cuando oficialmente perdí la cabeza. También me asusté por la enormidad del tamaño del cielo.

Cuando pienso en aquel momento la mente se me nubla y no logro recordar lo que pasó después: no recuerdo nada hasta que me encontré caminando por el jardín del juez, sosteniendo su mano, sin querer decir nada doloroso que pudiera ocasionar aún más dolor.

Cuando le quitaron nuestra custodia no quise abandonar a mi madre. Cuando nuestro padre nos reclamó ella montó un numerito y cada vez que nos encontrábamos con ella en sábado no paraba de llorar, así que me dio mucha pena. En casa de mi padre yo me acostaba bajo la cama de mi hermano John, aullando de la mañana a la noche, así hasta que nos mandaron de vuelta a casa. También pasaba el tiempo cantando «Bohemian Rhapsody» mientras ponía el disco a todo volumen porque en ese tema Freddie Mercury le está cantando a su madre.

Mi padre no es feliz. Me resulta comprensible. Cuando canta en el baño por las mañanas su voz suena triste, como la de un cantante de ópera. Le entra la pena y después del almuerzo se va a echar una siesta. Me siento a su lado en la mesa y veo cómo la tristeza le embarga desde sus entrañas hasta reflejarse en sus ojos. No le gusta que me dé cuenta de lo que sucede.

Se comporta como alguien que se está consumiendo y corre en busca de un poco de agua con que sofocar las llamas. No puede quedarse quieto. Es adicto al trabajo. Como es hombre se sale con la suya y delega en mi madrastra el cuidado de sus hijos asilvestrados. No puedo decir que lo culpe por esto. Yo en su lugar haría lo mismo.

Me incomoda su presencia. Me siento con las piernas cruzadas en el borde de la silla y sin querer sacudo el pie muy rápido. No lo conozco de veras y él tampoco me conoce a mí muy bien. No es su culpa, ni la mía, es de mi madre, porque durante mucho tiempo no le permitió visitarnos. Pero ella no nos contó que no le dejaba vernos, así que pensé que él no quería saber nada de nosotros y durante todo aquel tiempo estuve muy enfadada con él. Me enfado si me dice lo que tengo que hacer y le suelto cosas muy desagradables, como que ahora no tiene ningún derecho a oficiar de padre. No soy agradable. Soy un incordio. Lo saco de sus casillas.

El pobre me lleva al colegio y yo salgo por la otra puerta. Voy a la bolera y juego al Pac-Man, esperando a que los chicos de Oatlands vengan a la hora de comer, porque estoy enamorada de B., aunque él no quiere tener novia, así que salgo con Jerome Kearns. Me importa una mierda la educación. ¿Para qué sirve? Lo que me importa es recibir abrazos, y además Jerome es muy amable conmigo. Nos dedicamos a hablar de Bob Dylan y Pink Floyd y a abrazarnos. Sus hombros me quedan a la altura de la cabeza y me pone todo tipo de motes cariñosos.

Cuando sé que vamos a estudiar los poemas de Yeats aparezco por clase de Literatura. Me encantan los poemas de Yeats, son pura música, pero abren ante mí un cielo diferente, el que está en mi interior. No me asusta ese cielo, porque tiene límites. Parece como si los poemas hubieran abierto todas las ventanas y hubieran colocado el jardín de puertas adentro. Ahora puedo ver escenas interiores, y los colores de fuera han desaparecido.

No hay un universo dando vueltas a mi alrededor que me asuste; pero en mi fuero interno diviso una antigua sala de estar con una enorme chimenea de mármol gris. Allí, Yeats está fuera de sí: escribe «Easter, 1916»[14] sobre el trágico levantamiento de los republicanos irlandeses contra los británicos. En el examen, como respuesta a la pregunta «¿Qué quería decir el poeta?», escribí: «Que ahora nadie gasta una puta sonrisa».

Leyendo a Yeats me entran ganas de escribir canciones, aunque sé que aún no estoy lista. Aún no me he enamorado tantas veces como él, ese jodido vejestorio. No deja de proponerle matrimonio a una mujer y cuando ella le dice que no, él no se entera de nada y va y le propone matrimonio a la hija de esta, lo que te demuestra a las claras por qué la madre se negó una y otra vez. Es un bicho raro. Se parece a una morsa. Es bastante desagradable. Pero sus poemas son como pinturas. Mi favorito es «No Second Troy», aunque estoy harta de que en inglés la gente rime *desire* con *fire* y con *pyre*: tiene que haber otra opción que rimar «deseo» con «fuego» o con «pira».

En realidad, en los últimos nueve meses ya me han expulsado de unos tres colegios. Y todavía me pillan robando. Si una cosa no está clavada al suelo, la robo. Ni siquiera sé por qué. La cosa se ha puesto tan mal que mi madrastra llamó a una asistente social, una tal Irene. La detesto. Me pillaron robando un par de zapatos dorados para que mi amiga los calzara en el concierto de los Pretenders. He robado trajes para mis amigos porque soy la segunda velocista más rápida de la clase. En las tiendas

[14] Devastador poema de William Butler Yeats en el que recoge su sentir a propósito de los eventos del Alzamiento de Pascua acaecido en Irlanda contra la ocupación inglesa en la Pascua del lunes 24 de abril de 1916. El levantamiento fracasó y la mayoría de los líderes republicanos irlandeses implicados fueron ejecutados por sedición y alta traición. (*N. del E.*)

me pruebo la ropa y pongo pies en polvorosa. Irene aconsejó a mi padre y a mi madrastra que me enviaran a este lugar al que nos dirigimos en el coche de mi padre, mientras observo el reflejo de mis ojos en la ventanilla. A sabiendas de que son los mismos ojos que veré toda mi vida.

El lugar se llama An Grianán: «el amanecer».

LA CASA DEL SOL NACIENTE, SEGUNDA PARTE

Cuando conduces por High Park rumbo a An Grianán te topas con una enorme y colorida estatua de Cristo ataviado con rojos y blancos ropajes. Tiene los brazos abiertos de par en par para dar la bienvenida. Siento pena por Él, debe de estar congelado. Y me pregunto por qué siempre parece como si viniera de Kerry en vez de Belén. Seguramente su piel y sus ojos deberían ser mucho más oscuros.

Este es un lugar mustio y aquí viven muchas monjas. Y un montón de ancianas que arrastran los pies con la barbilla pegada al pecho, aunque no se nos permite hablar con ellas. Viven en otra ala del mismo edificio.

Es un edificio enorme en forma de L. Tiene un pequeño jardín y una gran iglesia. Me colé en la iglesia una vez, durante un funeral, para ver qué pinta tenía aquella monja muerta. Tenía las medias lunas de las uñas moradas.

Las chicas me cuentan una y otra vez que por el jardín corre el fantasma de la Dama Blanca; afirman que la han visto cruzar el pequeño puente que lleva a la iglesia, pero la verdad es que nunca me he topado con ella. También aseguran que hay un montón de tumbas cubiertas de maleza y que cada una de ellas tiene la misma leyenda: MAGDALEN. Aunque, ¿cómo podría haber en este lugar tanta gente enterrada con el mismo nombre?

Me pregunto si esas viejas monjas lo saben.

Aquí la regla sobre la música es la siguiente: durante el recreo puedes poner dos canciones en el tocadiscos, aunque para reservar turno tienes que avisar al encargado por la mañana. De esa manera nadie se queda sin su turno. La mañana en que llegué aquí, las chicas estaban pinchando «Don't Cry Out Loud», de Elkie Brooks, una y otra vez en la sala de estar. Acabé acurrucada en un rincón.

Mi cubículo tiene tres paredes de madera pintadas de azul pálido. Contiene un pequeño tocador, una silla y una pequeña cama. En lo que debería ser la cuarta pared hay una cortina naranja con flores. Cuando estoy en la cama puedo ver que alguien ha olvidado una estatuilla azul y blanca de la Virgen María; está clavada en la celosía, encima de las barandillas.

Cuando llegué, la chica del cubículo contiguo asomó la cabeza por encima de la pared que nos separaba y sonrió como un hada cotilla, enmarcada contra el cielo azul. Quería saberlo todo de mí. Me hacía preguntas como ráfagas de ametralladora. Quería enterarse de todo en un santiamén. Le gusto. Tiene clase. Tiene diecisiete años. Tiene las manos pequeñas y delicadas y anda siempre arreglándose las uñas. Las lleva perfectas. Tiene la piel oscura y unos enormes ojos marrones y el pelo azabache, muy corto. Se parece a Audrey Hepburn, aunque es morena. Solía depilarse las cejas sin cesar y usa un poco de pintalabios. También solía hablar como una perfecta señorita. Si le decías que aquel día estaba radiante, contestaba:

–¡Lo sé!

Creo que todas estas chicas están aquí porque sus familias no las quieren. Una escucha «The Logical Song», de Supertramp, una y otra vez. Si yo fuera su madre o su padre ella no estaría aquí, ni en ningún lugar donde pudiera escuchar una canción tan triste. Otra tiene la cadera torcida; necesita operarse. Ya la han operado muchas veces, pero está esperando a crecer un poco más antes de pasar de nuevo por el quirófano. No sé por qué no está esperando con su familia. Solo tiene doce años y es una gitana, proviene de una familia nómada.

Su prima también está aquí. Es muy guapa. También es gitana. Tiene un hermoso cabello azabache y la piel amarilla oscura. Tendrá unos diecisiete años. Es la chica más guapa que ha creado Dios. Me encanta cómo hablan las dos; tienen un acento precioso y la voz muy grave.

Usan las palabras de un modo distinto al resto. En mi cubículo intento expresarme como ellas, porque me encanta cómo hablan. Cuando lo hago bien, es como si cantara.

Una de las chicas tiene veintidós años. Se rumorea que lleva aquí desde que tenía mi edad: catorce años. Eso me asusta. No quiero seguir aquí cuando cumpla los veintidós. Ella no parece estar del todo «presente». Tiene la misma mirada perdida y arrastra las pantuflas de igual manera que esas ancianas.

A veces habla consigo misma, como hacen las mujeres mayores. Y se lame los labios con frecuencia. Nadie viene a visitarla. De hecho, rara vez viene nadie. Cuando los padres de alguna nos visitan, la chica en cuestión baja a la salita que queda junto a la puerta principal donde se sirve el té y todo es muy comedido. A veces los padres se la llevan de paseo, pero siempre la traen de vuelta. Y yo siempre espero que no lo hagan. Deseo que se lleven a su hija y se olviden de este triste lugar, pero no lo hacen.

Hay una chica flaca muy enfadada, aunque me gusta, pero nos da mucho miedo porque es de las que te sueltan que te vayas a tomar por culo y al decirlo parece una loba, con colmillos y todo. Se ríe mucho de mí, con crueldad. Eso no me gusta, pero aun así hay algo en ella que admiro. Desearía ser tan valiente como para mostrarme así de maleducada. Dice todas las cosas malas que piensa. Yo solo exploto cuando ya no puedo más y acabo perdiendo los estribos.

Ha encontrado un trabajo de oficina y nos han mandado a comprarle ropa de oficina. Me ha dado pena. He comentado algo que, sin ánimo de herirla, la ha incomodado visiblemente, y ella se ha dado la vuelta y se ha apoyado en el quicio de la puerta del anticuado Hotel Gresham mientras nos tomábamos un descanso entre compra y compra. Le llevó su tiempo recuperar aquel aspecto de mujer furiosa porque, en realidad, no es en absoluto violenta: es un corderito disfrazado de tigresa.

Arriba nos enseñan a escribir a máquina por las tardes, pero por las mañanas estudiamos Matemáticas y Lengua y otras asignaturas con John. Me gusta mucho. En realidad, estoy enamorada de él porque es amable y me gusta el sonido de su voz. Pero a menos que estemos estudiando poemas o relatos sigo sin prestarle atención, y entonces estoy segura de que puedo verlo pensando: «Mmm, después de todo tal vez esa chica tan molesta no sea una inútil de tomo y lomo». Es como si de pronto él lo viera todo claro. Algo que desaparece tan pronto como aparece el libro de matemáticas y demuestro que me es imposible acertar ni una.

A veces, los viernes por la noche algunos se acercan a cantar con nosotras. Se trata de sacerdotes en prácticas y demás, «buena gente» que pretende ganar puntos con Dios por juntarse con chicas malas. Me enamoré de uno de los seminaristas, un tal John. (Siempre me enamoro de tipos que se llaman John.) Este John es amable, como el profesor John. (Como ya he dicho, siempre me enamoro de gente amable.) Este John ama a Dios tanto como yo y solo le gusta hablar de Dios y de canciones, así que pensé: «Es perfecto», y le pedí que se olvidara de ser sacerdote y se casara conmigo, pero me dijo que no.

A este paso nunca me voy a casar. Siguen rechazándome una y otra vez.

Una noche, una banda llamada los Fureys tocó un concierto abajo, en nuestro pequeño salón de actos. A las chicas se nos permitió asistir. Tocaron mi canción favorita, «Sweet Sixteen» que siempre me recuerda a B., mi primer amor. Tuve que dejarle cuando vine aquí, a él y a todos mis amigos. Pero luego tocaron un instrumental con un pífano que, según dijeron, había compuesto con doce años Finbar Furey, el cantante de la banda. El instrumental se titulaba «The Lonesome Boatman» y es la más bella e inquietante melodía que he escuchado jamás. Tanto dolor brotando de un corazón infantil. Era como si él supiera qué se cuece en mi propio corazón. Y para colmo en aquel lugar, donde nadie sabía nada de cómo me sentía.

El público se largó y la banda se puso a recoger y yo me quedé esperando. Me acerqué a Finbar y le conté que me había hecho desear convertirme en alguien que consagre su vida por entero a la música.

Ahora (a los cincuenta y tres años) somos amigos, aunque él no recuerda dónde nos conocimos. Pero yo siempre recordaré cómo le conocí. Incluso hoy, cada vez que leo su nombre en la puerta de un camerino, como a veces sucede cuando tocamos en los mismos festivales, lloro. Solo porque su música y sus canciones son una maravilla.

Cuando estás a punto de cumplir los dieciocho empiezan a prepararte para buscar empleo. Nos han enseñado a escribir a máquina para que podamos conseguir un empleo como mecanógrafas o en una oficina. Empiezan a dejarte salir de vez en cuando para que te acostumbres al mundo laboral. Pasas los días en una oficina o en el grupo de mecanografía donde vas a trabajar. Cuando empezó este proceso, la chica del cubículo contiguo, la que se parece a Audrey Hepburn pero en morena, conoció a un chico de Glenageary que es de donde yo vengo. Ella y aquel chico se enamoraron y ella se quedó embarazada.

Ella estaba muy feliz. Muy emocionada, orgullosa. Como es natural, eso le acarreó problemas con las monjas. El bebé era niño, tan blanco que tenía la piel azulada y el pelo azabache como la noche. Se preocupó por él y cuidó de él y de su ropa, como antes se había preocupado por sí misma. Lo adoraba.

Me encantaba acunarlo. Me encantaban los ruiditos que hacía. Me encantaba olerle la cabecita y sentir el aroma de ella en su piel. Envuelto en esa manta azul y blanca parecía el bebé Moisés, listo para flotar por el Nilo en su cestita de caña.

No sé si ella era consciente de que no iban a permitirle que se lo quedara. No sé si alguna de nosotras lo sospechaba. No creo que lo supiéramos. Me sorprendió mucho, por eso no puedo recordar nada de cuando se lo arrancaron de los brazos. Alguien me dijo que, si eres menor de 18 años y no estás casada, en Irlanda no se te permite quedarte con tu bebé.

Ahora ella también se ha ido, aunque su cuerpo sigue aquí.

Ya no se hace las uñas. Ya no se maquilla. Ya no viste bien. Ya nunca sonríe ni habla. Lo único que hace es llorar todo el día. Dice que no se lo dieron al padre; que, de hecho, no sabe a quién se lo han dado. Solo sabe que se lo han llevado. Pobre pequeño Moisés solitario.

LA CASA DEL SOL NACIENTE, TERCERA PARTE

Habría tal vez, a lo sumo, cuatro camas de hospital dispuestas contra cada pared, con las cortinas cerradas. Como en un hospital de verdad. Todo era blanco: el linóleo, las cortinas, las paredes. Las luces eran muy tenues y de color amarillo oscuro y parecían brillar por detrás de las paredes, de tal suerte que se filtraban por la parte interior de los cubículos. Como no había personal a la vista, me quedé esperando, esperando a que alguien viniera y me dijera dónde iba a dormir. Escuché gemidos desde una de las camas, alguien que decía: «Enfermera, enfermera». Esperé diez minutos, pero no vino nadie, así que eché un vistazo rápido en cada cubículo. En cada una de las camas había una anciana durmiendo. Ya había estado antes en hospitales y había visto a algunos moribundos, así que supe que me hallaba en un pequeño asilo. Y reconocí a algunas de aquellas ancianas, a las que a veces veía arrastrar los pies por las inmediaciones de la residencia, las señoras con las que no se nos permitía hablar.

La hermana Margaret me había enviado aquí a dormir como castigo por la más reciente de mis exitosas fugas, las cuales habían tenido como fin asistir a concursos de talentos en hoteles de Dublín, donde siempre ganaba cinco libras si cantaba «Don't Cry for Me Argentina». La última vez que me escapé cometí un gran error: me llevé a otra chica conmigo. Una chica mayor. Terminó tirándose

LA CASA DEL SOL NACIENTE, TERCERA PARTE

a un tipo contra la pared de un bloque de apartamentos mientras sus amigos se largaban con todas nuestras cosas, así que me asusté y volví a Grianán. La chica tardó en regresar unas dos semanas. No volví a ver mis cosas, pero por suerte no había perdido mi nueva guitarra porque no me la había llevado.

Al caminar pegadas al edificio, como una hilera de patos en busca de una madre inexistente, las viejas no levantan los pies. Todo parece antinatural y extraño, porque siempre hay una monja detrás de ellas. Las zapatillas de las señoras sisean al frotarse contra el suelo. Tengo una sensación muy extraña cuando las miro avanzar por ese patio que no puedo cruzar para interrogarlas. Todas llevan la barbilla pegada al pecho y las manos entrelazadas sobre el vientre, y parece como si hubieran asesinado a alguien y estuvieran rezando, pidiendo clemencia, o como si fueran una procesión de esclavas con fantasmagóricos grilletes que en silencio van camino de la subasta.

Aquella noche dormí en la única cama que encontré vacía. Durante la noche, la señora que estaba a mi lado me llamó varias veces, asustada. Otras señoras también daban voces, pero no vino nadie. En duermevela, no dejé de dar vueltas, tratando de entender por qué sor Margaret había llegado a tal extremo, cuando el castigo habitual era que te pusieran en aislamiento y tuvieras que dormir sobre un colchón en el suelo, fuera de tu habitación, y comer a solas. Y no eres readmitida hasta que las chicas lavan la ropa en la lavandería antes de la asamblea del miércoles por la noche.

Lo de la lavandería es un poco raro. Para empezar, no hay ninguna lavadora a la vista. Hay tuberías y tal vez treinta enormes lavabos blancos y una tonelada de arañas. Todo es de hormigón, y el suelo está desgastado por profundos surcos provocados por millones de pasos. Se parece a la roca de Lourdes, que está desgastada tras ciento treinta años de manos que la han frotado y frotado y frotado, con la esperanza de quedarse embarazadas y experimentar algún milagro.

Al final me dormí y soñé que una versión rejuvenecida y más ligera de porte de la anciana del cubículo contiguo se sentaba en mi cama, haciéndose las uñas y cantando «I Don't Know How to Love Him».[15] Y entonces desaparecían las paredes y cortinas de los cubículos y las camas de las ancianas se convertían en hileras de tumbas marcadas con la misma inscripción: MAGDALEN.

Después de aquella noche en el hospicio jamás volví a escaparme. Por la mañana, al despertar, supe qué había estado intentando decirme la hermana Margaret. Lo peor de todo fue darme cuenta de que ella no estaba siendo mala conmigo. Estaba comportándose como una monja, una a la que nunca había visto antes. No me había dicho a propósito por qué iba a acudir a una parte del edificio cuya existencia desconocía, por qué iba a subir un tramo de escaleras que nadie me habría permitido recorrer, por qué iba a llamar a una puerta a la que antes no me habrían permitido llamar, por qué iba a colarme en un lugar así donde nadie está al cargo.

Me dejó que lo averiguara por mí misma: si no dejaba de huir, algún día sería una de aquellas ancianas.

Algunos meses después de llegar a Grianán me di cuenta de que a una de las chicas mayores se le permitía salir de la escuela porque estaba sacándose un título para obtener un empleo. Empezaban a disfrutar de su propia vida. Me las arreglé para convencer a mi padre y a la hermana Margaret de que me dejaran asistir a un colegio cercano

---

[15] «I Don't Know How to Love Him», de la ópera rock *Jesus Christ Superstar* (1970), compuesta por Andrew Lloyd Webber, escrita por Tim Rice e interpretada por el personaje de María Magdalena. Sencillo con el que debutó la cantante Yvonne Elliman. (*N. del E.*)

para sacarme un título. Cuando les conté que quería escribir sobre literatura no les estaba mintiendo del todo, y, en cualquier caso, con John no había tiempo suficiente para estudiar como es debido, aunque la verdad es que mi objetivo era no acabar ni llevar una vida monacal, ni acabar dando con mis huesos en un lugar como ese, ni trabajando de mecanógrafa o convertida en ama de casa.

En cierto modo, que yo siguiera escapándome era culpa de la hermana Margaret: no debería haberme comprado aquella guitarra. Cuando me trajo a la tienda, elegí una acústica con cuerdas de acero para parecerme a mi hermano mayor, Joe. Mientras pagaba, busqué en las estanterías y encontré un libro de canciones de Bob Dylan con letras y tablaturas para aprender los acordes. Logré que también me lo comprara. Ella comentó que si yo quería me buscaría una profesora de guitarra, y un buen día apareció una encantadora dama llamada Jeanette que hablaba con un acento muy inglés y, por lo tanto, no me parecía ni una estirada ni excesivamente aburrida. Me enseñó a aprender con las imágenes de los acordes cómo debía colocar los dedos sobre los trastes. La primera canción que aprendí a tocar fue «To Ramona».

Ramona, come closer
Shut softly your watery eyes
The pangs of your sadness
Will pass as your senses will rise
The flowers of the city
Though breathlike,
Get deathlike at times
And there's no use in tryin'
T' deal with the dyin'
Though I cannot explain that in lines[16]

---

[16] «Ramona, acércate / cierra suavemente esos ojos llorosos. / Pasarán esas punzadas de tristeza / a medida que despierten tus sentidos. / En la ciudad, las flores / son como el aliento: / a veces parecen

Apenas aguanté dos o tres lecciones antes de empezar a escaparme otra vez. Volví a hacerme la interesante, con los dedos doloridos, tocando en los parques, siguiendo los gráficos de mi libro de acordes. Volví a salir sin permiso para visitar a mi madre de vez en cuando. En una ocasión me tuvieron que «sacar» de casa de mi madre. Pero la aventura nunca duraba más de 24 horas. No tenía ningún otro sitio al que ir. En las pocas ocasiones en que no me traían de vuelta volvía caminando y cuando regresaba mentía, sobre todo si me había largado sin permiso para ver a mi madre, o si había robado cosas mientras estaba ausente sin permiso (lo cual, por supuesto, había hecho) o si necesitaba proteger a alguien, como a un amigo de mi hermano que me dejó pasar la noche en el suelo de su oficina y que se habría buscado un problemón si alguien se hubiera enterado.

La hermana Margaret intentó poner fin al control que mi madre ejercía sobre mí. Ese era el desafío más difícil que nadie podría acometer porque yo era inaccesible. Nunca dije una palabra: me limitaba a llorar a moco tendido, en silencio, con la cara roja como la grana. Después de un rato, ella se acercaba a mi lado del escritorio y me abrazaba como si yo fuera uno de sus bebés africanos para dejarme llorar con el rostro hundido en aquella bonita blusa azul de monja que yo llenaba de mocos, lo que me hacía reír, mientras ella decía en voz baja:

–Ay, Sinéady.

En el salón ella cantaba una canción africana, «Malika». Creo recordar que significaba «ángel». Le gustaba cantar. Estuvo en África de joven, durante varios años. Pero cuando eres monja te dicen adónde ir, y poco después la ordenaron regresar a Irlanda. Cuando habla de ello, sus ojos se le llenan de unas lágrimas que se esfuer-

_____

muertas / y de nada sirve intentar lidiar con aquello que agoniza / aunque no sé explicarlo con palabras.»

za por contener. Gira el rostro hacia la ventana, como si estuviera mirando a los pájaros. Su cometido consiste en cuidar de esas chicas tristes, pero ella misma es una chica afligida.

La convencí para que me comprara una parka roja en No Romance, una tienda de ropa punk en George Street. Me la compró porque me iba. Como dice la canción, ya cumplí mi condena y pienso recuperar mi vida. Déjenme reformular esto: por fin voy a tener una vida, y ella me compró la parka para celebrarlo. Es genial. Ahora parezco una verdadera punk. Creo que ella me echará de menos. Ella es de las que se emocionan con facilidad.

Ahora mismo no me importa una mierda nadie más que yo misma, y no hay vuelta de hoja. Solo deseo largarme de aquí, porque quiero que B. me vea con esta parka. Por eso la quería, por eso hice que la hermana Margaret me la comprara. Lo peor fue perder la esperanza de estar con él cuando vine aquí. Lleva una parka verde. Me sentía bien con él; de hecho, ha sido la única vez que me he sentido como en casa, aparte de cuando estuve con la abuela.

Se me permite salir porque acepté ir a un internado. Ese es el trato. Durante el verano iré a casa de mi padre y luego al internado, en Waterford. Después puedo quedarme en casa de mi padre cada dos fines de semana y durante las vacaciones escolares. Mi amigo dice que en el tren a Waterford te cobran tres libras y diez peniques por dos huevos cocidos. Podrías comprarte una granja de pollos con ese dinero.

En Grianán solo había jóvenes asilvestradas. Allí nadie era una estirada. Aprendí mucho de ellas; sobre el lugar dónde vivía y sobre lo que pensaban de nosotras las monjas. Pasé más tiempo en los baños fumando y charlando con chicas tan punkis como yo (que no lo soy mucho, la verdad) que en las aulas. Fumar era la única razón de existir para aquellas de nosotras que no disfrutábamos de la vida, y aquella institución nunca fue en nuestras vidas un lugar donde obtener una educación. Apenas era un lugar donde refugiarse. Obtuve un «aprobado» en Arte, un «insuficiente» en algunas otras materias, y los habituales «muy deficiente» y NP en todo lo demás. NP significa «no presentado». Me daba igual.

Al final, puede decirse que hubo algunas cosas buenas del tiempo que pasé en Grianán. Me enamoré de David, un chico muy bueno. Era un verdadero punk. Tenía el pelo y los imperdibles y el atuendo completo. Mi padre no le dejaba pasar, así que yo iba mucho a casa de aquel chico. Su madre era muy amable conmigo, una mujer muy atenta. También él. Un corderito. Había algo que lo traía por la calle de la amargura, pero nadie sabía de qué se trataba. Su madre me confesó que estaba preocupada por él. Pero él y yo lo pasábamos genial juntos; nunca parecía estar molesto. Estaba muy feliz y los ojos le brillaban como si fuera un astronauta y me besaba con mucha suavidad. Un día, con sus padres en la cocina, junto a la sala de estar, David y yo pusimos la cara A del *Let's Dance*, de Bowie, e hicimos el amor.

Soy consciente de que cantar me alejará de la gente.

Antes de dejar a Grianán canté en la boda de Jeanette, mi profesora de guitarra. Un tema titulado «Evergreen». Me temblaban las rodillas. El hermano de Jeannette, Paul Byrne, es el baterista de una banda llamada In Tua Nua. Él y el guitarrista, Ivan O'Shea, me dieron una cinta con música. Me pidieron que escribiera algunas letras porque estaban buscando una cantante. Algunos domingos la hermana Margaret me dejaba salir y me llevaron a los estudios de Éamonn Andrews, donde por primera vez canté con reverberación y auriculares. Me encanta la reverberación, con ella tu voz resuena como en una iglesia. La hermana Margaret tuvo la gentileza de dejarme hacerlo. Creo que es porque dijeron que me pagarían. No es que ella quisiera el dinero; solo se alegraba de que yo pudiera hacer algo más que robar para ganarme el sustento. Se quedaron con la canción, que se titulaba «Take My Hand», pero comentaron que yo era demasiado joven para ser su cantante. Envidié muchísimo a la chica que consiguió el puesto, tanto que, al principio, cuando la oí cantar mis letras, quería llorar. Ella era guapísima y, en honor a la verdad, cantaba mejor que yo. Yo sonaba como una niña y ella como una mujer. Una niña no puede cantar una canción cuyo narrador es la muerte.

No sé de dónde vino todo aquello.

CANTAR A LA SIRENA

Amo a mi madrastra. Es la mujer más simpática del mundo. Así que cuando digo esto, lo digo de sin la más leve sombra de reproche: esa mujer jamás te acercará en coche a ningún lado. Entre nosotros, creo que es muy sabia: sabe que si da su brazo a torcer con uno de nosotros los otros siete se le colgarán de la chepa. Ella es protestante y los protestantes son mucho más prácticos. No sienten esa culpa. A ella esas cosas no le afectan. Da igual que le pongas ojitos, que le pongas morritos o le hagas jeribeques, da igual que llores o grites, jamás conseguirás que te lleven a ningún lado ni que te recojan. Nunca. O caminas o revientas. Así que el día en que vi su auto acercándose por Beechwood Avenue, con mi hermanastra llorando a moco tendido en el asiento del copiloto, supe que mi madre había muerto.

Acababa de dejar mi estudio para ir a casa de mi padre, como solía hacer cada domingo, porque ahora compartía el estudio con mi amiga C., la que ganó el disfraz de Halloween el año pasado, aunque no se había disfrazado. Ella estaba liada con el cantante de Fine Young Cannibals. Al parecer, en estricta observancia de los tres atributos que dan nombre a la banda, es bueno y joven, y también se la zampa para desayunar, para comer y para cenar.

La noche anterior se había ido a dormir, mientras Kevin y yo nos quedábamos despiertos, charlando. Kevin era mi novio en aquel entonces, aunque ahora volvemos a ser solo buenos amigos. Toca las muy bien las congas y es un tipo encantador y de lo más amable. De hecho, es tan bueno conmigo que no hay palabras para definirlo. No importa si salimos o no. En cualquier caso, somos íntimos. Así que nos apalancamos un sábado por la noche, como teníamos por costumbre regalarnos con cierta frecuencia, dando vueltas a las cosas, hablando de chorradas.

Discutimos cómo reaccionaría cada cual si uno o ambos de nuestros padres murieran. Esa es la otra razón por la que supe lo que había pasado nada más ver el coche de mi madrastra: supe que, en realidad, lo de la noche anterior había sido como una suerte de premoción y eso me dejó alucinada.

John, mi hermano pequeño, iba en aquel coche. En el de mi madre, no en el de mi madrastra. Por suerte, no estaba herido y en el hospital le dieron el alta en seguida. Se va con mi padre. Tiene dieciséis años.

Iba en el asiento trasero; en el asiento del copiloto había otro pasajero. Por fortuna, el otro tampoco resultó herido. Mi hermano quedó inconsciente y se despertó en el hospital y fue entonces cuando le informaron de que su madre había muerto. Cuando llegué a casa de mi padre, él estaba allí, acostado en una cama. O en un sofá… no lo recuerdo con exactitud. Llevábamos una eternidad sin verle el pelo. Nunca dejó a mi madre. El resto de nosotros, sí.

Para mi madre, que cualquiera de nosotros cuatro se mudara a la casa de mi madrastra suponía la peor de las traiciones. Mi madre nunca consideró que traicionar a mi hermano importara lo más mínimo. Pero él no podía ni plantearse traicionarla a ella porque necesitaba su amor y ahora se sentía enormemente disgustado por encontrarse donde estaba.

Por desgracia, mi padre y mi hermano menor tienen una relación horrible. Eso es culpa de mi madre y de mi padre en igual medida. Ambos trataron mal a mi hermano, lo cual condujo a una terrible serie de acontecimientos de los cuales mi hermano sí tuvo la culpa y en los que mi padre resultó ser la víctima.

Hubo una batalla campal entre mis padres por una serie de objetos que mi padre había estado buscando de un modo muy agresivo desde el momento en que su matrimonio terminó oficialmente, diez años atrás. En particular, joyas. Porcelanas de la Real Fábrica de Capodimonte. Retratos. Otros artículos. Mi madre escondió algunos de aquellos bienes en el ático y otros en el banco. Y se habían llevado a cabo numerosos intentos de arrebatarle esos bienes a mi madre, sin éxito.

En la repisa de la chimenea estaba la foto de bodas. Mi padre la había roto en pedazos, pedazos que luego había vuelto a pegar: ahora el marco mostraba en su interior un verdadero rompecabezas.

Ella legó todas sus posesiones a mis hermanos, así que mi padre no tenía voz ni voto en los asuntos relacionados con la herencia. Estaba muerta pero la guerra continuaba. Qué zorra más inteligente. No les legó esas cosas a mis hermanos porque se preocupara por su bienestar; no, lo hizo para ganar la guerra. Para ella solo éramos una garantía. Eso es todo lo que hemos sido. Al menos, así es como lo veo yo.

Una se pregunta cómo pudo esta gente tener el sexo necesario para engendrar a cuatro niños, cuando en realidad se odiaban a muerte.

Había hielo negro. En la carretera nueva, la que están construyendo en Shankhill, junto a la iglesia. Ella se dirigía a misa. Un autobús patinó, o fue su coche el que patinó. No lo sé. No voy a azuzar a mi hermano para que me dé todos los detalles. El caso es que está muerta. Y en la funeraria nos dieron instrucciones a nosotros cuatro, a través de mi padre, a través de mi madrastra, junto con cincuenta libras, para que fuéramos a Dunnes a comprarle un vestido «abotonado hasta el cuello» con el que enterrarla.

Los cuatro fuimos a su casa. En estado de shock. Revisamos todo lo que había dentro como si fuéramos cuervos. En el jardín le prendimos fuego a una lata de galletas que habíamos llenado con un montón de Valium, una verdadera montaña de pastillas de todos los frascos que encontramos. Durante años las había estado consumiendo como si fueran gominolas. Ya ni siquiera necesitaba receta. El farmacéutico se las vendía sin más.

Aún no me he acostumbrado a hablar de ella en pasado.

En los almacenes Dunnes nos reímos como histéricos. No dejamos de reír y de llorar. Nos parecía la monda que la amable chica que nos atendía no supiera que íbamos a comprar el vestido que nuestra madre usaría durante toda la eternidad. Cuantas más preguntas útiles nos hacía, más teníamos que contenernos para no mearnos encima. La pobre chica debió pensar que nos habíamos escapado del zoológico.

No le faltaba razón.

En la iglesia me incomodó ver a toda aquella gente que vino a darnos la mano. Esto sucedió la mañana antes del día del entierro. Estábamos sentados en primera fila. Cuando ella vivía jamás habíamos visto a toda esa gente. Me enfadé porque no nos habían ayudado, ni a nosotros ni a ella. No sabía quiénes eran la mitad de ellos. Y los que sí conocía me hacían sentir aún más cabreada. Ellos lo sabían. Tal vez no conocieran los pormenores, pero lo sabían. Y no habían hecho nada, pero ahora venían a darnos el pésame y a decirnos cuánto sentían nuestra pérdida. Sentí la tentación de preguntar qué pérdida en particular sentían tanto, pero no quería incomodar aún más a mi hermano mayor, Joe. Tenemos más posibilidades de resucitar a nuestra madre en domingo de Pascua que de recuperar lo que realmente perdimos. Porque nos perdimos a nosotros mismos años atrás.

Anoche le grité al Dios que está en los cielos. Lo puse de vuelta y media, le llamé de todo y al final vomité. Me dolió mucho decirle cosas tan malas. No es la primera vez que lo hago.

Sus respuestas son siempre silenciosas. Me llevó un tiempo entenderlo. Al principio me molestaba: pensé que el silencio significaba que a Él yo no le importaba nada. Así que gritaba más, hasta que me hartaba de gritar y solo podía quedarme en silencio. Creía que se suponía que debía oír su voz, como sucede en todas las historias. Descubrí que en realidad no puede hablar porque él mismo está llorando a lágrima viva. ¿Quién puede hablar cuando está llorando?

En la funeraria mi padre lloró sobre el cadáver de mi madre. Dijo:

–Lo siento, Marie.

Una y otra vez. Eso también me cabreó.

«¿Por qué lo sientes ahora y no antes? ¿Por qué no hay un "lo siento" de ninguno de los dos para nosotros cuatro? ¿Por qué librar una guerra y luego decir "Lo siento" cuando alguien muere?» Me escapé de la funeraria. Por la carretera de Glasthule, en dirección a Dun Laoghaire. Creo que ya nunca dejaré de correr, que no se me pasará el enfado, que ya nada tiene arreglo.

Al día siguiente, mientras esperábamos en el salón de mi padre a que llegara el coche fúnebre, decidí fumar hasta reventar. Decidí que fumaría y fumaría toda la vida, tantos cigarrillos como me fuera necesario para hacerle compañía a mi madre. No puedo recordar nada del entierro salvo nuestros pies alrededor de su tumba. Agaché la cabeza. Todos lo hicimos. Llorando.

HERMANAS

Éimear, mi hermana, es apenas catorce meses mayor que yo, pero para mí siempre ha sido una madre y una hermana.

De niñas compartíamos la misma cama. Trazábamos una línea imaginaria en la mitad. Y que Dios ayudase a quien osara cruzar aquella línea, accidentalmente o adrede. Le iba a caer una buena. Nos zurrábamos con frecuencia, como un par de chicos.

Aunque si las cosas se ponían chungas Éimear cambiaba instantáneamente al modo madre. Por ejemplo, una mañana de Navidad en casa de mi padre, donde compartíamos una habitación con dos camas individuales, ella y yo nos peleamos y ella pisoteó mi figurita de Santa Claus de chocolate, así que con razón le di una despiadada patada en el trasero y corrí hacia la puerta, y ella me persiguió. Solo que antes de poder escapar me torcí el tobillo y caí gritando de dolor. En un milisegundo, Éimear estaba en plan:

—Ay, Dios mío, ¿estás bien?

Y tirada en el suelo, a mi lado, se le olvidó aquel asunto al instante. Ella me ama, no sé por qué, pero lo hace.

Solo hubo un motivo, un único motivo, por el que fue un infierno compartir con ella aquel dormitorio en la casa de mi padre: estaba enamorada de Barry Manilow. Para mi pesar, su lado de la habitación estaba empapelado con enormes carteles de aquel sujeto, mientras que el mío era todo Siouxsie and the Banshees. Si mis carteles la asustaban tanto como a mí me horrorizaba hablar de Manilow en términos románticos, cada una de nosotras debía de despertar en el infierno.

Antes ella había estado enamorada de Daniel Boone. Vale, eso podía entenderlo. Pero no lo de Manilow. Aunque, a decir verdad, nunca nos ha gustado el mismo tipo de hombres, gracias a Dios. A mí me gustan los gamberros y los chicos malos. A ella le gustan los chicos buenos y aburridos.

Nunca se metió en líos con nuestro padre, lo cual me molestaba sobremanera porque yo siempre me los bus-

Sinéad con su hermana Éimear (*cortesía de la autora*).

caba. A veces llamaba a mi padre fingiendo ser Éimear, porque él no podía distinguir nuestras voces, y así yo averiguaba qué le esperaba a Sinéad cuando llegara a casa.

Todavía nos encanta aplastar figuras de chocolate por el episodio de Santa Claus, así que cada año en Navidad pisoteamos un par de Santa Claus de chocolate, y en Pascua aplastamos hermosos pollos de chocolate con un martillo. Adoptamos esa tradición cuando ella estaba pasando por una ruptura de pareja. Me la encontré llorando en la cocina y era Pascua y, bueno, alguien le había regalado a alguien un pollo de chocolate en una cesta, así que le pasé un martillo. Ella se rio entre lágrimas y empezó a hacer pedazos aquella cosa.

Que Éimear nunca se metiera en líos no significa que no hiciera travesuras, sino que nunca la pillaban, como a mí. En el colegio era delegada de pasillo. Nos hacía la vida imposible a mí y a mi pequeña pandilla, formada por unas cuantas chicas «malas». Ella nos perseguía y yo me detenía y le hacía un gesto con la mano para darle a entender que me parecía una estirada. Eso la sacaba de sus casillas. Vale, comparada conmigo ella es una estirada. Y estoy celosa porque en lo más hondo de mi corazón yo desearía ser una estirada. Aunque puede que no sea tan agradable ser una estirada.

Éimear se doctoró en Historia del Arte. Es muy inteligente. Y no aguanta la menor chorrada. Hace años tenía una tienda donde vendía sus propios cuadros, que eran preciosos. Ella sola colocó la puerta de la tienda. Una puerta enorme, y se las arregló para atornillar todas las bisagras. Y eso que pesa la mitad que yo. Siempre se ve gorda a sí misma, pero no lo está en absoluto.

Lo que la diferencia de mí es que tiene una melena pelirroja y mucha autoestima. Y yo carezco de ambas cosas. Ante el espejo, me obliga a recitar afirmaciones:

—Soy cariñosa. Soy adorable. Me amo y me acepto a mí misma…

No funciona, pero estar cerca de ella hace que me guste más. Porque le gusto, y ella jamás finge que le gusta alguien si no es así. No tiene ninguna enfermedad mental. Nunca ha sido un coñazo para nadie. Ni es difícil ni tiene las emociones a flor de piel como yo. No es vengativa como yo. No tiene esa vena mezquina. Puede alejarse de una situación de acoso sin convertirse ella misma en una acosadora. Desearía ser como ella en todos esos aspectos. Dios sabe que me esfuerzo por conseguirlo.

No hace mucho vino a visitarme al hospital. Me tomó de la mano y me llevó por el jardín del hospital diciéndome:

–Te amo.

De repente me sentí como si de nuevo fuéramos dos niñas pequeñas. De crías habíamos recorrido juntas las calles de Dublín: Moore Street, Parnell Street... Con el dinero que habíamos pedido a unos extraños, diciéndoles que necesitábamos comprar un billete de autobús para volver a casa, íbamos a comprar patatas fritas a Kingfisher. A decir verdad, hacíamos todo lo posible para evitar volver a casa. Nos esforzábamos para no aparecer por allí, porque en casa solo llovían trompazos. Algunas noches nos subíamos a un autobús para recorrer el trayecto desde la primera parada hasta la última y de vuelta, con la esperanza de que mamá estuviera dormida cuando llegáramos a casa. Éramos una extraña mezcolanza: niñas de clase media vestidas con ropas sucias que necesitaban un buen lavado, mendigando. Se nos daba bien mendigar. Teníamos que serlo, de otro modo nos habríamos muerto de hambre. En verano, cuando los demás niños estaban ansiosos por volver a casa, nosotras escondíamos los palos de hockey del colegio y llorábamos. Sabíamos que nos esperaban semanas de violencia. Los demás niños aguardaban aquellas vacaciones con alegría, y sus madres sonreían, pero la nuestra echaba espuma por la boca. No había nadie a la vista que pudiera salvarnos. No había respiro. Solo la certeza de la perdición.

CUALQUIER SUEÑO ME VALE

Con mi hermano Joseph tengo una relación similar a la que tengo con mi padre, pues solo nos llevamos bien cuando hablamos de música. El resto del tiempo no me soporta porque soy un coñazo, soy demasiado exaltada. Aunque de niños él era mi héroe y yo solía ir por ahí llevando su funda de guitarra vacía para parecerme a él. Durante un tiempo pensó en ordenarse sacerdote, pero pronto recuperó la cordura y se hizo escritor. Y de hecho ha escrito una de mis dos novelas favoritas, *Redemption Falls* (la otra es *Mistaken*, de Neil Jordan).

Es probable que en total no haya pasado más de una hora con él desde mis dieciocho años, desde que nuestra madre murió. A las víctimas de abusos nos resulta difícil el trato cercano: está todo muy a flor de piel, muchos recuerdos latentes. Además, en más de una ocasión he perdido los papeles con él. Y él ha perdido los papeles conmigo con demasiada frecuencia. Los O'Connor tenemos mala leche. Es triste, de verdad. Nadie nos inculcó que la sangre es más espesa que el agua. Estoy segura de que por nuestras venas no corre la sangre, sino el agua.

Joe toca la guitarra. Dice que no toca bien, pero no es cierto. Mi hermana toca el arpa y mi hermano menor la batería. Siempre pensé que sería genial grabar un disco entre todos y titularlo *Fuck the Corrs*. Pero nuestras peleas habrían logrado que Liam y Noel Gallagher parecieran unos corderitos.

Mi hermano Joe es gracioso. Con él te partes de risa. Le echo mucho de menos. Me sienta fatal lo distantes que estamos el uno del otro, pero sigue siendo mi héroe. Y lo amo con toda el alma.

TE QUIERO, JOHN

John, mi hermano pequeño, es dos años menor que yo. Mi madre se las hizo pasar canutas. Todas aquellas noches en que lo escuchaba gritar pidiendo misericordia, y no pude rescatarlo, han contribuido sobremanera a mi activismo[17] y a mis problemas con la gestión de la ira. No supe salvarlo. No pude protegerlo. Ni siquiera podía mover un músculo para ir de mi habitación a la suya. Llevo toda la vida cabreada con mi madre, pero la he desplazado. No podía admitir que era con ella con quien estaba enfadada, así que me desquité con el mundo y quemé casi todos los puentes que he cruzado.

Si pudiera retroceder en el tiempo y aplastar a mi madre o hacer que la arrestaran, lo haría. Pero no puedo. Ni yo ni John salimos de lo que nos pasó tan bien librados como mis hermanos mayores. No recibimos las mismas lecciones de autoestima que Joe y Éimear. Todo lo que recibimos fueron las lecciones de nuestra madre sobre cómo le habíamos arruinado la vida. Ella humillaba a John en nuestra presencia y nos humillaba a nosotros delante de él. Con frecuencia yo me culpaba de cosas que

---

[17] Hace referencia la autora a su compromiso con la lucha contra los abusos de menores. Adhesión a la causa que visibilizaría en el célebre acto de protesta en que descuartizó la foto del papa en televisión en horario de máxima audiencia. (*N. del E.*)

no había hecho para que ella no golpeara a John. Así, era yo quien recibía la paliza.

Sé que Éimear siente lo mismo por mí. El hecho de no poder rescatarme la desgarró. Igual que me destrozó no poder rescatar a John.

Una vez, cuando éramos adolescentes, John y yo fuimos al cine a ver *Halloween*, la película de terror. El asesino llevaba una máscara blanca de portero de hockey. Después, John me persiguió por O'Connell Street con el casco blanco de la moto puesto del revés. Cómo no se golpeó con algo, es algo que aún no logro entender. Me dio un susto de muerte.

En una ocasión le mordí la nariz durante una de nuestras peleas en broma. Ese cabroncete me la metió en la boca.

A decir verdad, somos una familia muy desordenada. Ni siquiera encajamos con esa palabra, familia. Debería ser una palabra reconfortante, aunque no lo es. Es una palabra dolorosa y punzante. Te corta el corazón en pedazos. Sobre todo porque ya es demasiado tarde, ya no tiene arreglo.

SOBRE PAPÁ

Cuando tenía unos quince años intenté comprar una china de hachís, pero no lo conseguí. En gran parte porque el tipo al que le di el billete de cinco libras la palmó. Y no, no lo mató mi padre.

El tipo era un colega de mi hermanastra, y mi padre sabía que no era de fiar. Una noche, aquel chaval estaba al acecho, en el sendero del jardín de mi padre, mirando por encima del seto, esperando a que saliera mi hermanastra. Mi padre lo vio llegar y lo atrajo hasta el jardín diciéndole: «Saldrá en un minuto, entra», y luego lo tumbó de un puñetazo en la cabeza. Era un joven alto y delgado. Mi padre mide 1,65 m, como yo.

El tipo era un alelado (pienso en la voz angloirlandesa *gormlessness*, que expresa un tipo muy determinado de estulticia, de ofuscación, la de alguien capaz de un dislate como el que perpetró Bill Clinton en el Despacho Oval al hacer el numerito del puro con Monica Lewinsky), tuvo la torpeza de regresar en otra ocasión, creyendo que mi padre estaba fuera. En aquella época, mi hermano pequeño era lo suficientemente niño como para seguir teniendo un triciclo, que estaba tirado en el pequeño porche de azulejo rojo junto a la puerta principal. En cuanto mi padre vio a aquel maromo agarró el triciclo, corrió con él hasta la puerta, se montó en él y lo persiguió por la calle, con las rodillas casi pegadas al rostro con cada golpe de pedal. Aquel pobre tipo corrió kilómetros y kilómetros para salvar la vida, mirando por encima del hombro cada pocos segundos, con tal expresión de terror que una pensaría que quien le iba a zaga era Freddy Krueger.

Cuando mi hermano mayor era apenas un crío, un perro lo molestaba en el colegio, cada mañana. Después de unas semanas sin mejoría aparente, mi padre fue con mi hermano a buscar al perro. El perro le empezó a gruñir a Joe. Mi padre le soltó una patada en el hocico, en Francis Street. Aquel chucho nunca más se acercó a Joe. Meterse con mi padre no es aconsejable. Y yo soy como él, supongo.

En una ocasión, cuando mi hermana y yo teníamos unos cinco y seis años respectivamente, arrinconamos en el colegio a una pobre chica que había osado afirmar que su padre era más guapo que el nuestro. Dado que nuestro padre era el hombre más guapo de la tierra nos negamos a aceptar semejante desvarío y la obligamos a retractarse. No es que fuéramos a hacerle daño: no le amenazamos, solo declaramos nuestro absoluto desacuerdo y la rodeamos en silencio sin que dejara de defender su postura. Luego informamos con orgullo a nuestro progenitor de que habíamos defendido su honor y reputación.

Si no lo he hecho ya, quiero subrayar a la impresionante e inspiradora humildad de mi padre, de la cual quisiera pensar que he heredado un pelín.

Como es natural, con ochenta y dos años está ya jubilado, habiendo trabajado toda la vida de ingeniero en la construcción. Pero todavía me levanta cuando me caigo. Cuando me siento fatal y me creo a la altura del barro, me ayuda a levantar cabeza. Le quiero mucho y lamento todos los años en que no le hablé por ser joven y estúpida. Aconsejaría a los jóvenes que no actúen como yo. El tiempo pasa muy deprisa y no puedes recuperarlo.

Aunque ahora estamos muy unidos y esa es la mayor bendición de nuestras vidas.

UN POEMA DE LA INFANCIA

The child who has been speaking isn't speaking now
If you dance with me I let you fall asleep
Further when you sleep with me you don't need dreams
If you don't know who to be, you can be me

I am the one whose hand she took but I don't like labels.
Some call me music, some the great absolver
I sat with her when she thought I was a cloudy spirit
I took for myself because I love her

Why? A sensitive girl, we don't want to lose her.
Rarely has somebody got faith like her.
She asked for help and I did overhear
her say, "I only want to disappear"

I put my hands about her little waist
Dark blue and green and red sparkles my face
I flung her and I spun her round the place
I shone upon her and she vanished into space[18]

---

[18] «La niña que había hablado ya no habla. / Si bailas conmigo te dejo dormir. / Cuando duermes conmigo no necesitas sueños y / si no sabes quién ser, puedes ser yo misma. // Ella me tomó de la mano, pero no me gustan las etiquetas; / algunos me llaman música, otros la que da la absolución. / Me senté con ella cuando pensó que yo era un espíritu, / la tomé para mí, porque la amo. // ¿Por qué? Es una chica sensible, no queremos perderla. / Rara vez alguien tiene una fe como la suya. / Pidió ayuda y la oí / decir, «Solo quiero desaparecer». // Le puse las manos en la cinturita; / el azul marino y el verde y el rojo me iluminan el rostro. / La hice volar y revolotear por todo aquel lugar. / Brillé sobre ella y ella se desvaneció.»

SEGUNDA PARTE

¿QUIÉN ERES?

El mejor día de mi vida fue el día que dejé Irlanda por primera vez, y el siguiente eliminar cualquier otro día que me largué de Irlanda.

Imagino que debía gustarle a alguien allá arriba, porque en 1985, unas dos semanas después de enterrar a mi madre (no se preocupen, nos aseguramos de que estuviera muerta), Ensign Records se puso en contacto conmigo a través de un tal Ciaran Owens, a quien había conocido mientras cantaba con Ton Ton Macoute, una banda a la que me había unido el verano anterior. Nos llamábamos así por la policía secreta haitiana: era un nombre horrible que eligió Colm Farrelly, nuestro bajista y el líder de la banda, que se creía un poco brujo.

Yo había puesto un anuncio en *Hot Press*, la única revista musical irlandesa, donde decía que era cantante y que necesitaba una banda. Me recorrí todos los suburbios de Dublín haciendo audiciones en garajes y salas de estar, y al final me quedé con Ton Ton porque no parecía probable que fueran unos estirados, en términos estrictamente musicales, mientras que los demás sí lo eran. Lo que me hizo decidirme fue la arrolladora locura de Colm.

También se mostraron dispuestos a tocar algunas de mis canciones, al contrario de las demás bandas. Las demás bandas me habrían tenido cantando «Summertime» a perpetuidad, y antes que eso yo prefería sacarme los ojos.

Ton Ton duró alrededor de un año. Al gran ejecutivo discográfico Nigel Grainge y a Chris Hill, de Ensign, les gustaba buscar nuevos talentos en Irlanda porque ya habían fichado a los Boomtown Rats y a Thin Lizzy. Y Ciaran Owens era uno de esos tipos a los que consultaban en busca de información sobre lo que se cocía en la ciudad. Y seis meses antes él los había llevado a un concierto nuestro.

Ahora me habían localizado a través de Ciaran y me llamaron. Me contaron que querían que viniera a Londres a grabar unas maquetas con Karl Wallinger, de los Waterboys, y me preguntaron cuándo podría hacerlo. Dijeron

Adolescente emprendedora (*cortesía de la autora*).

que no querían a toda la banda, solo a mí, lo que me convenía porque unas semanas antes habíamos descubierto que Colm nos había estado sisando el dinero que ganábamos y, a raíz de todo eso, la banda se había ido al garete.

Me subí a un avión a las 48 horas de que Ensign me llamara gracias a la ayuda de las cien libras que me ofreció amablemente el encantador jefe del restaurante donde trabajaba, el Bad Ass Café de Dublín, donde yo y todas las demás camareras llevábamos camisetas blancas con la leyenda «NICE PIZZA ASS».[19] (No bromeo, en realidad no me di cuenta de lo que significaba hasta que tuve unos veintiocho años.)

Con Karl grabé una maqueta de cuatro temas, y tres de ellos se colaron en mi primer álbum, *The Lion and the Cobra*. La primera era una canción llamada «Drink Before the War», que el año anterior había escrito sobre el estreñido director de mi internado, alguien que odiaba que yo amara la música y que movió Roma con Santiago para que mi padre no me dejara llevarme la guitarra al internado, a pesar de que todo lo que yo podía hacer era tocar. Solía fumar justo delante de su puerta para intentar que me expulsaran, como protesta contra su negativa a dejarme estudiar música. Nunca funcionó. Una mañana se puso a gritarme delante de todo el colegio. Era un esnob despiadado.

–Si vas a tocar música –chilló con esa voz nasal tan pomposa que tenía–, pasarás el resto de tu vida entrando por la puerta de atrás.

Pronunció las tres últimas palabras como si su significado literal fuera «hez andante». Lo que no sabía era que,

---

[19] Infiérese que la autora hace referencia al cosificante piropo encriptado del pizzero machirulo que, en inglés («nice piece of ass»), pone de relieve la belleza de los glúteos del personal –y parece obvio que no se trata, en ningún caso, la abreviación para *assistant* en Nice Pizza–. (*N. del E.*)

en realidad, yo me moría de ganas por entrar siempre por la puerta de atrás. Para él, la diversión era el enemigo público número uno.

Había una razón por la que estaba tan enfadado: el amigo de uno de mis profesores –un glorioso melómano de barba azabache llamado Joe Falvey– tenía un estudio de grabación en Cork, población que quedaba muy lejos de Waterford, donde estaba nuestro colegio. Mi amigo Jeremy y yo habíamos estado tocando la guitarra en Waterford y nos habíamos labrado una buena reputación, así que en varias ocasiones el Sr. Falvey nos llevó de tapadillo a Cork, para grabar toda la noche y volver sin hacer ruido al internado ya de día. Vale, nos habían pillado a todos.

Jeremy y yo habíamos estado tocando en la calle algunos fines de semana y después de clase. Incluso había un pub donde habíamos empezado a dar conciertos. Así que no nos concentrábamos en nuestros estudios. Nos importaba un bledo. Tampoco le importaba al Sr. Falvey. Pero al director sí le importaba: según él, llevábamos a su colegio la lacra del descrédito del rock 'n' roll.

Un viernes por la mañana, después de unas semanas de conseguir que no me expulsaran, me desperté y me di cuenta de que aquel día la primera clase eran dos horas de Economía Doméstica. No quería convertirme en ama de casa. No me gustaba lo que había visto. Odiaba cocinar. Y para colmo quería acostarme con más de un hombre.

Le pedí a mi amigo Hugh que aquella mañana me ayudara a tomar el tren de vuelta a Dublín. No logro recordar si me llevó en su coche, no sé cómo llegamos a la estación, pero sí sé que me ayudó a reunir mis cosas y se cercioró de que tomaba aquel tren.

Fui a casa de Colm. Colm era el mayor de los miembros de Ton Ton Macoute, pero aún vivía con su anciana madre. Me quedé con él unas noches y reuní un poco de dinero para alquilar una habitación en un barrio dublinés llamado Dolphin's Barn.

No me puse en contacto con mi padre hasta una semana más tarde. Cuando lo hice, se lo tomó bien. Se dio cuenta de que ya estaba decidido. Y que me había buscado un trabajo y me había unido a una banda. Era inteligente: me daba doscientas libras al mes, que era la cantidad exacta para pagar mi alquiler, así que si quería comer o pagar las facturas no podía cruzarme de brazos y no dar palo al agua. Aunque yo jamás habría hecho algo así. Pero lo que hizo fue muy inteligente.

En la habitación de arriba vivía un albañil, un tipo enorme. En una ocasión tuve que pedirle prestadas veinte libras. Cuando me retrasé con el pago se coló en mi habitación mientras yo estaba fuera y me robó todas mis pertenencias, incluyendo una flauta que mi amiga Barbara me había regalado. Me mudé a otro lado.

Salvando las horas de trabajo, la banda solo se dedicaba a ensayar sin parar, día tras día, y también de noche, en los contados conciertos en pubs o en concursos a los que nos presentábamos. Teníamos un local de ensayo en lo alto de un viejo edificio en Crown Alley. El restaurante donde trabajaba quedaba en la misma calle. Allí me daban toda la pizza que quisiera. Y había un montón de cocineros a los que seducir. Y también podía cantar a mi antojo.

También conseguí un trabajo como *kissogram girl*, como «la chica de los besos». Solo un idiota pagaría veinticinco libras por verme aparecer vestida de sirvienta, para luego recitar un poema estúpido con un terrible acento francés y ponerle un par de enaguas a un pobre tipo en la cabeza. Siendo Irlanda, ni siquiera los besos eran de verdad, a pesar del nombrecito.

Me tocaban seis libras de las veinticinco. Mi amiga Barbara (la que me había regalado la flauta que luego me robaron) estaba casada con Steve Wickham, el violinista de In Tua Nua y de los Waterboys. Un día me preguntó si ella también podía hacer de chica de los besos porque estaba un poco aburrida. Era una americana de Atlanta, por lo que era más lanzada que yo, y era guapa, extrovertida y rubia. El tipo que regentaba el negocio, llamado Hot Lips, se aprovechó y la hizo vestir un bikini con globos atados alrededor del sujetador y las bragas, globos que los clientes podían reventar a mordiscos.

Yo estaba un poco envidiosa. Pero luego me ponía mi disfraz favorito, el de «monja traviesa»: un hábito de pies a cabeza por la parte delantera y nada en la parte trasera de la cintura para abajo –lo que me dejaba el culo al aire–, acompañado de medias de rejilla y tacones de aguja.

Había en todo ello algo tan cutre que era maravilloso.

Según creo, he sido la peor chica de los besos que jamás haya existido jamás. Era muy tímida. Y los poemas, compuestos por el tipo que dirigía la compañía, eran malos con avaricia. Los leía a toda prisa y al acabar me largaba cagando leches.

El tipo a cargo de la empresa también se disfrazaba de gorila y de Tarzán para las damas. Vivía en lo que parecía ser un antiguo orfelinato regentado por sacerdotes. Ahora la casa estaba habitada por un anciano sacerdote y varios jóvenes. En el arco de cristal, sobre la puerta de entrada, había una gran estatua de la Virgen María, en azul y blanco. Aquel tipo tenía un coche rojo con unos labios rojos gigantes pintados en el techo. En una ocasión, que el Señor se apiade de nosotros, recorrimos en él el cementerio de Deansgrange en busca de la tumba de mi madre: él con un disfraz de gorila y yo ataviada de criada, riéndonos como idiotas.

La siguiente maqueta que grabé para Ensign, y que apareció en mi primer álbum, fue «Just Like U Said It Would B», en la que tocaba Steve Wickham. Trataba sobre una lección que me había impartido cierto pastor bautista sobre el arte y la utilidad de rezar el salmo 91, que es de donde saqué el título del álbum.

Luego estaba «Never Get Old», otra canción que había compuesto en el colegio sobre un chico muy callado del que todas las chicas estábamos enamoradas en secreto. Tenía un halcón. Una vez me llevó al campo y me lo enseñó. Me dejó enfundarme su manopla de cuero y alimentar a su ave con trozos de carne cruda. Era un chico de buen corazón, muy amable.

Tras escuchar las maquetas me ofrecieron un contrato discográfico, que firmé el 5 de agosto de 1985. El abogado que Ensign me había enviado no dejó de rogarme que le permitiera buscarme un mejor trato, pero no quise. Me contentaba con lo que tenía. Solo quería salir de Irlanda y valerme por mí misma lo antes posible, y no quedarme esperando a que se presentara otra oportunidad. Acepté siete puntos de regalías, lo que significa que te pagan el siete por ciento de lo que sacan del precio de venta de tus discos, y con ese siete por ciento costeas casi la totalidad de los gastos de estudio, la promoción y las giras.

El deber del abogado era leerme cada cláusula del contrato para asegurarse de que yo la entendía. Yo tenía dieciocho años, y a esa edad los contratos son un incordio. Justo antes de que se me cerraran los ojos, él me estuvo hablando, con la más absoluta seriedad, de una cláusula donde se estipulaba que en caso de que los discos pudieran venderse en la luna, los términos de mi contrato se aplicarían también en dicho satélite. Me preguntó si lo entendía y me quedé dormida.

Después de eso me quedé en blanco, salvo por una visión en blanco y negro de la pobre bandera americana ondeando en la luna. La pobre prefería volver a casa y vivir en la tierra, en color, comiendo hamburguesas y perritos calientes, a que le enviaran discos para empeorar su soledad, porque nadie estaría presente para secarle las lágrimas al escuchar la versión de «Song to the Siren» de This Mortal Coil.

El día en que me largué de Irlanda para siempre, semanas antes de firmar el contrato, Pete Townshend iba en el mismo avión que yo. En aquellos días, los aviones de Aer Lingus tenían algunos asientos enfrentados, como los de los trenes. Él estaba sentado frente a mí. O bien The Who acababa de tocar en Irlanda, o tal vez había habido algún concierto benéfico al que había sido invitado. Antes de embarcar, decidí que al despegar no miraría por la ventanilla. Tomé la presencia de Townshend como un augurio de que había elegido el camino correcto y, mientras nos deslizábamos hacia el cielo, me concentré en su rostro. Odiaba Dublín. Todo me recordaba a mi madre. Las tiendas estaban atestadas de sombreros que ella hubiera adorado ponerse, pero que ya jamás podría regalarle.

Cuando te bajabas de un avión procedente de Irlanda en Heathrow, al final de la pasarela siempre había dos hombres trajeados de la División Especial, uno a la izquierda y otro a la derecha, en pie, detrás de unos podios negros, justo donde se accedía a la recogida de equipajes. Solo paraban a hombres y, en concreto, a hombres con barba desaliñada y pelo largo. Esto se debe a que a principios de los ochenta hubo una época en la que los huelguistas de hambre de Irlanda del Norte lucían pobladas barbas y también así lo hacían todos los del IRA. Los del otro bando no llevaban barba ni tenían mucho pelo, porque siempre andaban a la greña y estaban gritando. Llevaban desde siempre matándose entre ellos. La prensa traía siempre noticias de sangre y fuego, de niños y ancianos gritando en las calles. Los muros de la prisión manchados de mierda y sangre, y tipos flacos, de agrietados ojos sin fondo, cuyos ataúdes eran tan livianos que hasta un crío podría haberlos cargado a hombros. Hombres armados en los funerales. Hombres a los que sacaban a rastras de los coches para asesinarlos. Mientras duró todo aquello, Margaret Thatcher siempre llevó el pelo perfectamente arreglado.

Un mes antes de largarme de Irlanda, hice una o dos visitas a Londres y entonces un experto contable irlandés de la industria discográfica me localizó y me llamó por teléfono a mi habitación de Dublín para ofrecerme sus servicios. Yo nunca había oído hablar de él ni sabía nada de contables.

–Escucha –me dice–, creo que vas a necesitar que alguien te administre el dinero y resulta que tengo el administrador perfecto para ti. Se llama Fachtna Ó Ceallaigh y les llevaba estos asuntos a los Boomtown Rats.

En realidad, yo había coincidido con Fachtna cinco años antes, una tarde, cuando apenas tenía trece años. Fue en el vestíbulo del edificio de Four Courts, la sede del Tribunal Supremo de Irlanda, durante la época en la que los Rats no podían tocar en directo en Dublín. Aquel día había una vista para el juicio de mis padres y también otra para los Rats.

Mi hermano Joseph se sorprendió al ver a Fachtna caminando por el pasillo, tras salir por la puerta principal para ir a fumar, y se levantó de un salto para pedirle un autógrafo. Sonriente, se acercó a Fachtna y le dijo:

–Esta es mi hermana pequeña.

Recuerdo nuestro apretón de manos como si hubiera tenido lugar hace media hora.

Antes de largarme de Irlanda, me reuní en dos ocasiones con aquel contable, que me volvió loca insistiendo repetidamente en que «debíamos informar de todo esto» (se refería a los detalles del contrato y todo lo relativo a los royalties) a mi padre antes de firmar nada. Lo cierto es que me gustaba un montón aquel contable: por consiguiente, de forma reiterada y alzando progresivamente la voz, me vi obligada a informarle de que, muchas gracias, ya tenía dieciocho años y que, por consiguiente, mis asuntos no eran de la incumbencia de mi padre, y de que el hecho de que fuera mujer no implicaba que no hubiera sido perfectamente capaz de entender los intríngulis de los contratos cuando mi abogado se sentó conmigo y me los explicó. Él confundió la causa de mi indignación con mi presunto enfado por el hecho de que mi padre no se preocupara por mí, aunque en realidad mi abuela me había inculcado en repetidas ocasiones que una mujer jamás debe revelarle a ningún pariente varón cuánto dinero tiene.

La siguiente vez que le estreché la mano a Fachtna Ó Ceallaigh fue en un café de Marylebone High Street, en Londres, antes de sentarme frente a él en una silla coja. Y así, mientras él seccionaba las yemas de unos huevos fritos con la punta de un cuchillo, le recordé que nos habíamos visto antes, algo que por supuesto él no recordaba.

Cuando volví a Dublín me envió una tarjeta con una nota, escrita con esa encantadora caligrafía irlandesa, donde afirmaba que se alegraba de haberme conocido. Decía que estaba seguro de que me iría bien en la música y que quería que supiera que siempre debía ser yo misma, sin conceder ninguna importancia a lo que la industria de la música quisiera hacer de mí. No se me había pasado por la cabeza ser otra cosa, pero más tarde me vino muy bien contar con un adulto que defendiera mi derecho a, por ejemplo, no depilarme las cejas para una sesión de fotos. O el derecho a no quedarme desnuda de cintura para arriba cuando el fotógrafo resultó ser cierto caballero europeo. (Esto, después de haber sido tan tonta como para caer en la trampa de quitarme la parte superior, porque el fotógrafo en cuestión lo había expresado como un desafío —«¿Te importaría quitarte la camisa?»— para una mujer irlandesa. Sentí que tenía que hacerlo para contestarle: «Que te jodan por plantearme algo así».)

Durante mis primeros meses en Londres me hospedé en casa de mi tía Marien, en el sur de ciudad, y conocí a mis dos primos varones. Uno era un hetero que se vestía de mujer, con el pelo largo y teñido de rojo, el tío más guay del mundo. El otro llevaba su pelo rubio y rizado muy corto, y era el segundo tío más guay del mundo. Me llevaron de fiesta y a comprar un vestido de lycra color melocotón en King's Road. Vimos el *Live Aid* en el jardín de su madre. Fuimos a Clacton-on-Sea, a un concierto de Doctors & Medics que duró toda la noche y donde me quedé dormida con la cabeza cerca de un enorme bafle. Mi primo me llevó al mercado de Kensington y allí vi un montón de zapatos de cuero de la talla 45 para hombres. Inglaterra era oficialmente el país más grande de la tierra.

También encontré a quien considero que fue mi primer guía espiritual.

Desde que cumplí los dieciocho años, si me sentaba con gente que había conocido en una o dos ocasiones, veía en mi mente el interior de sus casas. Veía las alfombras, las paredes, los cuadros en las paredes, las pequeñas baratijas en las mesillas de noche, los colores de ollas y sartenes, el montoncito con la correspondencia, todo. Era como si fuera flotando por sus estancias.

Sentía la tentación de preguntar a quienquiera que estuviera conmigo si lo que yo veía era exacto, y siempre lo era. Cuando conocí a Chris Hill y a Nigel Grainge les describí la antigua oficina de Ensign Records, aunque nunca había puesto un pie en ella. No me gustaba tener esas visiones, pero sucedía. La gente me miraba como si creyeran que yo tenía algo importante que contarles y no era así y al final me harté de decepcionarlos. A decir verdad, solo anhelaba llegar al fondo del por qué me estaba sucediendo aquello para poner remedio a aquellas extrañas visiones.

Mi tía Marien y sus hermanas compartían un interés en los estudios psíquicos. Le conté lo que estaba sucediendo y mi tía me presentó a un amigo suyo, un pastor de 47 años de la Iglesia Bautista de Greenwich que también era médium y que adiestraba a la gente en el ejer-

cicio de sus poderes. Le conté que quería aprender a cerrar una parte de mí que se colaba dentro de la gente sin
su permiso.

El caso es que todo aquello estaba sucediendo porque
ellos no estaban dentro de sí mismos.

El primer paso de mi adiestramiento consistió en recitar a diario el salmo 91 en voz alta.

El que habita al abrigo del Altísimo
morará bajo la sombra del Omnipotente.
Diré yo a Jehová: Esperanza mía, y castillo mío;
Mi Dios, en quien confiaré.
Él te librará del lazo del cazador,
de la peste destructora.
con sus plumas te cubrirá,
y debajo de sus alas estarás seguro;
escudo y adarga es su verdad.
No temerás el terror nocturno,
ni saeta que vuele de día,
ni pestilencia que ande en oscuridad,
ni mortandad que en medio del día destruya.
Caerán a tu lado mil,
y diez mil a tu diestra;
mas a ti no llegará.
Ciertamente con tus ojos mirarás
y verás la recompensa de los impíos.
Porque has puesto a Jehová, que es mi esperanza,
al Altísimo por tu habitación,
no te sobrevendrá mal,
ni plaga tocará tu morada.
Pues a sus ángeles mandará acerca de ti,
que te guarden en todos tus caminos.
En las manos te llevarán,
para que tu pie no tropiece en piedra.
Sobre el león y el áspid pisarás;
hollarás al cachorro del león y al dragón.
Por cuanto en mí ha puesto su amor, yo también lo libraré;
le pondré en alto, por cuanto ha conocido mi nombre.

Me invocará, y yo le responderé;
con él estaré yo en la angustia;
lo libraré y le glorificaré.
Lo saciaré de larga vida,
y le mostraré mi salvación.

Una noche, estaba sentada en mi cuarto y vi reflejada en la vitrina a una persona con una capucha negra con dos bandas doradas. Entonces las luces comenzaron a parpadear y salí corriendo de allí, patidifusa. El pastor bautista me dijo que debería haberme quedado porque

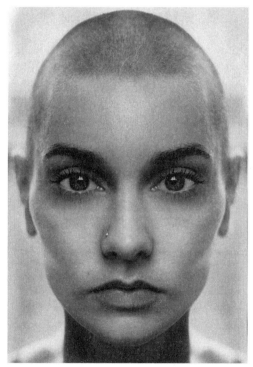

Aguardando la salida del primer álbum...
(*Kate Garner*).

estaba recibiendo un mensaje. Le dije que no, que prefería no recibir mensajes de encapuchados.

En cuanto me mudé a Londres y dejé la casa de mi tía, el pastor me declaró su amor eterno y tuvimos una especie de aventura. Eso no le hizo ninguna gracia a mi tía, no solo porque el pastor estaba casado, sino porque creo que a ella también le gustaba. Se puso muy furiosa. En realidad, nunca llegó a superarlo: años más tarde, cuando acudí a una reunión familiar con el padre de uno de mis hijos, ella me miró fijamente desde el otro extremo de la pista de baile y sin dejar de afirmar con los labios: «Será mío, será mío», señalándolo a él y luego a sí misma.

Yo era joven y una idiota, y el pastor me había convencido de que su esposa no le entendía, de que yo era su verdadero amor y todo eso. Después de un tiempo me di cuenta de que lo suyo era prometer hasta meter. Sentada allí, sola, aguardando una nueva visita semanal de una hora, sin salir con nadie más, me sentía como la maldita Whitney Houston, dándole todo mi amor, como una auténtica gilipollas. Y no tardé mucho tiempo en ser yo quien tampoco le entendía.

Una noche, el pastor llegó al piso que yo había alquilado en Lewisham después de largarme de casa de mi tía. Traía una aspiradora estropeada que su mujer ya no quería para nada. Pensó que me gustaría como regalo. Tuvo el descaro de decirle a su señora que conocía a alguien que podría aprovecharla.

Mientras lo veía caminar hacia su auto pensé en tirársela a la cabeza desde el balcón de mi sexto piso.

Me compré un pequeño Fiat Bambino amarillo. En aquella época, en Inglaterra, una podía conducir con una licencia provisional. Nunca había pisado una autoescuela. Una noche, de madrugada, me subí al coche y tuve un accidente. Llamé al pastor y le dije:

—Estoy herida, he tenido un accidente con el coche, ¿puedes venir a buscarme?

Dijo que no, que no lo haría porque no quería que nadie lo viera en mi compañía. Nunca más le volví a hablar.

En realidad, aquello me dejó tocada. Me torcí la pelvis. Un coche a toda velocidad me embistió por el lado del conductor. Todavía me duele al enderezarme. El costado derecho no me responde como debería. Camino de forma extraña, como Charlie Chaplin. Nunca había caminado así.

ACOMODÁNDOME

En Londres viven alrededor de ocho millones de personas,[20] lo que viene siendo el doble de la población total de
Irlanda. Es algo que me asusta, como también me asusta
el infinito por ser demasiado grande. El Támesis es cien
veces más ancho que el Liffey.

Siempre se ven luces de aviones por el cielo. Aviones
de todo el mundo, siempre de paso. Los aviones solo so-
brevuelan Irlanda de camino a otro lugar. A menos que
sean aviones irlandeses, de los que llevan a irlandeses
dentro y fuera del país, por cantidades de dinero que, a
medida que se acerca la Navidad, se vuelven más eleva-
das, en una época en que cualquiera que haya tenido la
inteligencia de irse necesita regresar, por miedo a ser til-
dado de mal hijo o de mala hija.

Odio la Navidad. Siento dolor en el alma, como si alguien me hubiera clavado una estaca en el pecho.

Aparte de mis primos y mi tía, las únicas personas
que conozco en Londres son Chris y Nigel, de Ensign, y
Fachtna, mi mánager.

Paso bastante tiempo en casa de Chris. Es muy amable, me trata muy bien. Me cuida mucho. Sospecho que
está un poco enamorado de mí, pero tiene una esposa
maravillosa a la que nunca engañará.

---

[20] Son más de nueve millones y medio en la actualidad. (*N. del E.*)

Nigel me dio dos cintas con canciones de Van Morrison. Nunca lo había escuchado antes. Suena como uno de esos monjes tibetanos, de los que usan la voz para sanar el alma. Es como si me estuviera impartiera una clase magistral: no se trata de las palabras, sino de lo que logra con el sonido. Su música me lleva adonde se supone que debo estudiar. Veo hermosos edificios de piedra, con los puntales dorados.

Mi piso tiene una sala de estar en la parte delantera del edificio, con vistas a Hither Green Lane. Un pequeño dormitorio contiguo y una cocinita. Queda encima de un establecimiento de ultramarinos regentado por un indio. Los dueños son amables conmigo; trabo amistad con su hijo, un chico flaco, de mi edad, al que le gustaba la música. No nos gustábamos, era solo amistad. Nos sentábamos y charlábamos. Yo tenía un tocadiscos y él no. Y así él podía fumarse un cigarrillo sin despertar la ira de sus padres.

Era un chico muy sensible. Sin siquiera sospecharlo, de pronto, su padre decidió que necesitaba endurecerse y lo obligó a alistarse en el cuerpo de paracaidistas. El pobre chaval subió corriendo las escaleras, vino a verme, presa del pánico, como diciendo: «¿Qué voy a hacer ahora?». Pero no había nada que ninguno de los dos pudiéramos hacer. Su propio padre se lo ordenaba, y él debía partir al día siguiente.

Un par de semanas después alguien me tocó al timbre en mitad de la noche. Fui a ver quién era… ¡y era él! Se había escapado. Su valentía me llenó de orgullo. Su rostro era la viva imagen de la conmoción. No solo por todo lo que había soportado durante quince días –los gritos, las flexiones, todo lo que se ve en la tele– sino por el hecho de que le estaba plantando cara a su padre.

Tenía miedo de volver a casa, así que se quedó conmigo y durante una semana durmió en el sofá: en todo ese tiempo yo bajaba todos los días y compraba la comida que íbamos a comer en la tienda de sus padres, y al charlar con ellos tenía mucho cuidado en no mencionar a su hijo (tampoco ellos lo mencionaron), y luego volvía a subir a mi piso. Y luego se largó, se dio «a la fuga», y nunca volví a saber de él. Después de eso no me quedé mucho tiempo más en Hither Green Lane.

Estoy sola, pero compongo temas para mi primer álbum, y componer esas canciones es el principal cometido de una persona solitaria; las canciones son como fantasmas. Cuando salga el disco me convertiré en una viajera que «divulga fantasmas». Habrá todo un sinvivir de despedidas. Eso no debe suponer un problema.

Escribí una canción llamada «Troy» sobre mi madre y sobre el pastor. Grabé la maqueta vocal en casa de Chris. Le obligué a quedarse fuera, plantado ante la puerta. Cuando le permití entrar, estaba muy agitado. Dijo que nunca había oído nada parecido, ni a ese volumen. Me hizo ponerla una y otra vez.

A veces camino por Fleet Street en domingo, con la calle desierta, porque siempre he soñado que me encantaría escribir para los periódicos. No sobre noticias ni sobre música, sino sobre poemas y obras de teatro. Me preguntaba siempre si me aceptarían, pero nunca reuniré el valor suficiente para someterme a ninguna prueba.

También asisto a las lecturas abiertas al público de la Spiritualist Society, la Sociedad Espiritualista, para ver cómo se desenvuelven otros médiums.

Recuerdo vívidamente una bronca con un skinhead ante una cabina telefónica roja. Una mujer asiática estaba dentro, hablando en algún lenguaje exótico, soltando un millón de palabras a toda prisa porque solo tenía unas pocas monedas. El skinhead le gritaba que se diera prisa y empezó a golpear la puerta, aunque yo era la siguiente en la cola. Le dije que la dejara en paz. Detectó que yo era irlandesa y me gritó:

–¡En Londres las cabinas telefónicas son para la gente de Londres!

–Vale –respondí–, si nos hubierais dejado algo de valor en nuestros países no tendríamos que usar vuestras sucias cabinas telefónicas llenas de anuncios de burdeles, así que cierra el puto pico.

Tres de sus amigos estaban en la cola, y creo que aquel tipo me habría roto la cara si no hubieran empezado a reírse de él porque una chica lo había dejado en evidencia y, gracias a Dios, para salvar la cara tuvo que fingir que le veía el lado divertido. Me dejaron hacer mi llamada y cuando terminé todos me dieron la mano, y luego se echaron a los lados para abrirme paso, como yo si fuera el obispo John McQuaid en Dublín pavoneándose imperialmente por Grafton Street en Navidad.

UNA O DOS LECCIONES

Paso mucho tiempo con Fachtna. Tiene una habitación llena de estanterías repletas de discos. Tiene más discos que nadie a quien yo conozca. Compra todos esos discos de las listas de éxitos de Jamaica en Dub Vendor, en Ladbroke Grove. Me cuenta que cada vez que cambia de piso se los lleva todos. Tal vez por eso no tiene ni esposa ni novia; ¿dónde habría podido dejar sus cosas?

Me ha puesto muchos de los singles de reggae que salieron el año pasado. Me encanta «Here I Come», de Barrington Levy, un tema sobre un tipo al que la madre de su bebé le hace llevarse al niño porque no quiere estar atada a nada. Es triste, pero al escucharlo también te entran ganas de saltar por la forma en que modula la voz. Cuando ella dice que no quiere al niño, él no usa palabras. Le basta con gritar «¡Shuddly-waddlly-boop-diddly-diddly, w'oh, oh, oh!» y acierta así a expresar, mejor incluso que Oscar Wilde, el millón de cosas que se le pasarían por la cabeza a un hombre en apenas unos segundos.

La música que está pinchando Fachtna me vuelve loca. Antes, el único reggae que había escuchado eran temas como «Israelites», «54-46» o «Uptown Top Ranking», pero ahora me ha descubierto a un tipo llamado Prince Buster. Tiene un tema superdivertido titulado «Judge Dread». La acción transcurre en un juzgado donde el juez sentencia a todo el mundo a cuatrocientos años de cárcel. El tema

cuenta con un estribillo genial, muy perverso, acompañado de cuatro notas de trompeta que se repiten una y otra
vez sobre el ritmo que esboza la batería. Y el bajo y los te-
clados se limitan a tocar acordes.

Fachtna me llevó a ver a su amigo Leroy, que también
se llama Lepke. Lleva una emisora pirata llamada Dread
Broadcasting Company (DBC) y tiene un puesto en Portobello Road donde vende discos de reggae.

El mercado de Portobello abre sábados y domingos.
Es una enorme atracción turística llena de gente que parece provenir de todos los países del mundo. Los sábados por la tarde Leroy pincha las novedades, que suenan
en los dos enormes altavoces que tiene ante su puesto.
La moda jamaicana es pinchar de inmediato otro disco
igual de bueno, sin perder un segundo, y cada vez que lo
hace los jóvenes que pasan gritan:

–*Wheel!!*

Luego siguen caminando. Me encanta.

Leroy tiene un micrófono colocado en la acera, junto
a su puesto. En Jamaica hacen algo genial: sacan una versión instrumental de los discos, sin la pista vocal, para
que la gente pueda cantarla, así que cuando compras el
single con la voz también obtienes lo que se denomina
una versión *riddim*. Es parecido al karaoke, pero en el
mismo *riddim* los cantantes jamaicanos llegan a escribir sus propias letras y a hacer nuevas melodías vocales,
y todas ellas se convierten en éxitos rotundos.

El primer día que acudí a verlo, al acabar la jornada,
Leroy pinchó una o dos *riddim*. Varios jóvenes con el pelo
largo recogido en trenzas empezaron a vagar por el mercado y a echar un vistazo tranquilo a los discos y las camisetas. Pero pronto los vimos avanzar a pasos agiganta-
dos hasta situarse junto el micrófono para quedarse con
los pies hincados en el suelo, mostrándose apocados y
nerviosos, con los ojos fijos en el suelo, para luego mirar
al micrófono, para luego mirarse el uno al otro y vuelta a

empezar. Sin dejar de retorcerse las manos, sin dejar de mecerse, sin dejar de morderse los labios.

Cuando un joven tomaba el micrófono, aparecían otros hombres mayores con el mismo tipo de trenzas, hombres que bailaban dando un paso adelante y otro atrás y que de vez en cuando levantaban una mano, como para advertir a alguien de algo. Yo me había apoyado en la pared, junto al puesto, pero no lograba descifrar lo que cantaban aquellos chicos debido a sus acentos. Solo llegué a entender cuatro palabras porque, cada vez que se mencionaban en un tema, todos las gritaban en voz alta. Eran *Burn, Pope, Babylon, blood*: arde, papa, Babilonia y sangre. (También estaba bastante segura de haber escuchado *fire* rimado con *liar*.)

Al caer en la cuenta de que cuando se oían esas cuatro palabras concretas los viejos levantaban los brazos, me entró curiosidad. Me puse a dar vueltas por el puesto en busca de alguien con quien hablar entre los presentes. Las voces fueron turnándose en el micrófono mientras sonaba el mismo *riddim*. Un viejo gordinflón, que estaba apoyado en una bicicleta ante la puerta de un pub, apuraba la teba de un canuto que sostenía con unas pinzas. Tenía una melena cana, tan larga como para enroscársela alrededor de la cabeza, como un sombrero y aún le sobraba un extremo, que le colgaba de la camisa azul.

Me puse frente a él:

–¿Puedo preguntarte algo, por favor?

Escondió el porro y dijo:

–¿Y qué pasa si no quiero darte una respuesta?

–¿Qué?

–Puede que no quiera dar respuesta.

–¿De qué me estás hablando? –repliqué–. No te estoy pidiendo que te pongas nada.

–Tú pregunta, puede que no quiera dar respuesta.

Me llevó un buen rato entender lo que decía. Luego le pregunté:

–¿Qué es Babilonia?

Se rio. Le dije:

–¿Por qué te ríes?

Y volvió a reírse. Pregunté:

–¿Por qué cantáis «Arde Babilonia»? ¿Y por qué afirman que el papa debe arder, y por qué los viejos bailan así, alzando los brazos al cielo?

Echó la cabeza hacia atrás, tosiendo y riendo. Me preguntó:

–¿De dónde vienes?

–De Irlanda.

–Mmm –dijo, y durante varios segundos me observó en silencio, oculto tras sus gafas de sol. Al final preguntó–: ¿Inglan la dueña?

–¿Qué?

–¿Es Inglaterra la dueña de Irlanda?

–No –afirmé. (No había tiempo para entrar en harina.)

–Vale, *den* –dijo–, tampoco nadie es dueño de Dios.

Se detuvo un momento, me miró.

–¿Qué os enseñan en la iglesia de Irlanda? ¿*Dem* os muestran las *Revelayshaan*?

–¿Qué?

–*Dem*, ellos, los católicos, el papa y todos ellos, *dem*, no son cristianos. Por eso no os cuentan que Dios está al llegar. El papa es el diablo y su oficio es el oficio del diablo. ¿Te has comprado una Biblia, hija? –me preguntó.

–Sí, tengo unas cuantas.

–Vale, pues lee al Profeta y lee las *Revelayshaan*, el *Libro de las revelaciones* y pon música rasta en tu vida. Babilonia es el patio del diablo. Y va a arder, porque las *Revelayshaan* afirman que así debe suceder.

Y tras subrayar eso, se bajó de la bici y la arrastró hacia Westbourne Grove, mientras caía el sol. Esperé un rato para asegurarme de que no miraba atrás y luego lo seguí.

La calle donde dobló a la derecha y bajó de la bici se llamaba All Saints. Había un garito de apuestas, una tienda de discos y un puesto de comida para llevar, fuera del cual había varios ancianos con melena de león, hablando con acento jamaicano.

Me aposté en un umbral, no lejos de ellos, escuchando cómo usaban las palabras. Era precioso. Nunca había oído hablar así en inglés. Y no eran como los viejos normales; no hablaban de fútbol ni de política. Hablaban como sacerdotes. El hombre del pelo largo de la tienda de discos empezó a pinchar temas reggae a todo volumen, temas cuyas letras trataban sobre las Sagradas Escrituras, con versos que los otros gritaban y discutían apasionadamente bajo una farola ante aquella puerta.

Entro en la tienda de discos y le pregunto al viejo en qué parte de la Biblia está eso que se escuchaba en el tema que ha pinchado. Conmigo tengo un cuaderno que llevo a todas partes. Escribo lo que me dice, luego voy a casa y leo esos pasajes. Creo que le resulto alguien divertido. Él me sonríe con amabilidad: su cara es como un enorme sol que lo ilumina todo. Me dice:

–¿Qué te cuentas hoy, hijita?

Cada vez que hablo con los ancianos, estos me llaman «hijita». Si hay hombres de mediana edad cerca me llaman «hermanita». Son muy amables conmigo. Nunca se meten en líos. Son muy protectores. Me preguntan si he comido y si respondo que no me dan *patties*, empanadas jamaicanas. No les importa que me quede a su lado sin decir palabra.

MATERIAL INFLAMABLE

Todavía sigo aprendiendo de los manuales con dibujos para aprender a tocar acordes. Me limito a ponerle un capo[21] a la guitarra para cambiar la tonalidad de las pocas secuencias de acordes que conozco. Toco el menor número de acordes posible y no hago florituras. No sé hacer acordes con cejilla y no sé tocar alto. En mis maquetas doblo las guitarras. Tengo una cuatro pistas: es como una grabadora convencional a la que le puedes conectar la guitarra y un micrófono. También tengo un pie de micro rojo brillante y un micrófono negro con su cable.

Tengo dos guitarras, una de doce cuerdas y otra de seis, ambas de la marca Takamine. También tengo un teclado eléctrico. Como parte del trato, Ensign sufragó el costo de adquisición de este equipo y de otros accesorios. Lo tengo todo dispuesto en la sala de estar de mi piso en Hither Green Lane, pero la grabadora de cuatro pistas es tan pequeña que puedo llevarla conmigo.

Toco una guitarra en silencio y grabo una pista, cantando la letra en mi cabeza. Luego reproduzco esa pista y me grabo doblando otra guitarra para que haya dos guita-

---

[21] Llamado también cejilla, el capo es un accesorio que se emplea para sustituir la cejilla realizada en los trastes con el dedo índice, a fin de permitir al intérprete usar su dedo con libertad en instrumentos de cuerda como la guitarra, el banjo o la mandolina. (*N. del E.*)

rras y no importe si permanezco en silencio. Esa forma de grabar también resulta de ayuda cuando necesito tocar fuerte, porque superponer guitarras me permite disimular lo mal que toco. A lo largo de la canción puedes subir y bajar los niveles de las guitarras y de la voz, o poner un montón de reverberación cuando mezclas una maqueta.

Llevo las cintas a Ensign y hago que Nigel y Chris las escuchen con auriculares. En su opinión, tengo suficientes temas para formar una banda y ponernos a ensayar. Entonces, cuando llegue el momento, estaré lista para meterme en el estudio. Quieren que me acostumbre a cantar mis propios temas y quieren que coescriba otros con otra gente. Me alegro porque nada me gusta más que dejar a otros encargarse de la música, habida cuenta de mis limitaciones.

En la mesa de un restaurante griego, en la misma calle donde queda la oficina de Ensign, Nigel me pasa un trozo de papel y dice:

—Ali McMordie, de Stiff Little Fingers, vive en Putney y quiero que vayas allí el jueves por la mañana, a las diez.

Jesús, María y José. Casi me caigo de culo porque me encanta Stiff Little Fingers.

—Vas a conocer a Ali, que toca el bajo, y a un baterista amigo suyo llamado John Reynolds. Podéis componer nuevos temas al alimón.

Fui allí el día indicado. Cuando crucé la calle para encontrar la puerta correcta, vi a un hombre que acababa de aparcar un BMW negro y estaba cerrando el coche. Tenía el pelo rizado y llevaba un chaleco gris con la leyenda «MIKEY DREAD» escrita en letras verdes. Llevaba dos baquetas.

—¿Eres Sinéad? —me preguntó justo cuando yo le preguntaba si era John.

Sobre la encimera de la cocina, Ali tenía un molde de yeso del culo de su novia. Nos llevó a John y a mí a la sala de estar para escuchar mis temas. Les gustó mucho

«Troy». Me preguntaron qué tipo de canciones me gustaría escribir con ellos y creo que dije:

—Nada remilgado.

A la hora del almuerzo, John y yo fuimos a un café. Mientras charlábamos, empecé a tener visiones de un dormitorio.

Como ya he comentado, a veces tengo visiones en las que me cuelo dentro de las casas de la gente. No lo hago a propósito. Es algo que sucede sin razón aparente, sin un significado específico.

Vi una mesita con pequeños adornos al lado de la cama. Cortinas de encaje de color lavanda, una pila de cartas en un estante. Las cortinas estaban corridas.

Las visiones eran tan intensas que le pregunté a John si reconocía aquella habitación. Me confesó que era la habitación de su hermana Audrey. Y que ella se estaba muriendo. Estaba angustiado. Aquello le dolía en lo más hondo.

Él la cuidaba lejos de Londres, pero a diario conducía a la ciudad para trabajar y seguir manteniendo la cordura.

Con esos densos rizos oscuros y esos enormes ojos azules, John parecía un crío. Pero tenía el cuerpo de un gigante y unas manos enormes, como palas. Cambió de tema y empezó a contar chistes guarros. Usó las palabras más procaces que haya oído jamás. Me pareció que estaríamos unidos de por vida.

RAPARME LA CABEZA

Como sucede invariablemente con cualquiera que se llame Nigel, Nigel es un tipo estirado de tomo y lomo. Hace unos días Chris y él me invitaron a pasarme por las oficinas de Ensign. Almorcé con ellos en Khan's y, de buenas a primeras, Nigel me soltó que le gustaría que dejara de cortarme tanto el pelo y que empezara a vestirme como una chica. Censuraba mi reciente intento de hacerme una *mohawk* (muy cortita). Dijo que a Chris y a él les gustaría que llevara minifaldas con botas altas y quizás algunos accesorios femeninos como pendientes, collares, brazaletes y otros artículos ruidosos que nadie debería vestir cerca de un micrófono.

Cuando terminó de hablar me dirigí a Chris, que había estado asintiendo con la cabeza como si se mostrara de acuerdo con cada palabra de Nigel:

—A ver si lo he entendido, dice que quiere que me parezca a tu amante y a esa chica por la que dejó a su esposa, ¿no?

Se hizo un silencio sepulcral cuando me levanté y recogí las llaves y el tabaco. Chris tenía una cara como un pan. Sus enormes ojos no podían ocultar su admiración por mi comentario, ni disimular que le resultara tan gracioso.

Cuando le conté a Fachtna lo que había pasado, me dijo:

—Creo que deberías afeitarte la cabeza.

Al día siguiente fui a la peluquería. Era un local griego, quedaba junto a una casa de baños, muy cerca de Ensign, de modo que podía llamarlos justo al acabar de perpetrar el asunto. Había quedado en pasarme con el pretexto de que debía darle unos recibos a Doreen, su encantadora secretaria, que era una razonable señora mayor de pelo rubio.

El tipo al cargo de la barbería tendría unos veintiséis años. Yo tenía diecinueve. Él era griego, estaba un poco fondón, llevaba el pelo azabache muy corto y parecía necesitar un afeitado. Claramente lo habían dejado a cargo de aquello y, a pesar de que no tenía más clientes, estaba bastante nervioso.

Monté en el sillón de cuero rojo y afirmé:

–Quiero parecer un niño.

Cuando al fin se dio cuenta de lo que quería decir –como yo no hablaba griego, intenté dejárselo claro con una serie de gestos con las manos que creo que lo confundieron un poco–, corrió hacia el teléfono de pared, quizás para llamar al dueño, con los ojos llenos de lágrimas.

No hubo respuesta. Estaba completamente solo.

–Ay por favor, ay por favor, ¡no me obligues! ¡Ay por favor, ay por favor! –me suplicó, tras colgar el aparato y caminar hacia mí con las manos en alto, como si estuviera rezando, con un tono tan suave de voz como si me hubiera parido él mismo–: ¡Ay, con esa melena tan gloriosa!

Al final, advirtió mi negativa a verme influenciada por sus palabras. Vio la determinación en mi mirada, cruzó la sala y entonces sintió un terror espeluznante e instintivamente se llevó una mano al cuello para protegerse la garganta:

–¡Tu padre! ¡Va a poner en grito en el cielo! –gimió, tomando aliento–. ¡Tu hermano! ¡Va a poner en grito en el cielo!

Volvió a tomar aliento e hizo una nueva una pausa horrorizada:

–Ay por Dios, ¡tu novio! ¡Va a poner en grito en el cielo! ¡Ay por Dios! ¡Ay por favor!

Y en ese mismo instante, presa del pánico, abrió tanto los ojos que pensé que iban a estallarle los globos oculares.

Dado que tampoco él hablaba bien el irlandés, hizo varios gestos con las manos para advertirme de que no quería arriesgarse a que un machito viniera a darle una paliza. Le aseguré que nadie le tocaría un pelo, aunque a esas alturas estaba yo empezando a considerar la idea de darle yo misma una paliza.

Al final aceptó hacerlo, una vez pude convencerlo de que, a pesar de ser mujer, nadie más que yo decidía mi propio destino. Y de explicarle que mi padre estaba en Irlanda, lo que conseguí corriendo por la peluquería con los brazos extendidos como un avión mientras gritaba: *Irelandais! Papa est en Irelandais!* Pero dejó en todo momento muy clara su postura.

–Esto no está bien para una chica.

Cuando terminó, me levanté y lo miré a los ojos, y vi que por la mejilla derecha le rodaba una lágrima.

¿Yo? Estaba encantada. Parecía una extraterrestre. Un personaje de *Star Trek*. Ahora ya no importaba lo que llevara puesto.

Cuando me pasé por Ensign, Nigel se quedó atónito, en silencio. Doreen, de espaldas a él, me hizo un silencioso gesto con una sonrisa juguetona: me sacó ambos pulgares hacia arriba. Más tarde, Chris me pidió que me sentara en el coche con él.

–¿Por qué te has rapado?

–Porque quiero ser yo misma.

–¿Es que no puedes ser tú misma con pelo?

–Eres tú quien necesita pelo, puto calvo, no yo. ¿Por qué no me dejas ayudarte a encontrar un médico?

THE LION AND THE COBRA

De arriba a abajo, en la enorme mesa de mezclas, parpadean pequeñas luces rojas, amarillas o verdes, dependiendo de lo fuerte que cantes. Si cantas a pleno pulmón se ponen rojas, lo que significa que la grabación sonará distorsionada. Mi objetivo consiste en alcanzar esa pequeña raya que separa el verde del amarillo, de modo que el Sr. Feliz (mi productor) tenga muchos menos motivos de preocupación.

Tengo muy claro que durante las mezclas no voy a tener gran cosa que decir sobre el volumen de mis voces, así que necesito cerciorarme de que va a resultar audible cada palabra, o cada final de palabra que cante en un susurro, porque al final el productor suele mezclar mis voces muy bajito. Así se pierden todas las palabras que canto entre susurros y que forman parte importante de mis canciones. De modo que he convertido mi propia voz en un *master fader*.

Lo he logrado mirando las luces de mi propia grabadora casera mientras cantaba en el micrófono, con el volumen justo por encima de los niveles medios. Memoricé dónde terminaba el verde y dejé mi cuerpo asimilara esa información de la misma manera que las notas: así que ahora también forma parte de las canciones evitar el amarillo.

Una puede moverse en torno a un micrófono para jugar con el campo triangular de energía que se crea. El alcance de dicho campo dependerá del tipo de micrófono que uses. Algunos exigen que estés «encima» –así lo expresamos nosotros– de ellos, porque cuentan con un pequeño radio de acción donde se recoge tu voz. Otros son de mayor alcance y puedes jugar con la cabeza para conseguir distintos resultados, sin que las luces pasen del verde. Dejas que tu cuerpo utilice el alcance del micro igual que un actor exprime un escenario. ¿Cuándo sabes que has ido demasiado lejos, cuándo sabes que estás demasiado cerca? Es algo que puedes sentir en el rostro.

Estoy en mitad de la grabación de mi primer álbum. Nigel se ha encargado de elegir al productor, que es tonto del culo y carece del más elemental sentido del humor. Y eso que, entre esa grotesca barba y lo mal que hace que suene el disco, le vendría de perlas contar con un poco de sentido del humor.

Yo misma he perdido el sentido del humor y, cada vez que el productor reproduce una canción, también voy perdiendo las ganas de vivir. No he dejado de llorar por dentro, aunque sonría sin cesar. Porque no quiero herir los sentimientos de nadie.

Las únicas dos personas con las que he hablado son John Reynolds y Fachtna. John ha estado aquí todo el tiempo, en el estudio, porque es el baterista. Así que a menudo hemos hablado de huir tal vez a Marte, en caso de que el disco salga con nuestros nombres.

Al principio, en una excelente demostración de cómo la expresión «retención anal» podría usarse con connotaciones musicales, el productor pasó horas y horas enfrascado en sacar el sonido primero al bombo, y luego al charles. Antes de grabar una sola nota. «Tssh, tssh, tssh...» así todo el día. ¿Quién hace algo así? Ha tenido a la banda esperando durante días y días, lo que significaba que yo me veía forzada a aguardar hasta la última hora de la noche para cantar, y todo porque él no podía o no quería cagarla, quiere decirse en términos musicales.

Acostumbra a darme la espalda y siempre viste de gris. Se sienta en mitad de la consola, en la silla del productor, que siempre es la mayor de las tres sillas giratorias que hay en la sala. En realidad, no se sienta ante la consola, sino que se inclina sobre ella con la cabeza entre las manos. Una postura de derrota. Parece que está planeando fingir su propia muerte.

Hace unos quince días Fachtna me comentó que, a pesar de que no sabía cómo usar el equipo del estudio, yo misma podía empezar de nuevo y producir mi álbum, si eso era lo que quería. Todo lo que necesitaba era decirle a un ingeniero lo que pretendía hacer. Afirmó que de todos modos eso era todo lo que hace un productor.

–Oye –repuse–, ¿qué hay de las cien mil libras que ya se ha gastado la discográfica en estas grabaciones? A Nigel le va a dar un ataque de nervios, yo no podría hacerle algo así. Porque hacerlo equivaldría a coger esas cien mil libras y tirarlas por el retrete.

Entonces Fachtna me explicó algo en lo que no había caído: que las cien mil libras salían de mi propio bolsillo, porque según el contrato esos costes eran totalmente recuperables.

–Aun así –objeté yo–, no quisiera herir los sentimientos de Nigel.

Pero entonces alguien me pidió algo en nombre de Nigel, algo que no estaba reflejado en el contrato y que consiguió que deje de preocuparme por su dinero o por sus sentimientos.

El viernes por la noche estábamos en el estudio grabando una versión de «The Crystal Ship», un tema de los Doors, y no pude alcanzar una nota aguda. Eso jamás me había sucedido antes. Después del millonésimo intento fallido, me cabreé de veras y golpeé el micrófono.

Eso tampoco me había ocurrido antes. Cuando escuché el ruido que hizo al caer, pensé: «Estoy embarazada». Antes de ir al estudio el sábado por la mañana compré un test en la farmacia. Tuve que orinar en un pequeño tubo de vidrio que en su interior tenía un pequeño glóbulo de gelatina de color amarillo claro, y luego colocar ese tubo en un pequeño soporte que tenía un pequeño espejo debajo, en el que no tardó en aparecer un encantador círculo rosado. Era algo hermoso, parecía un pequeño planeta.

De inmediato corrí y agarré un cojín de uno de los sofás de la recepción. Luego corrí de vuelta al baño tras metérmelo bajo el jersey para ver qué pinta tendría toda gorda con un bebé en la tripa; me giré de un lado a otro en los espejos y salté de arriba a abajo con emoción. Estaba la mar de contenta.

John era el padre y al día siguiente, cuando le di la noticia en el mercado de Hammersmith, se puso a temblar.

Me desenamoré totalmente de él. Se me cerró el corazón a cal y canto. Ya no podía acostarme con él. No le revelé la razón por la que me sentía culpable. Así que comenté de pasada que se me habían quitado las ganas de sexo.

Cuando le conté lo del embarazo a Nigel, me sonrió amablemente y comentó que debía ver al médico de Ensign, para iniciar los cuidados necesarios en toda gestación. Fui a la noche siguiente.

Aquel doctor me confesó que Nigel lo había llamado para expresarle su deseo: a saber, que él –el galeno– me impresionara con la siguiente información, que acto seguido procedió a enunciar con las siguientes palabras:

–Tu compañía discográfica se ha gastado cien mil libras en la grabación de este álbum. Tienes que interrumpir el embarazo: se lo debes a ellos.

Por otra parte, me informó de que si volaba durante el embarazo el feto sufriría daños. Y que, de todos modos, si

iba a dedicarme a la música no debería tener descendencia, porque una mujer no puede dejar a sus bebés para
irse de gira y, como es natural, un niño tampoco puede
salir de gira con su madre.

No he llorado tanto en años. Nigel puede meterse las
cien mil libras por donde le quepan. Y también a su productor. Voy a empezar de nuevo.

RELOJES Y WOKS

Así que ahora tengo una deuda de al menos cien mil libras, y solo gano cinco mil al año. Si este disco no recupera todo ese dinero y más, porque es la segunda vez que se graba, nunca seré financieramente independiente de esa casta con rabo en la entrepierna. Hablando de eso, menudo bombo que tengo. El bebé no deja de dar patadas y yo no quepo en mí de la emoción. Espero que haya estado cómodo ahí dentro mientras yo grababa las voces. Algunas de las canciones no son más que un montón de gritos.

La semana pasada me echaron de un café italiano en Charing Cross porque la anciana a cargo del local se fijó en que yo llevaba una camiseta blanca con la leyenda «SIEMPRE CON CONDÓN», camiseta a la que le había cortado los bajos para que la barriga quedara al descubierto. Al parecer no le hizo gracia.

Me hospedo en un antiguo Bed & Breakfast de Putney. Me quedaré allí las próximas tres semanas, mientras mezclamos el álbum. Es una casa familiar de ladrillos rojos con, gracias a Dios, solo un tramo de escaleras. La calle es una calle normal y corriente, de aspecto familiar. Las casas son todas normales y corrientes. Sobre las mesitas de noche, doblados en triángulos, hay pañuelos de lino color crema con pequeños lirios bordados en las esquinas. En la estantería, junto a la tele, hay una jarra

Sinéad y su marido, John Reynolds (*Anton Corbijn*).

Sinéad y John Reynolds en casa, alrededor de 1980 (*John Reynolds*).

de cristal llena de agua con una panza tan prominente como la mía. No la he tocado.

Disfruto sacando de paseo a mi henchido yo: en los últimos días camino, dejo atrás las vallas blancas y los árboles de la calle, y llego hasta el estudio. En general, es mucho más bonito que el hotel Kypriana, el cuchitril donde nos quedamos mientras estábamos grabando. Nombre que le viene que ni pintado, porque en Dublín a un tugurio inmundo lo llamamos *kip*.

En realidad, aquello estaba lleno de pulgas. Noche tras noche, John Reynolds y yo soportábamos sus saltos y sus picaduras. En realidad, no nos importaba gran cosa porque éramos conscientes de que al estar allí había sucedido un milagro: ahora éramos exladrones y teníamos la oportunidad de ganarnos la vida de forma legítima y legal. Si no hubiéramos estado en la industria musical, estaríamos codo con codo robando hasta dar con nuestros huesos en distintas cárceles.

Cuando nos conocimos, John tenía el maletero del coche lleno de relojes y woks. Él y su compañero se habían colado en un inmenso almacén; se acercaba la Navidad y estaban sin blanca. Estaban vendiendo algunos de los relojes y los woks que habían robado y dando otros a las mujeres de sus vidas como regalos por Navidad. La madre de John tenía un reloj y un wok. Las mujeres menos veneradas recibían o uno o el otro.

El recuerdo más vívido que conservo de cuando grabamos aquel disco es el momento en que conocí a John Keogh. John estaba tirado en el suelo ante la puerta del baño del estudio, hecho polvo, porque se acababa de meter un pico.

–Hola, *Shine-eyed* –me dijo con ese acento del este de Londres, y luego se rio de sí mismo y puso los ojos en blanco. Y justo cuando levanté el pie para pasar por encima de él, añadió–: Tranquila, no voy a mirar debajo de tu falda.

Es el bajista de Max y estábamos grabando su tema «Just Call Me Joe».

Tiene unas enormes pestañas negras, largas como patas de araña. Tiene los ojos de un color entre ambarino y verde pálido. Parecen dientes de león. Siempre que ha venido a casa, esos ojos me han recordado a los de la serpiente de *El Libro de la selva,* porque siempre está hasta arriba de drogas duras. Pero no es mal tipo; es pura inocencia. Por eso no puede soportar el mundo.

Se apoya en el quicio de la puerta. Me cuenta que no tiene hermanas y que por eso le gusta hablar conmigo. Me mira como si estuviera impresionado, como un niño asombrado. Le pregunté por qué. Dijo que nadie debió exigirle que se comportara como un adulto y que a mí no deberían haberme tratado como a una cría. Le impresiona que alguien quiera ser adulto.

Su sonrisa hace sonreír a la gente porque tiene un punto burlón. Trata de ocultar que es tan guapo porque en su barrio le pegan por serlo. Aparta la cara o mira al suelo. Se viste desaliñado y tiene espinillas y los dientes grises por la heroína y amarillos por todo lo demás. Pero cuando el caballo le cierra los ojos, emplea la sonrisa. Es muy inteligente, pero siempre para dicha ajena, nunca en provecho propio. Quiere que no nos preocupemos por él. Quiere que pensemos que se encuentra bien. Pero no está nada bien. Al final se queda dormido en el baño.

De la mezcla solo nos hemos encargado el ingeniero, yo y los técnicos del estudio. A ellos les toca realizar todas las tareas más chungas. Ir de un lado a otro llevando incontables tazas de té y café para los músicos y productores, llegar antes que nadie y salir los últimos. Ir a comprar sándwiches o cualquier otra cosa que se le antoje al tipo de turno. Son cerebritos, pero en el sentido estricto en que Superman es también un cerebrito. Y al observarlos he caído en la cuenta de que si no fuera por los cerebritos, no tendríamos discos. Solo habría un montón de músicos drogados y de ejecutivos drogados –estos últimos demasiado ocupados declarándose inocentes de episodios de acoso sexual, esgrimiendo el eximente de hallarse demasiado drogados–, siempre saliéndose con la suya, y no siendo jamás de ninguna utilidad durante el proceso de grabación.

Ningún otro tipo de hombre es capaz de realizar la tarea de la que un *tape op* –un operador de cinta– toma su nombre. Este hombre puede hacer algo que ningún otro hombre se atrevería a acometer. En el estudio sus jefes lo obligan a hacerlo porque de todos ellos es el que menos tiene que perder. Aunque el hecho de que pueda hacerlo lo convierte en el rey absoluto.

Puede empalmar distintos trozos de cinta para editar un tema.

Imaginemos que la primera mitad de un tema salió bien, pero la segunda mitad es una mierda, y que en la toma anterior ha salido justo al revés: entonces, armado con una hoja de afeitar Wilkinson Sword, nuestro *tape op* puede seccionar la cinta justo antes de que todo saliera mal y empalmarla en la cinta anterior justo antes de que todo saliera bien y unirlas con un adhesivo especial para que toda la canción quede bien y no tengas que grabarla de nuevo.

Lo consigue haciendo que el productor reproduzca la pista. Una vez que se ha establecido el lugar deseado para la edición, esa parte de la pista se reproduce muy despacio; y mientras se va reproduciendo, el operador no pierde de vista la cinta mientras esta rueda entre las dos bobinas. Al final, toma con suavidad los extremos de ambas bobinas y los gira así y asá, hasta que el tema suena tan lento y la voz suena tan grave que aquello parece una película de terror. Y lo hace hasta que encuentra un resquicio en la música y es capaz de ubicar dónde sucede en la cinta. Solo cuando su ojo reconozca el lugar donde está dicho resquicio, retirará las manos. Lo siguiente es sacar un palmo de cinta de entre las dos bobinas y posarlo sobre un pequeño puente de acero, tan pequeño que parece unas vías del tren para duendes. Luego realiza una marca en el lugar indicado con tiza.

Ahí es donde tiene que practicar el tajo. Si no lo hace bien será un desastre. Hay mucho dinero (y mucho temperamento artístico) en juego. Todos los presentes se muerden los nudillos, y durante el minuto y medio que tarda en practicarse el corte, aplicarse el adhesivo y reproducirse la cinta, reina un silencio sepulcral. Pero él es el amo y señor y jamás yerra en su cometido: todo sale a la perfección al primer intento. Y luego puede descansar un rato con los pies sobre un puf de cuero, tomando café y galletas que, para variar, le traerá quienquiera que sea el jefe en esa sesión. Porque es el cirujano plástico de las estrellas.

«MY BOY LOLLIPOP», JULIO DE 1987

En mi habitación, sobre mi regazo, envuelto en una man-
tita de pies a cabeza, Jake empezó a ponerse como la
grana, así que llamé a la enfermera y ella me lo arrancó
de los brazos y salió corriendo por el pasillo. No me dejó
seguirla. Estaba trastornada. Una enfermera mayor pasó
ante mi puerta, y a su espalda, por la ventana, vi el ala
opuesta del hospital, el pabellón al que la gente acude
para morir. La tomé del brazo y le supliqué:

—Mi bebé se ha puesto morado y se lo han llevado. No
se va a morir, ¿verdad?

—Espero que no —respondió, y siguió caminando.

Madre del amor hermoso. Eso nunca te sucedería en
Irlanda. Allí alguien te tomaría de la mano, pero estoy en
el hospital John Radcliffe de Oxford. Tengo unos veinte
años. Es mi primer hijo. Jamás he estado tan asustada.

La noche en que nació tuve un sueño horrible: el doctor entraba en la habitación con el niño envuelto en una
manta y me lo daba, pero cuando me lo ponía sobre el
hombro se me caía de la manta, al suelo, y su pequeña
frente se quebraba como una taza de porcelana. Y yo deseaba con todas mis ganas que eso no fuera un mal pre-
sagio sobre mis habilidades maternales.

Ahora ha vuelto, gracias a Dios. Lo han metido en una
incubadora durante una hora. Ha nacido antes de tiem-

po y solo pesa dos kilos y medio. Yo soy pequeñita, y él ha salido a mí. Eso es lo que me comentó la enfermera.

Además, creo que tras sacármelo de las entrañas lo han dejado demasiado tiempo sobre mí. Sin envolver. Estaban tan ocupados lidiando con la placenta que al pobre se le congeló el culito. Dentro del cuerpo hace calor, así que es lógico que al salir se muera de frío. En los libros que leí no decían nada sobre el tema, así que yo no había traído una manta. Y en el paritorio tampoco había ninguna. Pasó más de media hora sin que nadie lo cubriera.

Una amiga de John me aconsejó que en cuanto me pusiera de parto bebiera una cucharada de aceite de ricino. No sé por qué seguí su consejo. Dijo que eso facilitaría el parto. A decir verdad, es la misma amiga que, nueve meses antes, me había asegurado que el decimocuarto día del ciclo es el único en que no te puedes quedar embarazada. Lo que tampoco me dijo es que si bebía aceite de ricino me pasaría la noche cagando y el parto sería tan rápido que no habría tiempo para que me pusieran ninguna anestesia.

Aquella noche me asistió una pobre estudiante de enfermería vestida con un uniforme azul. No tendría más de dieciocho años. Era muy tarde. Tuvo que pasarme pequeños tazones de papel maché gris para que cagara en ellos, y luego debía llevárselos cuando estaban llenos. Creo que llené unos veinte. La mierda más negra que he visto en la vida, aparte de la que cagó mi adorable hijito una media hora después de nacer. Era como pasta de dientes de alquitrán. Por ahora estoy muy impresionada con él. Sobre todo porque es muy guapo y pelirrojo y peludo. Es exactamente como un bebé mono.

Jake nació a las cuatro de la madrugada. Fue una noche larga y dura. John se fue a casa a dormir un poco, después de ducharme para quitarme la sangre a eso de las cinco de la mañana, una tarea que le asignó magnánimamente la comadrona como si fuera el mayor honor que se le puede conceder a un hombre que ha pasado la noche viendo cómo su mujer daba a luz, ataviada con su camisa blanca más elegante (un consejo: jamás le prestes a una parturienta una prenda de vestir que quieras que te devuelva).

A John no le ha gustado el corte de pelo que le hice anteanoche, así que se divirtió mojándome en la ducha con agua fría en lugar de con agua caliente. En mi descargo puedo aducir que fue él quien me lo pidió, y que cualquiera que se exponga a que yo le corte el pelo se merece el resultado. Le he cortado los lados bastante mal y no sé cómo arreglarlo. Cuando vio cómo había quedado, casi se me echa a llorar.

Aunque creo que me ha perdonado, porque quiere a su pequeño bebé y me ha dicho que me ponga su camisón azul y blanco. Y pasado mañana vendrá su madre desde Liverpool para ver a su primer nieto. Es encantadora, la madre de John. La quiero. Es de Yorkshire y tan audaz como un crío pequeño. Siendo diabética, come dulces. Se llama Betty. El nombre le pega, porque tiene los grandes ojos marrones de Betty Boop.

Aunque tiene un perro loco. Ni por asomo voy a llevar a Jake a su casa. Los carteros no se acercan a su domicilio. Ella ha convertido el garaje en una preciosa sala de estar. Donde estaba la puerta del garaje ahora hay un ventanal, pero cuando alguien se acerca a la puerta ese estúpido perro se lanza a por él. Es un dóberman. Lo odio. El día en que conocí a Betty me puso contra la pared. Vergonzoso, sin paliativos.

Betty es muy buena con John. Ella lo adora, lo reprende también bromeando. Él no deja de tirarse estruendosos pedos en su presencia y ambos se parten de risa. La hermana de John, Maria, es igual. Maria tiene un montón de tatuajes, pero Betty no lo sabe.

Me gustaría que Betty fuera mi madre. Ser uno de los niños que crio. Es amable, buena, su voz suena cariñosa y cálida. Sube y baja como debería hacerlo la voz de toda madre. Sus hijos siguen visitándola. Ahora son hombres, como John, y siguen adorándola: ella siempre los ha apoyado en todo, contra viento y marea. Incluso tienen trabajos gracias a ella. Y novias y todo eso.

Uno de sus hijos le dijo a su novia que salía a por tabaco y no volvió en dos años. Luego se casaron. Es muy gracioso. Va a ser un padre encantador.

Quiero dejar muy claro que no culpo a John (ni a mi padre, ya puestos) por preocuparse porque yo haya tenido un hijo. Sobraban los motivos. Y sé que solo querían lo mejor para mí. Sin embargo, ese no fue el caso con la discográfica: a ellos lo único que les preocupaba era el dinero. A John y a mi padre les preocupaba mi juventud. Preocupaciones legítimas, fundamentadas en el amor, en definitiva.

A decir verdad, John se merece todo un capítulo en este libro, porque es como mi hermano y mi mejor amigo en este mundo. Nos conocemos desde que yo tenía dieciocho años y él veintiocho. Y eso son ya un montón de años. Siempre me ha apoyado, incluso cuando me he equivocado. Siempre ha estado ahí, en todo. Y siempre ha cuidado de mí.

Con John he vivido los momentos más divertidos de mi vida; nunca me he reído tanto con ningún otro ser humano ni me he permitido emitir tan polifónicos pedos. A John le precede su fama en el arte de tirarse los cuescos más ruidosos del mundo conocido. Algo que puede resultar de lo más contagioso.

Ahora tiene el estudio en el piso de arriba de la casa que comparte con Fiona, su increíble esposa, y sus dos hijas, Jesse y Ruby. Allí han trabajado y se han hospedado todo tipo de artistas. Desde Seun Kuti a Robert Plant, pasando por las Indigo Girls, yo misma, Damien Dempsey... cualquiera que se te ocurra. Porque John es la comadrona musical perfecta. Es capaz (excepción hecha de sus sobrecogedoras implosiones) de hacer que la gente se sienta cómoda, tanto que logran ser ellos mismos de una manera que no podrían experimentar en ningún otro estudio. Siempre saca lo mejor de un intérprete.

John tiene dos perros bullmastiff y los ama como si fueran sus hijos. Es un padre increíble y Fiona una madraza envidiable. En su casa nunca he escuchado un solo grito, salvo cuando alguien canta, claro está.

Ha sido y sigue siendo un padre increíble para Jake. Y gracias a Dios, Jake es su vivo reflejo [*the spit of him*, «su propia saliva», como decimos en Irlanda]. Son tan, tan parecidos.

No tengo palabras para describir lo muchísimo que amo a John, lo muchísimo que significa para mí. Él es mi familia. Y no habría cantado ni la mitad de bien si no fuera por el hecho de que me sentía lo suficientemente cómoda en su compañía, lo bastante como para estar grabando en pijama y zapatillas, mientras él me hacía partirme de risa con cuescos emitidos al son de lo que sonaba en las pistas.

Sin John en mi vida estaría perdida. No sería nada sin el compañerismo, la creatividad, la hermandad, la risa y el apoyo emocional que me ha dado. Él es el ancla de mi vida. De veras se me acaban los calificativos. Aunque el catálogo de toda la música que hemos grabado en el curso de los últimos treinta y cinco años lo dice sobre nuestra relación y es el legado de nuestra asociación artística. Como un hermoso baile a través de la vida que hemos compartido. Que todavía compartimos. Que siempre compartiremos.

A LA MANERA DE LOS JÓVENES AMANTES

Cuando John fue a recoger a Betty a la estación, le di a Jake su primer baño. La pobre criatura se enfureció y lloró de lo lindo; fue terrible. Se puso muy colorado por el disgusto. Es muy pequeño. Betty se enamoró de él. Ella es total. Le regaló un peluche de un conejo gordo con pantalones verdes, camisa amarilla y una gran sonrisa.

Debo admitir que tener a Jake también fue, en cierto modo, harto desconcertante. Un día, a la semana de que naciera, John y yo salimos en coche y no nos acordamos de que acabábamos de tener un bebé hasta haber cubierto unos 30 metros. Casi nos da un soponcio cuando caímos en la cuenta de lo que había sucedido, a lo que siguió un raudo cambio de sentido con manifiesta brusquedad –no exento de cierta sobreactuación– y volvimos zumbando a por él.

Una noche tuve una terrible pesadilla en la que dejaba a Jake con mi madre para que cuidara de él mientras yo me iba de compras. Nunca había tenido un sueño tan aterrador. Me desperté sudando y busqué a Jake en la penumbra para cerciorarme de que no era verdad.

Los bebés no te sonríen hasta transcurridas unas seis semanas, y cuando Jakey sonríe siento que es la cosita más hermosa que jamás haya visto. Se le ilumina el rostro y le brillan los ojos. La primera vez que lo hizo estaba acostado boca abajo, en mi cama.

Además de John Reynolds, la persona que en aquella época apoyó de forma inequívoca mi deseo de ser madre y seguir con mis giras, fue Fachtna, mi mánager. Era el único que afirmaba que yo podía ser una buena madre y que hizo cuanto estuvo en su mano para asegurarse de que siempre tuviera ayuda. Lo conocía desde hacía dos años y ahora se había convertido en mi héroe.

Tres meses después de que Jake naciera y mi álbum estuviera a punto de salir, los periódicos ya hablaban de él y los viajes de promoción empezaban a poblar mi agenda.

Tengo veinte años y estoy en el Bloom's Hotel de Dublín. Mientras intento llevar una bandeja con café al bar donde me espera sentado Joe Jackson, de *Hot Press*, que está allí para entrevistarme, me tiemblan los brazos y las piernas. Hemos volado desde Londres para promocionar *The Lion and the Cobra*. No sé con quién cree que se reúne esta gente que al parecer viene a reunirse conmigo y a entrevistarme, pero sé que no soy yo.

Nos alojamos en el American Hotel de Ámsterdam y estoy en una habitación hablando con diez personas a diario, una tras otra, todas ellas con micrófonos y blocs de notas. Con cámaras y flashes blancos que me deslumbran. ¿Puedo ponerme en pie, puedo posar de esta manera, puedo posar de aquélla?

No sé en qué ciudad estamos. No me importa lo que haya para comer. No me importa porqué he grabado un disco. Ni siquiera sé en qué planeta estoy.

Si Fachtna cree que algo es una buena idea doy por hecho que es una buena idea. Lo que le gusta, me gusta. Y me impongo detestar todo lo que él aborrece. Todo cuanto quiero hacer es seguir impresionándolo. Digo lo que sea, con tal de impresionarle. Me convierto en quien sea, con tal de agradarle y complacerle.

A veces pienso que me parezco más a él que a mí misma.

THERE IS A LIGHT THAT NEVER GOES OUT, 1987

Estoy de gira en la helada Inglaterra, teloneando a INXS. Justo después de haber aceptado ir de gira con ellos, David Bowie me pidió que teloneara a su banda. Me llevé una gran decepción porque no pude aceptar, pero en cualquier caso es genial que me lo pidiera. Mike Joyce y Andy Rourke, de los Smiths, están en mi banda. Andy es la persona más divertida que he conocido en la vida. Lo amo.

Cuando el párroco venía a tomar el té con ellos y su padre, Andy y sus hermanos tomaban ácido. Los chicos tenían que tratar de guardar las apariencias en la mesa y no matarse a llorar de risa. Ésa es una de las razones por las que amo a Andy: él llora de risa. Llorar de risa es el mejor sentimiento que hay y la cosa más divertida que se puede ver. Juntos, él y Mike son muy divertidos. Se ríen hasta acabar rodando por el suelo. También amo a Mike. Me han hecho amar a la gente de Manchester. Gente directa. Sin chorradas. Nada de chácharas. Además, me tratan como a un chico, lo que me hace una chica feliz.

Entre músicos no existe esa actitud prepotente para con las mujeres que demuestran los ejecutivos de la industria musical (y que se observa en Irlanda). Así que, en la carretera, con los músicos y el equipo, no hay nada malo en ser chica. Estoy rodeada de chicos y me tratan como a un chico, así que estoy aprendiendo cómo ser un chico.

Londres, alrededor de 1989. Nueva imagen, nueva carrera (*Kate Garner*).

Es mucho más seguro ir de gira si una se siente igual que un tío. No digo que sea «seguro» en el sentido de que te proteja «de la gente», sino en el sentido de que una se encuentra a salvo en mitad de la dura vida en la carretera: a salvo del hecho de que en estos instantes eres una mujer poco común, alguien que no está comportándose de un modo «natural». Actúas como si tuvieras las mismas libertades que un hombre. Eso a veces no es fácil de digerir. El lugar de una mujer está en el hogar. No en la Ruta 66. Sobre todo si eres madre, como yo. Durante el resto de tu vida, cada vez que salgas a trabajar, vas a estar comiéndote la olla, a menos de que seas capaz de recordarte una y otra vez que eres un hombre.

Es maravilloso que gente como Andy, o Mike, o John Reynolds, o John Keogh, o la pandilla de John Maybury no me traten diferente por ser chica. Excepto cuando procede, como cuando Maybury, el director del video consigue que alguien me maquille y no deja de decirme lo guapa que soy. Es obvio que Maybury es gay, así que sus piropos me resultan incluso más agradables que cuando me los suelta un hetero, porque los heteros solo te piropean para echar un polvo. John Maybury y sus amigos te los dicen porque aman a las chicas. Me hacen sentir muy bien por ser chica. Aunque me gusta parecer un chico. Nadie se muestra extrañado por eso. Nadie en absoluto. Bueno, tal vez el pobre Nigel Grainge.

A decir verdad, me gustaría parecerme a Alan, el amigo de John Maybury. Es muy guapo, lleva el pelo corto y tiene una voz suave y encantadora. Sus ojos siempre rebosan dulzura. Todo su corazón está en esos ojos, en todo momento. No tiene mal humor y tampoco tiene miedo. Me gustaría ser como él. Pero yo tengo mal carácter y temo a la mayoría de la gente.

Hace muy poco Maybury se marcó la jugada musical y promocional más alucinante del mundo. Estamos en 1987 y en Irlanda del Norte se ha desatado una guerra de las buenas, pero a pesar de todo, sin que nadie se dé cuenta en ningún momento, Maybury y su loco iluminador se las arreglan para pasar kilos y kilos de napalm por Heathrow y de ahí al aeropuerto de Dublín, porque pretenden usarlos en la filmación del video. Colocamos el napalm en el Hellfire Club, una infame ruina del siglo XVIII sita en una colina llamada Montpelier Hill con vistas a Dublín. Creo que lo hicimos estallar unas cinco veces. Es un monumento nacional. Ni siquiera pedimos permiso. El tipo que manipulaba los explosivos era un experto del ejército. Nada voló por los aires. Dejamos la estructura intacta.

Lo hicimos para el video de mi primer single, «Troy». Filmamos la primera parte en un estudio del este de Londres donde hacía un frío glacial. En aquel video, John puso a todos sus amigos a trabajar: me afeitaron la cabeza completamente con un montón de maquinillas Bic, luego me cubrieron de la cabeza al pecho con pan de oro, como una chica Bond, y me sentaron a cantar en un círculo de fuego. Estuve dando vueltas todo el día girando sobre una pequeña vía de tren, y John me dijo que no dejara de «buscar la cámara». En realidad, parezco una alienígena cabreada capaz de prender fuego a las cosas con el aliento.

De todos modos, volvamos a INXS. Conocí a Michael Hutchence en el aeropuerto de Dublín cuando nos registrábamos para el primer bolo de la gira. Fue muy amable conmigo. Se comporta como un hermano mayor. Protector. No es un ligón, ni mucho menos. No se prodiga mucho, pero cuando salgo con él hay gente por todas partes y siempre me vigila de cerca, sin importar si está hablando con alguien al otro lado de la habitación o sentado en un sofá, o con amigos, o lo que sea. Se asegura de que ningún cabrito me lleve a la cama o me dé la turra hablándome de industria musical. Me gusta. No se expresa con palabras. Su elocuencia está en la mirada. Es como una especie de indio americano.

Durante la gira, el gorila de la discoteca del sótano de nuestro hotel en Liverpool nos golpea a Andy Rourke y a mí. Ese gorila es un gran monstruo peludo. Al parecer, había servido en Belfast con el ejército inglés. Tenía hasta el bigotillo característico.

No le gustaban mis Doc Martens. Vale, me parece justo. Tienen punteras de acero y éstas sobresalen: siguiendo la moda, he cortado el cuero para que se vean. Tampoco le gusta que me haya afeitado la cabeza. Andy y yo subimos y me cambié de calzado, pero cuando volvimos a bajar yo seguía con la cabeza afeitada y nos habíamos estado riendo.

En la taquilla, Andy puso un gesto pícaro. Reía como si estuviera nervioso. Aquel Monstruo decidió que íbamos a causarle problemas y le dio un puñetazo. Luego corrió tras nosotros, nos persiguió hasta el ascensor y nos dio una paliza a los dos. Uno de sus amigos vino y me sacó del ascensor agarrándome por el cuello de la camisa y me sacó por las escaleras sin dejar de darme golpes, mientras el Monstruo le hacía lo mismo a Andy. Nos tiraron a la calle. Los dos estábamos hechos un asco. Yo perdí los papeles. Volvimos a nuestras habitaciones y me dediqué a dar saltos por el dormitorio durante una hora, amenazando con bajar y matarlo. El pobre Fachtna tuvo que esperar a que me durmiera para asegurarse de que no lo hacía, apilando sillas en la puerta para mantener al Monstruo fuera y a mí dentro.

Hay una muy buena razón para que en inglés el Señor hiciera rimar *touring* [ir de gira] con *whoring,* que aquí traduciremos como el vicio del fornicio. De hecho, lo que más recuerdo de las giras, sobre todo en mi juventud, cuando hacía grandes giras por Estados Unidos y Europa para presentar mis discos, es que nos hinchábamos a follar. Era lo único que teníamos en mente al margen de los conciertos. Y luego venía un agradable descanso entre concierto y concierto. Cuando no estábamos ocupadas en romper corazones, las demás damas de la banda y yo viajábamos con frecuencia en el autobús del equipo técnico, formado por caballeros. Es una locura, porque eso no se hace en América, y menos sin el tour manager. Aquellos buses se mecían de un lado a otro por la carretera.

Supongo que terminamos rompiendo algunos corazones, porque la mayoría de aquellos chicos estaban casados o tenían novia y al acabar la gira los dejamos en la estacada. De hecho, al acabar la gira los dejamos como si fueran un montón de críos cachondos, lo que fue bastante cruel por nuestra parte, ya que en el fondo nos gustaban. Solo estábamos comportándonos como si fuéramos insaciables. Nos gustaban. Eran buenos chicos, pero ya se sabe, tenían novia y, como decimos en la industria musical, lo que pasa en las giras se queda en las giras, como debe ser.

La gira que mejor recuerdo es la de mi segundo álbum, *I Do Not Want What I Haven't Got*. En aquella época tenía un nuevo mánager, Steve Fargnoli, que había sido mánager de Prince. Y como un tema de aquel álbum, «Nothing Compares 2 U», había llegado al número uno, de repente la gira se volvió algo enorme.

Llevábamos una estilista, técnicos de iluminación... había una producción con todo tipo de pompa y ceremonias. Me costó acostumbrarme, porque tenía mucho miedo escénico y me sentía como una verdadera impostora. No podía entender por qué a alguien le gustaban mis canciones o por qué alguien aplaudía o pensaba que eran buenas. En todo lo que referente a las canciones o a cualquier otra cosa no tenía la menor autoestima.

Y yo tocaba en esos festivales o en carnavales y había gente gritando cerca en las montañas rusas, gente aterrorizada, y yo cantaba canciones que tranquilizaban al público. Era la cosa más extraña del mundo. También me acostumbré a cantar con los ojos cerrados, lo que molestaba muchísimo a mi mánager. Llegué a preferirlo por varias razones, entre las que se encontraba el hecho de que, si entablabas contacto visual con el novio de alguien, tenías miedo de que su chica te quisiera dar una paliza, sobre todo si estabas cantando una canción romántica. Entre los gritos de emoción y el miedo a la furia de los celos desarrollé la habilidad de cerrar los ojos mientras actuaba para adentrarme en mi propio mundo.

En última instancia, ir de gira es algo muy solitario. Había mucha gente a mi alrededor, gente a la que quería, pero nadie podía verme tal como era ni yo misma lograba verme reflejada en nadie más. De repente, en mi entorno no quedaba nadie que ya me conociera de antes de hacerme famosa. Me había separado de mi familia. Y todo era culpa mía.

La experiencia de viajar, de quedarme sentada en otra habitación de hotel, día tras día, se me antojó bastante solitaria. Eso, por no hablar de la promoción: cada vez que abría la boca me metía en líos. La gente me hacía una pregunta; yo la respondía y me metía en líos. Nadie aceptaba que yo fuera una buena persona. Era hiriente. Todo el mundo empezaba a tratarme como si también estuviera loca.

Es probable que nadie sea consciente del hecho de que no importa si eres la reina de Inglaterra o Barbra Streisand o Bob Dylan o cualquier otra persona: lo cierto es no se puede cagar en un autobús turístico. En la puerta del baño habrá un cartel que rece «Nada de residuos sólidos». Esto es algo interesante que sucede en todas las giras.

Me encantaría escribir un ensayo sobre el asunto, por el placer de investigar tan inexplicable omisión, que llevara por título *Nada de residuos sólidos*. Me gustaría escribirle a Mariah Carey y a Barbra Streisand e incluso a la reina de Inglaterra para que me envíen sus anécdotas. El libro sería mucho más divertido si solo hablara de grandes estrellas femeninas, como Céline Dion.

Mis propias historias sobre cómo soltar lastre no son la pera limonera. En realidad, resultan un poco perturbadoras, así que no me voy a molestar en relatarlas. Bueno, el caso es que en una ocasión me quedé atascada en mitad de Francia y con la niebla no se veía tres en un burro. Estoy de gira con Sly y Robbie, y el autobús queda a un tiro de piedra, pero no puedo cagar, porque me da vergüenza, y no me sale, y lo siguiente que sé es que tengo miedo de que todos salgan del autobús y no pueda cagar, de modo que estoy atrapada allí, literalmente.

Al final alguien baja del autobús, lo que me asusta tanto que me cago encima. Pero estoy segura de que otras personas tienen historias más divertidas, porque, cuando vas de gira en un autobús con otras catorce personas, el hecho de que nadie pueda cagar en el vehículo significa que tienes que parar catorce veces y a diferentes horas del día o de la noche.

BUENAS NOTICIAS, MALAS NOTICIAS, ETCÉTERA

En mi interior, mientras Fachtna pronunciaba cada una de esas palabras por teléfono –«...Te acaban de nominar a un Grammy...»– vi mi vida enrollarse como una manta y desaparecer. Fue apenas un destello, como cuando alguien va a morir y ve la vida pasar en apenas un segundo. Nunca se lo he contado a nadie. Soy como Stevie Nicks,[22] que se guarda sus visiones para sí misma.

Aquella nominación para *The Lion and the Cobra* en 1989 supuso un antes y un después para mi carrera. Como es natural, un par de años más tarde la siguiente nominación por *I Do Not Want What I Haven't Got* me aportaría una desmesurada satisfacción a otro nivel. Eso sucedió porque no pasó mucho tiempo antes de que Nigel llamara para afirmar que no quería lanzar aquel álbum. Sus palabras exactas fueron:

–Es demasiado personal, es como leer los diarios de alguien. Terminará acumulando polvo en un almacén, como el segundo álbum de Terence Trent D'Arby.

Durante meses, antes de empezar a grabar, él había estado al tanto de las malditas canciones y por consiguien-

---

[22] Stephanie Lynn «Stevie» Nicks (Phoenix, Arizona, 1948), célebre cantante y compositora estadounidense, conocida tanto por su trabajo con la banda Fleetwood Mac como por su carrera como solista. (*N. del E.*)

te hacía mucho tiempo que sabía de qué iba la cosa. Me pregunté qué diantres se traería entre manos. Creo que le gustaba comportarse como un auténtico cerdo.

Le recordé que mi contrato me otorgaba el control creativo, lo que significaba que tanto si le gustaba como si no aquel álbum saldría publicado.

Ese tipo es una contradicción con patas. ¿Cómo puede una canción ser demasiado personal? Me imaginé abofeteándolo en las mejillas con un gran pescado crudo. Es lo único que se puede hacer con un tonto del culo.

En unos meses *I Do Not Want What I Haven't Got* será número uno en todo el planeta, y Nigel no habrá tenido ni que levantar el teléfono para ganarse unos cuantos millones. Y me alegraré por él. Porque los tontos del culo como él jamás se comen una rosca si no les sale el dinero por las orejas.

Uno de los factores que contribuyen al éxito del disco tiene su origen en un cementerio parisino. En Père Lachaise hay una cama de matrimonio tallada en mármol, en mármol nacarado, albo como la nieve. Allí, entre mantas, yace una joven con un hermoso camisón abotonado que sonríe a su bebé, y éste le devuelve la sonrisa. Cada detalle es perfecto: hasta las puntadas de las sábanas y las mantas. El modo en que la sonrisa curva el rostro de esa mujer. Incluso el modo en que su cabellera se posa sobre la almohada.

Un día, me paseé por allí durante horas con un abrigo extraordinariamente caro que me moría por quedarme. Gerry Stafford, el estilista, me contó que Père Lachaise tenía un sistema propio de alcantarillado. Debo admitir que me asustó un poco la idea de que los muertos se levantaran a cagar y luego volvieran a arrastrar los pies hasta sus tumbas. Además, ¿con qué se limpian?

Nota mental: «Nunca, nunca debo volver a ir a un cementerio».

Estábamos grabando el video de «Nothing Compares 2U». Ya habíamos rodado la mayor parte en Londres unos días antes, unas tres tomas. En una de ellas, un primer plano, me limitaba a cantar la canción, en playback, sentada en una silla, vestida con un polo negro de cuello vuelto. Pero en la parte en la que canto «Todas las flores que plantaste, mamá, en el patio trasero, se murieron en cuanto te fuiste», lloré durante unos veinte segundos.

Creo que eso significa que les hice perder el tiempo. Logré sobreponerme y seguir cantando. Aunque me parece que es inservible. Así que es bueno que rodemos todo esto en París. Sin embargo, me siento mal por haber desperdiciado el tiempo y el dinero de todos.

John Maybury, que volvió a dirigir mi vídeo, creyó que lloraba porque Fachtna y yo nos habíamos separado hacía poco. Pero ahora me siento feliz por ello. Es lo mejor para todos.

Estaba llorando por la muerte de mi madre. Aunque tengo veinticuatro años todavía me siento mal por eso. Me da un poco de vergüenza. Pero es lo que es. Soy una chica.

En Los Ángeles, las casas de la gente del mundo del espectáculo tienen paredes blancas llenas de buganvillas, hermosas flores de color rosa oscuro. Los mexicanos viven en otro lugar. También los afroamericanos. La única vez que te topas con ellos es cuando los ves limpiar la casa de alguien.

En las oficinas de mi discográfica, en Nueva York, el color de la piel de los empleados oscurece a medida que una baja al sótano, donde queda la sala del correo. Y la piel se aclara a medida que una asciende piso a piso. Sucede lo mismo con las cadenas de radio que sintonizan los empleados. A dos pisos de la cima, el escenario se define por la total ausencia de mujeres. A menos que estén allí haciendo funciones de secretaria.

A los jefes no les gustó la portada de *The Lion and the Cobra,* así que para América tuvimos que hacer una diferente, aunque similar. Según ellos, en la europea yo tenía pinta de estar enfadada con el mundo. Les parecía que estaba gritando. A decir verdad, estaba cantando. Aquel fotógrafo era muy sagaz y me hizo cantar mientras sonaba mi disco, que él había puesto a todo volumen. Así que esa es la pinta que tengo cuando estoy cantando. Pero a los jefes les gustó la mirada «recatada» de la foto donde estoy mirando al suelo con la boca cerrada, porque al parecer las mujeres que parecen enfadadas no «despachan muchas unidades». Y ya les asusta bastante mi pelo como para tentar más a la suerte.

La gente que dirige la industria musical no tiene nada de punk. Son un montón de gente asustada. Aunque lo que les asusta es la música. Por eso, en 1991 hubo una categoría de rap en los Grammy, pero no televisaron el premio. De ahí que hubiera un boicot orquestado por la comunidad rapera. Por eso en una ocasión me afeité el logo de Public Enemy y me lo teñí en un costado de la cabeza, para que se viera en la tele, en todo el mundo.

El mundo del espectáculo se puso muy interesante. Los niños están empezando a rebelarse (y eso que nadie se había rebelado desde que murió John Lennon).

El rap es lo más grande que hay hoy en América. Mires donde mires, solo ves adolescentes (a los que el *establishment* denomina *kids,* niños) sentados en escalones con enormes estéreos donde suenan Public Enemy o KRS-One a un volumen tan brutal que los bajos casi te hacen cagarte por las patas. A veces cargan esos estéreos por las calles, sobre el hombro, como si estuvieran cubriendo las distintas estaciones de un vía crucis.

Similar a la de Cristo, la misión del rap es devolver la autoestima a aquellos «a quienes antes se les consideraba una mierda». Por eso es tan peligrosa como la de Cristo. Porque muchos chicos de toda clase social lo están escuchando, y nadie en la industria quiere que los pisos superiores se vean invadidos por gente con el color de piel equivocado, con la mentalidad equivocada; es decir: por cualquiera que se preocupe por la verdad.

Los niños son el mercado, pero hay que hacerles creer que valen menos que las estrellas; de otro modo, no creerán necesitar lo que les venden las estrellas.

Espera y verás. Cuando los ejecutivos del mundo del espectáculo se den cuenta de que no pueden acabar con el rap, lo domesticarán. Harán millonarios a unos cuantos raperos impostores que acabarán cantando cosas como «No puedes ser como yo».

CÓMO PASA EL TIEMPO

Asistí a los Grammy en 1989, tras ser nominada a la mejor vocalista femenina de rock, e interpreté «Mandinka».

Estuve muy ansiosa durante el ensayo general, porque el día anterior, cuando llegamos a Los Ángeles, había acudido a una de esas casitas de Sunset Boulevard que tienen un neón en la ventana donde dice PSYCHIC.

Una antigua mujer india, regordeta y vestida con un sari púrpura y naranja, salió de detrás de una cortina roja.

–Siéntate –me ordenó, y señaló un maltrecho sillón verde pálido a su izquierda. Salió durante unos minutos, volvió y se dejó caer en otro sillón frente a mí.

Charlamos durante unos diez minutos. No surgió nada en particular, salvo que le conté que mi madre había muerto y que quería saber si estaba bien dondequiera que estuviera. Me dijo:

–Yo no me dedico a eso. Necesitas un médium. Déjame ver la palma de tu mano.

Le mostré mi mano derecha y añadió:

–Veo algunos espíritus oscuros a tu alrededor.

Respiré hondo.

–¿Por qué están ahí? –le pregunte–. ¿Cómo me deshago de ellos?

–Están ahí porque estás triste –contestó–. Debes darte un baño y llenar una botella de plástico con el agua de la bañera. Y por cada uno de tus años en la tierra debes atar un billete de cien dólares a la botella con una goma y luego darme esa botella. Ésa es la cura.

Corrí de vuelta al hotel y le dije a Fachtna:

—Necesito dos mil dólares cuanto antes.

No me los quiso dar. Y yo no podía pedírselos a la discográfica. Me dijo que me estaban timando, que esa mujer era una estafadora. Yo entendía que él tenía razón, pero aquella mujer me había asustado, así que no dejé de acosarlo durante la noche y hasta el día siguiente. A pesar de todo, quería hacerlo. Cuando llegó el momento de acudir al ensayo general todavía seguíamos molestos el uno con el otro. Era algo que nos sucedía con mucha frecuencia.

Durante el ensayo, nos sentamos en mitad de la tercera fila mientras Sarah Vaughan tosía y desempolvaba «So Many Stars». Me impresionó. Ése fue su calentamiento. Después de haber tosido y cantado tres veces, su voz era perfecta. Diáfana, limpia y hermosa.

En los Grammy con Al Green y BP Fallon (*BP Fallon*).

A Dizzy Gillespie las mejillas le estallaron como globos al ensayar. Quería besárselas, era precioso.

Al Green llevaba una camisa hecha de oro. Parecía una tonelada de pequeñas cadenas entrecosidas. Alguien nos presentó. Olía increíble. A perfume, no a aftershave. Fachtna comentó que, ya que Green es pastor, yo debía preguntarle si accedería a casarnos. No creo que resulte divertida la unión entre dos personas tan gruñonas como nosotros.

Conocí a Anita Baker. Ella también estaba ensayando y llevaba un precioso vestido negro y dorado. La adoro. Es maravillosa. Tenía una rosa roja de tallo largo. Me la regaló. Me contó que le gustaba «Mandinka» y añadió:

–Tienes una voz sepulcral.

Tras el ensayo, cuando volví al hotel, atado a una silla me encontré un enorme arreglo de globos rosas con globos más pequeños en su interior. Nunca había visto nada parecido. Me los había enviado la discográfica.

Para el show me puse un top corto y unos vaqueros. Embutí las mangas del pijama de Jake por las presillas del cinturón en la parte trasera, para que me colgara por el culo. Más tarde, cuando llegué a casa, en Irlanda, dejé aquel pijama sobre la tumba de mi madre. Todavía está allí, aunque en peor estado. Está hundido, entre el barro y las rocas. Solía ser azul y blanco. Ahora es amarillo, como si alguien lo hubiera empapado en una infusión de manzanilla.

Mi hermano mayor se cabreó porque lo puse ahí. Le pareció que daba una imagen perturbadora. Pensó que era un desastre. Aunque yo lo había hecho para dejarle a ella un pequeño recuerdo de los Grammy. Porque durante el tiempo en que estuve allí no había dejado de pensar en lo mucho que le habría gustado a ella asistir. Ya nunca iba a conocer a su nieto. Quería darle algo de él.

ROSAS DE PAPEL

Las segundas nominaciones a los premios Grammy me llegaron en 1991. Fue muy diferente de la primera vez, porque en esta ocasión no acudí a la entrega. Asimismo, rechacé el premio por la Mejor Interpretación de Música Alternativa. Para gran consternación de muchos, rechacé todos los premios que me ofrecieron por mi segundo álbum. Porque, después del trato recibido por parte de la industria y los medios de comunicación, sabía que no

Una visita a Hollywood (*BP Fallon*).

estaban premiando nada que yo representara. Más bien, recibía premios porque había «despachado muchas unidades», léase: vendido muchos discos. El éxito comercial superaba al mérito artístico. Gané mucho dinero para muchos hombres a los que no les importaba una mierda lo que contaba en mis canciones. Creían que estaba más guapa con la boca cerrada.

Me esfuerzo por aclarar que rechazo esos premios y nominaciones y que lo hago para llamar la atención sobre el tema de los abusos a menores. Y que soy una punk, en el sentido de que soy una gamberra, no una estrella del pop. Y que los premios hacen que algunas personas se sientan más que otras. Y que la música no debería ser una competición.

Toda la industria estaba cabreada conmigo. En Inglaterra, Jonathan King, un DJ televisivo muy famoso, oficia de presentador de los Brit Awards. Por alguna razón, este hombre se dedica durante diez minutos a atacarme sin descanso por defender mi punto de vista. Es bastante desconcertante. Tiene los ojos saltones y la boca llena de babas, está cabreado de veras. ¿Cómo se atreve esa pequeña advenediza irlandesa a asociar la música con el abuso de menores?

(Años más tarde le condenan y encarcelan por reincidentes actos de pedofilia, y su rabia de pronto cobra todo el sentido de mundo.)

En América, la noche en que me salto los Grammy algunos hombres me tratan fatal. De hecho, llegan a agredirme con un objeto punzante. En una fiesta, en casa de Eddie Murphy, con la ceremonia en la tele. Lo cual me asusta muchísimo.

Tres días después me voy de Los Ángeles de vuelta a Inglaterra. Le regalo mi casa de Los Ángeles a la Cruz Roja. Ya no quiero tener nada que ver con las trampas del llamado éxito.

SHEVITI ADONAI L'NEGDI TAMID

Traté de dar con alguien que me iniciase en la forma judía de entender las Sagradas Escrituras, pero nadie quiso hacerlo, porque no soy judía. Tampoco me he topado aún todavía con un apuesto (y fantástico) rabino que acceda a casarse conmigo, así que tengo que convertirme al judaísmo, porque es algo que quiero de veras. Y solo consigo unas clases de cábala con un profesor muy amable llamado Z'ev Ben Shimon Halevi en una pequeña escuela en el maravilloso Regent's Park londinense.

Sucedió que yo tenía una clase y que el profesor sabía que por desgracia sería la última, pues unos días antes me habían dicho que «Nothing Compares 2 U» y *I Do Not Want What I Haven't Got* habían llegado al número uno en América. Con mi habitual exquisitez para guardar las formas, en el instante en que lo escuché estaba sentada en el inodoro (no consigo recordar en el de quién) con la puerta abierta, como de costumbre (para facilitar la charla). Quienquiera que fuera el que me lo contó se enfadó conmigo porque no me tomé la noticia con alegría. En vez de eso, lloré como una niña ante las puertas del infierno.

Aquella noche soñé que era un triángulo, un triángulo de orquesta, hecho de oro, con brazos y piernas y rostro, un triángulo que se abría paso a través de Regent's Park por viejos y polvorientos senderos. La gente corría para

Prince y su medio hermano Duane (*Ron Galella / Getty Images*)

arrancarme pedazos del cuerpo. Tuve que correr hasta casa, pillar un viejo impermeable y cubrirme. Porque si la gente se entera de que estoy hecha de oro algún día no quedará nada de mí.

Tan pronto como aparecía para recibir mi última lección, el profesor de cábala me tomó por el brazo, me sacó del aula, me llevó al pasillo y me susurró al oído:

–¿Sabes que la fama es una maldición y el diablo es un caballero? –Asentí con la cabeza; me hizo entrar de nuevo y añadió–: No olvides dejar la fiesta antes de que se emborrachen y empiecen a zurrarse entre ellos.

Nueve meses después, la gira ha terminado y he alquilado una casa en Los Ángeles, porque mi mánager me dijo que no podría volver a casa hasta después de los premios de la MTV.

Es una vivienda de aspecto colonial hispano en mitad de una colina. Cubierta de hermoso estuco blanco y viejo. Con una pequeña cruz incluso en la puerta de entrada, como en Irlanda. Cuando me acomodo en el patio puedo ver el letrero de Hollywood a mi izquierda. A veces hay ciervos que pululan entre los árboles que quedan en un costado de la casa.

Una pared entera de la sala de la planta calle es un ventanal de cristal que da a Los Ángeles. Por la noche es como un marco negro donde se observan las luces del infierno. Cada vez que cae el sol me pongo toda ansiosa.

Hice que pintaran mi dormitorio de púrpura. Pensé: «Qué diablos, en América puedes pintar el dormitorio de púrpura, nadie te lo impide». En Irlanda nunca tendrías un dormitorio púrpura, a menos que fueras una fulana. Y como en Irlanda el sexo es pecado, no puedes ser una fulana porque no tendrías clientes. Así que, aparte del arzobispo John Charles McQuaid, en Irlanda nadie ha tenido jamás un dormitorio pintado de color púrpura.

Una mañana de un día laborable, estoy pensando en qué ponerme y suena el teléfono en mi cuarto. Una voz masculina, afeminada e irritada me pregunta:

–¿Hablo con *Sínet O'Kan-er*?

–No, es Sinéad O'Connor –solo para darle cuerda. Y pregunto quién es.

Dice ser Prince.

Comenta que más tarde quiere enviarme un coche para que pasemos un rato juntos.

Lo había conocido antes, en un club cuando salió *The Lion and the Cobra*, pero no llegamos a hablar. A los dos nos encantaban los temas que estaba pinchando el DJ: Sly Stone y cosas así.

No nos hemos visto desde entonces. No tuvo nada que ver con mi versión de «Nothing Compares 2 U». Su llamada a mi habitación púrpura es la primera vez que estamos en contacto desde 1988.

Tengo veintitrés años. Cuando les cuento a mis amigas que me ha llamado Prince se les ocurren algunas ideas románticas. Todas pensamos que tal vez él y yo nos enamoremos.

Como mínimo, nos imaginamos que él y yo nos llevaremos bien, porque el encantador Steve Fargnoli –que se había convertido en mi mánager– ha sido también su mánager en el pasado y nos presentó.

Pensamos: «¡Debe morirse por celebrar el éxito de su tema! ¡Habrá tarta! ¡A los príncipes les encantan las tartas!»

Me equivoqué en las tres cosas y, cuando más tarde les conté lo sucedido, mis pobres amigas se quedaron atónitas.

A las nueve de la noche, desde la oscuridad de la ventana de mi habitación, veo cómo la larga limusina negra se desliza hasta detenerse en silencio ante mi puerta. Me imagino que estoy en una película de espías, a punto de ser conducida a un lugar secreto, donde me van a encomendar mi próxima misión.

Un conductor ataviado con traje y sombrero está al volante. Yo siempre hablo por los codos, así que por el camino no paro de hacer preguntas sobre Prince, sobre cómo es la casa, etcétera. Él no suelta prenda y de cuando en cuando me mira asustado por el retrovisor, como si le hubiera pedido indicaciones para llegar al castillo de Drácula. Todo es muy extraño. Lo habitual es que a los conductores les guste charlar tanto como a las chicas.

El coche tarda un buen rato en llegar a una colina negra y oscura, en cuya cima se yergue una casa grande, muy poco iluminada. Pasamos por el camino de entrada. La puerta principal queda a mi derecha. Parece que estamos en un patio, más allá del cual, frente a mí, a unos cincuenta metros más o menos entreveo algunas dependencias.

Salgo del coche y el conductor me hace un gesto con la cabeza para decirme que puedo llamar al timbre yo sola. Así lo hago. Espero unos instantes y no ocurre nada. Vuelvo a llamar, sin respuesta. Me doy la vuelta para pedir la opinión del conductor sobre lo que debo hacer, pero se han esfumado él y su limusina.

Justo cuando me doy cuenta de que no tengo ni idea de dónde estoy ni de cómo volver a casa, en caso de que no haya nadie, y de que la carretera está tan oscura que no podré ver tres en un burro la puerta se abre lentamente con un chirrido.

Pienso que la persona al otro lado me va a decir «¿Has llamado?», como en las películas y que tal vez se llame Igor.[23] Aunque resulta que no se llama Igor. Pero eso no lo descubro hasta más tarde.

Parece que aquí nadie habla: la gente se comunica con movimientos de cabeza. Me indica que entre dentro

---

[23] Jorobado sirviente del Dr. Frankenstein, personaje interpretado por Marty Feldman en *El jovencito Frankenstein*, comedia

y le siga. Así hago, observando en su comportamiento un claro aire de criado servil a su amo, aunque no arrastra una pierna como los criados de las películas. Lleva la barbilla baja, los brazos estirados a los lados y los hombros como si intentara protegerse el corazón.

Atravesamos dos enormes recibidores, a oscuras, salvo por el escaso brillo que se cuela de los pasillos. En cada una de ellas veo una ventana, diría que de seis metros de alto y tres de ancho, completamente cubierta con varias capas de papel de aluminio aplicadas con mucho cuidado.

«¿Qué es eso?» Le hago un gesto con la cabeza a Igor, mientras éste se gira para asegurarse de que no tropiezo con nada en la oscuridad. Pronuncia las únicas cinco palabras que le oigo decir en las dos veces que me lo cruzo aquella noche:

–No le gusta la luz.

Cuando me lo encuentre por segunda vez su cuerpo y su ser estarán paralizados por el miedo.

Aunque por ahora me conduce hasta una pequeña cocina extrañamente bien iluminada, en cuyo centro hay una pequeña barra de desayuno cuadrada, alrededor de la cual podría sentarse la gente si hubiera taburetes. Y el pobre Igor pone pies en polvorosa.

Pasan muchos minutos, no viene nadie y me siento lo bastante segura como para echar un vistazo en el armario bajo el fregadero para ver qué productos de limpieza

---

estadounidense de 1974 dirigida por Mel Brooks con guion escrito por el propio Brooks y Gene Wilder. Parodia del cine de terror clásico, en particular de las adaptaciones cinematográficas de la novela de Mary Shelley, *Frankenstein* y, más concretamente, de las producidas por los estudios de la Universal en los años treinta; producciones a las cuales la comedia rinde cariñoso tributo. Para evocar la atmósfera de tan viejunas producciones, Brooks la rodó en blanco y negro. (*N. del E.*)

usa Prince. Después de todo, ¿qué mujer no querría que su cocina brillara como un palacio?

En realidad, ahí está todo un poco desordenado, así que se lo clasifico. De pronto escucho un silbido y olfateo un dulce olor a mi espalda. Me doy la vuelta. Prince está en la puerta. El viejo Fluffy Cuffs. Engalanado como un pimpollo.

Parece que lleva encima todo el maquillaje que Boy George se viene aplicando en el rostro desde que nació. Como cuando fui con Jerome Kearns al baile de graduación del colegio.

–Tú debes de ser *Shine-aid*[24] –dice.

–Tú debes de ser *Prance*[25] –respondo.

La barra del desayuno está entre nosotros. No la cruza. La nevera queda a su derecha y a mi izquierda.

–¿Quieres un trago? –pregunta, con una sonrisa.

–Sí, algo sin alcohol, por favor.

Es cierto que no me gusta el alcohol porque me hace vomitar, y vomitar no le da buen aspecto a Cenicienta. También sucede que mi abuela me enseñó a decir siempre por favor y gracias.

Se da la vuelta para alcanzar un vaso del armario. Luego, rápido como un relámpago, se gira, posa el vaso ante mí con tanta fuerza que no sé cómo su mano no lo rompe en pedazos y dice:

[24] Juego de palabras con el nombre de su invitada (*Shine-aid* podría traducirse, literalmente, por «ayuda para el brillo»), dedúcese que propinado por Prince al sorprender a Sinéad fisgoneando entre sus productos de limpieza. (*N. del E.*)

[25] Prosigue el ingenioso intercambio de credenciales entre invitada y anfitrión, con rápida respuesta de la primera, quien se permite para la ocasión improvisar, en justa reciprocidad, otra punzante bromilla al emisor del graciosín saludo llamándolo *Prance* (del inglés, cabriola –y también pavonearse–). Puede aquí el lector recomponer el juego de palabras con ambos significados a su gusto. Proponemos, a modo de nombre propio para un nativo precolonial, la fórmula: «El que pavonéase dando cabriolas». (*N. del E.*)

–Sírvete tú misma.

Ya he visto este comportamiento antes. Me han criado así. Me lo conozco como la palma de la mano. Mentalmente empiezo a buscar las salidas sin quitarle los ojos de encima.

Me doy cuenta de que no sé dónde estoy. Nunca he preguntado la dirección. No sé cómo encontrar la puerta principal. Está oscuro. No sé cómo encontrar un taxi. Sé que estoy lejos de casa, en unas colinas, lejos incluso de la autovía, y eso es todo lo que sé. Y no parece que me haya traído aquí para comer tarta.

Empieza a acecharme, me mira de arriba abajo, desde su lado de la barra de desayuno, con los brazos cruzados: con una mano se frota la barbilla con el pulgar y el índice, como si tuviera barba, mirándome de arriba abajo, como si a) yo fuera una boñiga de perro que se le ha pegado a la punta del zapato, y b) estuviera meditando en qué parte de mi pequeño cuerpo debe golpearme para obtener el máximo efecto.

No me gusta. No me gusta nada. Y no aprecio la suposición de que soy una presa fácil. Soy irlandesa. Somos diferentes. Nos importa una mierda quién seas tú. En el ámbito espiritual nos ha colonizado lo peor de lo peor, y aquí seguimos.

En consecuencia, cuando me grita: «No me gusta el lenguaje que usas en tus entrevistas», le digo:

–¿Te refiere al inglés? Vaya... Lo siento, aniquilaron nuestra propia lengua sin demasiadas consideraciones.

–No –niega–. No me gusta que digas palabrotas.

–No trabajo para ti –replico–. Si no te gusta, puedes irte a cagar.

Y ahí se cabrea de-lo-lin-do. Pero se contiene, y a pesar de estar hecho un basilisco guarda silencio.

Sale de la cocina y le oigo llamar varias veces a un tal Duane. Su voz se aleja cada vez que grita, así que sé que tengo un momento para buscar una puerta trasera. No ha habido suerte. Y pronto oigo sus pasos y los de Igor, que se aproximan.

Antes de llegar a la puerta, le oigo llamarme. Me ordena que le siga hasta un pequeño comedor. Me doy cuenta de que cuando paso junto a Igor éste tiene los ojos clavados en el suelo: está muy asustado y no mueve un solo músculo.

Me siento a la mesa. Miro hacia el patio. Él está a mi izquierda. Le grita una orden violenta a Igor. Quiere sopa. Me pregunta si yo también quiero. No quiero participar en el maltrato a Igor, así que digo que no tengo hambre.

Hay muy, muy poca luz donde estamos sentados. Guardamos silencio. Está meditando. Grita de nuevo, y después de un rato el pobre Igor sube los escalones, cargado con una bandeja de plata cubierta con lino color crema, sobre la cual tiritan dos tazones de sopa y dos cucharas. Igor se conduce como un niño maltratado a punto de ser golpeado de nuevo. Le tiemblan las manos y se acobarda como si estuviera en presencia del demonio. Es el mismo miedo abyecto que mi madre le indujo a mi hermano menor. Parece que va a mearse en los pantalones. También parece mareado, como si estuviera drogado.

Se planta de pie, en la mesa, delante de su amo. No baja la bandeja. Pasan unos veinte segundos y sigue con la cabeza gacha. Parece que Oliver Twist pide más.

–Ya puedes bajarla –dice Su Alteza. E Igor obedece. Luego se retira con las manos amarradas, como si sostuvieran una gorra y por alguna razón sé lo que está a punto de suceder.

–Sírvele sopa a la Srta. O'Connor –le suelta a Igor de mala manera.

–No quiero sopa, gracias –respondo cortésmente, dándome palmaditas en la barriga y mirando a Igor como para decirle: «Seguro que está deliciosa, pero estoy llena» (como me enseñó mi abuela). Igor no mueve la cabeza, pero su mirada se dirige a mí y luego vuelve a inclinar la cabeza.

Como la Sra. Doyle en *Father Ted*, la comedia de la BBC, insta de nuevo a Igor para que me sirva sopa. Solo que, a diferencia de la Sra. Doyle, lo hace de una manera tan vejatoria y humillante que el pobre Igor no deja de temblar y me ruega con la mirada que le permita servirme la maldita sopa. Pero cada vez que se acerca a mí con el tazón, yo levanto las manos y afirmo:

—No, gracias.

Igor sabía lo que estaba pasando. Sabía que yo no iba a participar en su humillación. No habría comido esa sopa aunque mi vida dependiera de ello. Al final, dejó el tazón en la bandeja y se quedó quieto parado, sosteniendo aquello, sin saber qué hacer, como si fuera a echarse a llorar.

De nuevo se hace el silencio e Igor espera una reprimenda. Que al final llega. Su Alteza me mira con un gesto cruel y dice, en un tono que la gente normal usaría para hablar de un modo indisimuladamente despectivo:

—Este, por cierto, es mi hermano Duane.

Estoy aturdida. Y me disgusta que pueda tratar tan mal a su hermano. Es algo que comento mientras el pobre Duane sale de la estancia. Las cosas se calientan.

En algún momento Su Alteza decide que debemos calmarnos y sube las escaleras, supongo que para empolvarse la nariz y asegurarse de que el retrato de Dorian Gray sigue en el ático.

Baja con dos almohadas y dice:

—¿Por qué no hacemos una pelea de almohadas? Ahora es todo sonrisas, muy agradable. Pienso: «Vale, no todos los días puede una hacer una pelea de almohadas con Prince, qué demonios, intentemos que sea una noche divertida después de ese comienzo de mierda».

Solo que con el primer golpe que recibo me doy cuenta de que tiene algo en la almohada, algo que ha metido dentro, algo diseñado para hacerme daño. No está jugando, ni mucho menos.

Eso me molesta mucho. Y también me asusta. Intercambiamos unos cuantos golpes más y vuelve a subir las escaleras. Para entonces, de alguna manera hemos llegado a la puerta principal. La abro y salgo a todo correr. El conductor está allí, en la limusina aparcada, profundamente dormido. No quiero despertarlo. Pero hay una puerta enorme y está cerrada con llave. Empiezo a llamar en voz baja a Duane. Corro a la derecha, donde están las dependencias, pensando que tal vez él viva allí.

Lo siguiente que advierto es un silbido y ese mismo aroma dulce: Su Alteza está justo detrás de mí. Me ordena que vuelva a la casa. Y yo obedezco. No hace falta decir que estoy acostumbrada a aceptar este tipo de cosas sin rechistar. Manifiesto que deseo abandonar el lugar y se me dice que no puedo.

Al cabo de un rato, me informa de que puedo abrir la puerta principal y decirle a su chofer que me lleve a casa. Abro la puerta para que haya una luz decente y digo que no quiero despertar al conductor, que prefiero llamar a un taxi. Se produce otro desencuentro. ¿Cómo me atrevo a no hacerle caso en todo? Vuelve a subir al piso de arriba.

Justo dentro de la puerta principal hay una pequeña silla. Cuando vuelve a bajar, se tira sobre ella y se sienta mirando al suelo, sin decir nada durante dos minutos. Me pongo muy cerca, frente a él, tratando de razonar, le explico que en este momento no me siento muy segura y que me gustaría tener cierto control sobre el modo en que llego a mi casa.

Alza el rostro, pega su cara a la mía, tanto que puedo notar su respiración y me mira fijamente, a los ojos, durante unos diez segundos. Gracias a la claridad que se filtra por la puerta abierta le veo los ojos. Sus iris se disuelven delante de mí, de modo que sus ojos se vuelven blancos. No suben, no bajan. No van a la izquierda, ni a la derecha: se disuelven. Lo veo claro como el día. Me invade un escalofrío, se me agarrota la boca del estómago.

Salgo corriendo por la puerta de nuevo y despierto al conductor por la ventanilla abierta mientras le grito a Duane.

Oigo cómo Duane se acerca desde las dependencias, pero, antes de que pueda llegar a mí, y antes de que el conductor acierte a abrir los ojos, Su Alteza me agarra por el codo.

Le ordena a Duane que retroceda y le dice al conductor que se vaya a la cama. Ambos hacen lo que se les ordena.

Su Alteza me arrastra literalmente hacia la puerta principal y me ordena que me quede en un escalón mientras encuentra las llaves de su coche. De ninguna manera me voy a subir a un vehículo cerrado con este hijo de puta, así que me escapo a toda prisa, corro a la izquierda y me adentro en la oscuridad unos cientos de metros.

Creo que he traspasado los límites de la propiedad. Hay algunas palmeras. Me escondo detrás de una y me vuelvo para ver dónde está. Al no ver nada, me quito la chaqueta, que es de color claro. Por debajo voy vestida de negro. No me verá. Buscará lo que yo llevaba puesto.

Oigo sus pasos por la parte delantera de la casa. Gritando, aunque sin saber cómo pronunciar mi nombre. Todo lo que podía hacer era decir:

—¿Dónde coño te has metido?

Escucho un crujido en el suelo en mi dirección. Pero decide volver y subirse al coche.

Conduce por la colina sinuosa. Puedo verlo claramente por las luces del coche. También iluminan mi camino lo suficiente como para que vaya de árbol en árbol y a la media hora veo las luces de una autovía.

Para cuando llego al final de la pendiente ha salido el sol. Me siento aliviada. Todo está iluminado con una luz plateada. Voy dando tumbos, con la cabeza gacha, tratando de volver a dedo de regreso a Los Feliz. Todo, el paseo y la experiencia, me resulta horriblemente familiar. Podría haberme sucedido en Glenageary. Sin cesar miro

SHEVITI ADONAI L'NEGDI TAMID

para cerciorarme de que no es él quien se detiene para llevarme.

El siguiente que pasa sí es que es él. Pone el coche a mi altura, baja la ventanilla del pasajero y me ordena que suba, haciendo con la mano izquierda un gesto propio del repertorio de un chuloputas. Le digo que puede comerme el rabo. O algo así.

Hace que el coche se detenga en el carril lento y se baja. Empieza a perseguirme alrededor del coche y me informa que pretende darme una paliza (como si yo no lo hubiera visto claro desde las diez de la noche).

Ahora soy yo quien lo persigo y corremos alrededor del auto durante unos instantes: él, furioso por no poder atraparme; yo, escupiéndole como una gata que acaba de tener crías.

He caminado lo suficiente como para que ahora haya casas a cada lado de la autopista, con accesos de solo unos dos metros hasta sus puertas. Recuerdo que en una ocasión mi padre me advirtió que, si alguna vez me encontraba en una situación así, con un hombre, si era posible debía (después de declarar que mi padre es policía) tocar el timbre de la puerta más cercana y pedir ayuda. Y esto es lo que decido hacer.

Primero corro tras ese cabronazo de mierda lo bastante como para observar qué patrón sigue. Sé cuándo tendré una oportunidad, porque veo que él tiene que mirar a su derecha un segundo antes de correr hacia la carretera. Tan pronto como lo hace, me apresuro y toco el primer timbre que encuentro y sigo tocándolo una y otra vez.

Él monta en su coche (mi padre tenía razón). Se sienta y me observa durante un minuto como si, en caso de no responder, estuviera sopesando volver a la carga. Pero decide no arriesgarse. No le gusta la luz. Alguien podría haberle visto. Da un giro de 180 grados y acelera. Al pasar no se molesta en mirarme.

185

Nadie contesta en la casa y sigo caminando. Sé que se ha ido.

Cuando llego a la primera cabina telefónica llamo a mi amiga Ciara, que vive conmigo. Viene a recogerme. Me encuentro a unos cuarenta minutos de casa.

Cuando se lo cuento a Steve Fargnoli este se vuelve loco. Quiere salir a pegarle un tiro a Fluffy Cuffs. Al igual que otro de sus amigos italoamericanos. Me cuenta que he sido víctima de un ataque que en realidad tenía como finalidad aterrorizar a Steve.

Al parecer entre él y Prince hay algunos asuntos turbios pendientes. No sé nada de todo eso. Ni me importa.

No quiero volver a ver a ese diablo.

Pero pienso en Duane con cariño, bastante a menudo.

THAT'S WHY THERE'S CHOCOLATE AND VANILLA: LA DISCOGRÁFICA

Además de ser un gran mánager, Steve Fargnoli regentaba algunos locales que solo me atrevería a describir como prostíbulos legales. Según las leyes inglesas le estaba permitido a uno contar con una trabajadora y una secretaria. A tal efecto se ofrecía una sala para «sexo normal» y otra para el «dame una buena tunda». Steve era proxeneta. No se afanaba a las mujeres ni dependía de los servicios proporcionados por estas, pero ellas sí se valían de él: quiero decir que él financiaba sus necesidades, en gran parte porque lo que llamaba *lumpen* le volvía tan loco como las mujeres guapas con historias tristes. Por cierto, el negocio de la prostitución no difiere en nada de la industria musical. Ambos son más de lo mismo. Un jueves me llamó para cancelar una reunión que habíamos organizado para el día siguiente:

–No puedo ir –confesó–. Mañana por la noche vamos a montar las mazmorras y la cruz está a punto de llegar.

Eso es lo que hacía con su veinte por ciento. Cierta gracia tenía la cosa, la verdad.

Y su gracia tenía también una de sus señoras, que se pasó por su oficina un viernes por la noche, a pocos días de la Navidad. Era una rubia desagradable. Una dominatriz de espíritu violento que despreciaba a los hombres de un modo casi letal. Steve no se libraba de ese desprecio y, de hecho, ella hizo que sus otros chulos saquearan la oficina de Steve en varias ocasiones, a pesar de que él cuidaba de ella. Menudo pagafantas, inocente como él solo. Le mostrabas las tetas y le dabas un poco de cháchara y te comía de la mano. De verdad que hay tipos así. (O solía haberlos.)

De todos modos, cuando empiezo a preguntarle a qué se dedica y cómo funciona el cotarro, la señora en cuestión me saca una carta de uno de sus clientes habituales. Me cuenta que cuando esos tipos piden cosas raras no lo hacen por motivos sexuales, porque eso no tiene nada que ver con el sexo, y que en realidad solo buscan que alguien los trate a patadas. Y a ella le chifla tratarlos de puta pena. Aunque eso tampoco responde a un interés de orden sexual: lo hace porque es una zorra de cuidado.

Sinéad con su mánager, Steve Fargnoli (*John Reynolds*).

En la carta, el tipo dice que la va a echar menos en Navidad, pero que mientras ella no esté a su lado él practicará su «repertorio de ladridos». Llamadme anticuada, pero tuve que preguntarle de qué diablos me estaba hablando. Ella dice que todas las noches a las siete él la llama desde su oficina y ella lo pone a ladrar como un perro por teléfono (aquí yo pienso, «¿Y qué hay de la gente que limpia las oficinas?»). Ella afirma que han acordado que lo trate como a un perro. Le encanta darle patadas. Dice que le hace lamer cuencos que ha llenado con su orina, con la mera finalidad de exagerar un poco las cosas, y que se excita humillándolo. Poniéndolo de rodillas y haciendo que se arrastre como un perro. Ella es un asco. Una auténtica bruja. Y luego, cuando aparecen los tipos del «sexo normal», ella se convierte en «la encantadora otra chica». A decir verdad, ella apuñalaría a su propia abuela. Esos pobres pardillos no tienen ni idea de con quién –o a qué– se enfrentan.

Steve es mi mánager desde hace unos doce años. Lo conocí en el Camden Palace, después de un bolo de Prince al que me invitaron. Eso sucedió poco después de que saliera mi primer álbum y mucho tiempo antes de que el tema «Nothing Compares 2 U» se asociara conmigo.

Steve nació en Newport, Rhode Island. Su padre era un comerciante. Por causas que se me escapan, su padre le dio todos sus ahorros a Sly Stone para que este pudiera irse de gira. El caso es que Sly no se fue de gira y el padre se arruinó. Entonces, un Steve adolescente viajó a Los Ángeles, buscó a Sly y derribó la puerta de su casa y lo obligó a embarcarse en esa gira para que pudiera devolverle el dinero a su padre. Así es como Steve se metió en la industria. En realidad, antes ya había trabajado en el Festival de Jazz de Newport; su cometido consistía en llamar a la puerta de Ella Fitzgerald y decir: «Cinco minutos, Srta. Fitzgerald». Me contó que en una ocasión cantó en una banda, pero lo dejó tras ver en directo a Robert

Plant. Se dio cuenta que no tenía mucho sentido labrarse un porvenir con tan ilustres competidores.

Después del show de Prince en el Camden Palace volví a ver a Steve en un pícnic en Hampstead Heath con unos amigos suyos. Fue una mera reunión social. Hacía sol, buen tiempo. Me hizo reír, era el tipo de persona que te anima a quedarte un ratito más. Cuando la cosa se torció entre Fachtna y yo, le pedí a Steve que ocupara su lugar, y lo hizo con apasionada dedicación.

Parece un oso de peluche. Tiene canas, las mejillas gordas y es regordete como cualquier italiano que no le hace ascos a la comida. Lleva gafas de culo de vaso y sin ellas no ve tres en un burro. Su madre se llama Rose: en ocasiones, él nos invitaba a los dos y a su harén a la casa en Malibú, y su madre nos cocinaba millones de platos. Él la cuida como si fuera una auténtica joya. Porque lo es. La adora.

Su padre lleva muerto mucho tiempo. Steve ejerce de padre para todos. Excepto para su verdadera hija.

A veces esto –que no sepa cuidar de su hija– es un problema entre nosotros.

De todos modos, Steve ama los clubes de baile y las tías en general. Así que una noche lo acompañamos a él y a sus amigos (de uno de los cuales estoy locamente enamorada) a los clubes de Atlanta y nos maravillamos con las operaciones que se han hecho en las tetas. Os puedo asegurar que en esas salas sí que hay sexo y corre el champán.[26]

Janet Street-Porter, la periodista y locutora, está enamorada de Steve, aunque solo son buenos amigos. El caso es que todas estamos un poco enamoradas de él, pero a él no le interesan ni el sexo de nadie ni nada por el estilo. Está enamorado de una alemana extraordinaria que trabaja para la MTV; aunque, a decir verdad, ella siempre

[26] Referencia al tema «No Sex (in the Champagne Room)» del cómico y monologuista estadounidense Chris Rock. (*N. del E.*)

le acaba rompiendo el corazón. La teutona en cuestión domina la técnica del «dejarte a medias» mejor que cualquier hombre. Hace poco, amenazaba con casarse con Imran Khan,[27] un paquistaní poderoso. Ella iba por ahí tocada con un hiyab, aunque, al final, Khan haya acabado casándose con Jemima Goldsmith. Así que todo, de repente, es muy melodramático y Steve dice que ahora ella quiere que la cuiden. Cuando salimos y ella anda por ahí, él bebe absenta y acaba a cuatro patas. Es como un niño pequeño en una tienda de chucherías.

La razón por la que todas quieren a Steve es porque está forrado: le sale el dinero por las orejas. Recordemos que había sido el mánager de Prince. Y tiene muchos otros negocios, todos legales. Es alguien que de veras ejerce el bien. Todas las cazafortunas buscan a alguien que esté forrado. El único problema es que si te llevas a Steve, también te llevas al resto de su séquito y, por supuesto, tienes que hacer sombra a Janet Street-Porter, lo que no es tarea fácil. A decir verdad, ella sería un buen partido porque también a ella le sale el dinero por las orejas, y lo ama con locura. Le quiere, pero no por las mismas razones que esas cazafortunas. Steve y ella se hacen reír el uno al otro. Él la ama. Aunque ama a todas las mujeres. Así es Steve. No sirve ni de novio ni de marido.

En todo caso, siento un respeto infinito por Steve. Es un ángel caído del cielo. Y de verdad desearía que el cielo no lo quisiera de vuelta. Ha tenido cáncer y los médicos lo han mareado sometiéndole a todo tipo de horribles e inútiles operaciones. Ha pasado dos años infernales para nada.

Es común que solo en los hoteles se sienta realmente en casa la gente de la industria. Steve no tiene hogar.

[27] En la actualidad, primer ministro de Pakistán (desde agosto de 2018). (*N. del E.*)

Le encantan los hoteles de cinco estrellas y ha vivido en muchos. Va dando tumbos de uno a otro, por así decirlo. Se dedica a probarlos todos.

En 2001, agoniza en el Hotel W de Los Ángeles. Detrás de la recepción, en la planta baja, un bellezón escultural se estira dentro de una pecera de tamaño humano (sin agua, gracias a Dios). Viste un bikini y juguetea con un mullido montón de peluches color turquesa. Todo lo que haga falta para seducir a los ojos que la observan, y que pertenecen a los señores que hacen el *check in*. Todo ese escenario es muy Fargnoli, como diríamos los que adoramos a Steve.

En realidad, ahora no sé qué será de ninguno de nosotros.

Al milisegundo de que su mejor amigo, Arnon, montara en el ascensor después de despedirse, hubo un pequeño terremoto. Duró unos siete segundos. Sé que lo causó su dolor. No me importa lo que digan los demás. El pobre corazón de aquel hombre se había roto. En el desierto. Y Dios estaba con él.

«WAR», PRIMERA PARTE – *SATURDAY NIGHT LIVE*, 1992

En la esquina de St. Mark's Place y A Avenue hay un pequeño bar irlandés regentado por un irlandés gigante de melena canosa. Ahora va todo encorvado y no parece sentirse muy a gusto consigo mismo, pero no es mal tipo. Es amable. Sí, siempre viste de negro, y en sus rasgos hay algo de fatalismo, de un fatalismo tal que su cara me recuerda al mapa de Irlanda, aunque ama tanto a su novia que cuando la ve se le ilumina como Inglaterra.

A decir verdad, odio los pubs irlandeses. Están llenos de borrachos que te agarran del codo, mientras no paran de soltar gilipolleces y lloriquear. Tampoco me gusta la música irlandesa, pero me gusta fumar. Así que me siento fuera, en la acera, con un café, y espero que no aparezca el hijoputa del policía –ese que lleva un bigote absurdo como el del príncipe Alberto– que una vez me arrancó un canuto de la mano, de una patada. Supuestamente, ahora mata el tiempo en los apartamentos de las putas de este lado de la calle, donde se pone ciego de coca cuando está fuera de servicio. Sería mejor que se dedicara a fumar porros y que no pateara a las chicas.

Una noche, sobre la una de la mañana, veo que han abierto un nuevo bar de zumos justo enfrente del pub irlandés. Un cartel en la acera dice que permanece abierto hasta la madrugada. Veo que en las paredes hay encantadoras pinturas de colores y alegres naranjas y manzanas apiladas en la caja registradora, en una suerte de antítesis visual de Irlanda.

Dentro, la gente parece pasárselo bomba. Así que tomo mis cosas y me acerco. ¡Por las barbas del profeta! Me encuentro a varios antillanos con rastas, liando porros de hierba en hojas de tabaco fresco, escuchando música rasta. A la mierda el pub irlandés: el bar de zumos se convierte en mi nueva casa.

Desde ese instante, solo acudo al pub irlandés para rellenarme el café. Los antillanos jamás cruzan los cuatro metros de calzada para sentarse en un pub irlandés. No confían en los blancos americanos. Tampoco les gusta el café.

Primero pensaron que era un niño. Todo el lugar se estremeció cuando se reveló la verdad. Resulta que una noche anuncié que estaba enamorada de Robert Downey Jr. Aquellos rostros silenciosos mostraron espanto y consternación y profirieron citas bíblicas sobre la indecencia de la homosexualidad, citas que dieron lugar a incontables carcajadas cuando yo –igual de horrorizada porque pensaran que soy un hombre– decidí abrirme la chaqueta y levantarme el jersey para que puedan ver mi sarnoso sujetador deportivo Dunnes y las estrías que me dejó el embarazo.

Como es obvio, no sé nada de los rastafari. Lo primero que el tipo a cargo de aquel «bar de zumos» tuvo que aclararme fue que «no todos los que llevan trenzas son rastafaris». Se oyeron más risas. Aunque con el tiempo me lo demostró. Se llama Terry. Es de Santa Lucía. Es bajo, como yo. Con grandes melenas. Es moreno, del color del turrón. Me cuenta que alguien de su familia se tiró a un chino. Le digo que tenemos algo en común, ya que soy pálida y cetrina porque alguien de mi familia se tiró a un español.

Había huido a Nueva York desde Londres en invierno y no me había acordado de meter un abrigo en la maleta.

Estaba congelada. Terry condujo hasta su casa y me trajo uno de los suyos. Una enorme parka de cuero negro. Era demasiado grande para mí. Me quedaba enorme. Todos los chicos se reían de mí. Aunque me gusta más que si fuera un Chanel porque es suya.

Se ha convertido en mi maestro. Yo no le he pedido que lo sea, pero lo hace de buen grado porque yo no dejaba de incordiarle con preguntas sobre las creencias de los rastafaris. A veces, por la forma en que inclina la cabeza hacia atrás y me mira, desconcertado, sé que se está preguntando: «¿Qué estará tratando Dios de decirme con todo este interrogatorio?». Pero no sé por qué se lo pregunta. Me preocupa. Él se ve bien tranquilo. Sigue doblando camisetas y actúa como si el lugar fuera solo un bar de zumos.

A primera hora de la mañana me lleva a las afueras de la ciudad de Nueva York para comer akí y bacalao con los ancianos jamaicanos que son verduleros y pescaderos y carniceros y demás. En las trastiendas de sus comercios y de sus almacenes de hormigón siempre hay uno o dos sofás muy usados y una cocina improvisada.

No todos los viejos son rastafaris, aunque la mayoría sí. Yo diría que tienen entre cuarenta y setenta años. Nunca hay menos de tres. Por la noche hacen vela. No se duermen. Dios no tiene que despertarlos y decir: «¿Es que no podíais hacerme compañía?».

A los jamaicanos no les gusta la cháchara. Al principio es un poco incómodo porque los irlandeses siempre hablamos por los codos. Me encuentro en silencio en furgonetas llenas de pescado haciendo entregas, como hice con mi abuelo.

Pensé que no les gustaba, que por eso guardaban silencio. Es solo que ellos son observadores, están vigilando a Dios en todo momento. Son como la guardia pretoriana de Dios. Así es como se ven a sí mismos, y así es exactamente como son.

Son como san Miguel guiando a los ángeles celestiales a la guerra contra Satanás. Como millones de san Migueles, todos unidos en torno a una enorme pira profética. También están vigilando al diablo, al enemigo de Dios. El diablo es su Lee Harvey Oswald. Solo hablan cuando se trata de las Sagradas Escrituras.

En la trastienda de sus colmados y talleres me llaman *Sistah* [sister], «hermana», o *Da-taah* [daughter], «hija», mientras me dan platillos de comida. Me dicen que estoy muy flaca. Les preocupa que no coma y la verdad es que nunca he comido demasiado. Siempre estoy demasiado ansiosa. Los ancianos no comen carne, pero sí pescado frito, batatas, arroz con guisantes, aunque el arroz con guisantes es, en realidad, arroz con frijoles cocidos en leche de coco. Es lo mejor que una persona puede comer. Me alegro, porque odio con toda mi alma los guisantes, a menos que estemos jugando a ese juego en el que cada persona se mete un guisante congelado en una fosa nasal mientras se aprieta la otra, y el que consigue disparar más lejos su guisante gana.

Los más viejos no saben pronunciar bien «Irlanda»: cuando hablan en inglés no dicen *Ireland,* sino *Irie-land.*

Leen a los *Nevi'im,*[28] los profetas bíblicos, mientras yo vuelvo la cara y me burlo. Adoro, sin revelarlo, su comida, pero a la vez experimento esa dolorosa humillación de la infancia que me afecta cuando siento hambre. Es algo que está demasiado relacionado con mi madre; me cuesta aceptarlo. En la boca, la comida se me convierte en piedrecitas, como la esposa de Lot al mirar atrás. Me resisto, como si quisiera demostrar que estoy totalmente en manos de Dios.

---

[28] Los *Nevi'im* (del hebreo «profetas») conforman la segunda de las tres partes en que se divide el *Tanaj* (la Biblia hebrea, paralela al Antiguo Testamento de los cristianos); precedida por la *Torá* (o Pentateuco, para los cristianos), y anterior a los *Ketuvim.*

Pero los ancianos tienen razón. Y hacen hincapié en la buena comida, no solo en la comida. Se ríen de mí; cada vez que me ven dejar el plato limpio les arranco una carcajada. En realidad, me tratan como a un gatito de la calle. Dicen que mis bigotes son tan blancos como los suyos.

Cuando perciben que confío en ellos, deciden enseñarme. Lo hacen sin que me dé cuenta de lo que sucede. No me sientan a su lado y me dicen esto, aquello o lo otro, no. Me enseñan con lo que hablan entre ellos cuando estoy presente.

Leen el Libro de las Revelaciones y comentan en voz alta que trata del fin de la religión. Saltan, ríen de alegría. Gritan *Jah!* y *Rastafari!* y *Dread I!*[29] con los brazos extendidos, como si la profecía ya se hubiera cumplido.

La única cuestión en la que esperan que yo intervenga es en lo relativo a Irlanda:

–*H-Englan* es el enemigo natural de *h-Irie-lan*. ¿No lo ves?

Yo respondo que tendría que estar ciega para no verlo. Me dicen:

–El papa es el demonio, y el diablo es el auténtico enemigo.

Añaden:

–La morada de Jah estará en la tierra, entre la raza humana.

En la pared del bar de zumos de Terry hay un cuadro rastafari. En él, al final de un suelo de damero en una larga catedral, se ve un altar. Un rey negro y flaco, con el rostro más amable que se pueda imaginar, está sentado en un enorme trono dorado repleto de inscripciones amáricas.[30] Hay ancianos de piel oscura sentados a am-

---

[29] Jah es el nombre del Creador en la cosmogonía rastafari, y *dread* hace referencia al cabello con rastas. (*N. del E.*)

[30] Perteneciente o relativo al amárico, lengua del grupo etiópico que se habla en Etiopía. (*N. del E.*)

bos lados por el suelo. El cuadro está empañado y no se puede saber quiénes son. Leones o antiguas almas. Una diminuta mujer con un atuendo blanco está al pie del trono, frente al emperador. Tiene la diestra extendida, le está pidiendo que venga a la ciudad. Su estrado está tan alto que ella solo llega a las rodillas. Él se relaja en el trono y se apoya sobre un codo, inclinando su cabeza hacia adelante, sonriendo con amabilidad. Ella tiene la piel blanca y la cabeza afeitada.

Una tarde, temprano, mientras estoy en Nueva York a fin de ensayar para la actuación en *Saturday Night Live*, me pongo a mirar el cuadro y, de repente, Terry hace un gesto para que todos salgan de allí, todos menos yo. Luego cierra la puerta, baja deprisa la persiana y me pide que me siente a su lado, en el suelo. Tiene una expresión triste y toma mis manos entre las suyas. Tiene algo que decirme. Me pide que intente perdonarle.

Me confiesa que tiene los días contados. Dice que alguien intentó asesinarlo hace poco, que lo tirotearon desde un coche. Estaba en su coche con unos amigos. Otro coche se acercó y le dispararon siete veces. Está seguro de que tarde o temprano darán con él.

Le pregunto por qué, y no puedo soportar la respuesta que obtengo. Él vende armas. Y drogas. Ha estado usando a niños como mulas. Esos niños llevan armas y drogas en sus mochilas, y no libros. Se ha colado en el territorio de otros y es solo cuestión de tiempo.

Estoy horrorizada. Me asquea lo que ha estado haciendo y que vayan a asesinarlo. En el bar de zumos hay mucho movimiento entre semana. Ese viernes por la noche me regala un anillo de oro con una piedra roja ovalada donde está tallada, con mucho detalle, la cabeza de un soldado romano.

Puto cabrón rastrero. Yo misma podría asesinarlo. Ningún rasta en la tierra tocaría tres toneladas de hierba si tuviera un anillo con un soldado romano, de ninguna manera. Le doy el anillo a Rufus, otro rasta, quien al tomarlo de la palma de mi mano me pregunta una y otra vez:

–¿Por qué?

Sospecha que quizás me haya enamorado de él. No es así. No, es solo que el soldado se parece a él. ¡Y ese tonto del culo se toma eso como un cumplido! En ese milisegundo comprendo lo que aquel rabino quiso decirme en Londres cuando afirmó:

–No olvides dejar la fiesta antes de que todos se emborrachen y empiecen a zurrarse entre ellos.

Subo los tres pesados escalones, salgo a St. Mark's Place, giro a la izquierda en A Avenue y llamo un taxi.

Con un suave chasquido de la lengua, como si llamara a un cachorro, el conductor me pide que eche un polvo con él. No sé dónde imagina que lo haremos. Está cla-

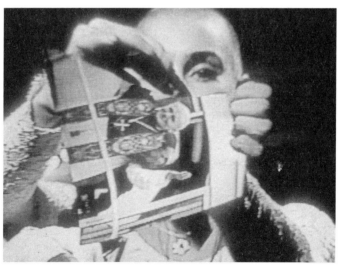

En señal de protesta contra el abuso de menores, Sineád rompe la foto del papa Juan Pablo II –que atesoraba su madre– en *Saturday Night Live*, 1992 (*Yvonne Hemsey / Getty Images*).

ro que no será en el asiento delantero. Decir que se ha zampado demasiadas hamburguesas sería quedarse corta. Estamos hablando de una talla «American XXXL». Me niego, informándole de que he tenido una noche muy poco sexi. Con dulzura, me canta «Underneath the Mango Tree» para animarme mientras atravesamos las luces de Manhattan rumbo a mi otro mundo, en el que camino por los mullidos suelos de mi suite de hotel hasta las seis de la mañana.

«WAR», SEGUNDA PARTE – «GOTTA SERVE SOMEBODY»

Por primera vez después de varios años, mis hermanos y yo entramos en casa de mi madre el día en que murió. Fuimos en busca de nuestros propios secretos. No queríamos nada de ella. Todavía estaban esos cisnes de plástico rotos en el baño, erguidos, con sus largos cuellos hieráticos, tiesos. Como si nada hubiera pasado.

Arranqué de la pared de su dormitorio la única foto que tenía: una del papa Juan Pablo II. Era de cuando visitó Irlanda en 1979.

–Jóvenes de Irlanda –había anunciado en el aeropuerto de Dublín, después de hacer el numerito de besar el suelo, como si el vuelo hubiera sido demasiado aterrador–, os amo.

Qué palabrería. Nadie nos quería. Ni siquiera Dios. Estaba clarísimo que ni siquiera nos soportaban nuestros propios padres.

En 1978, en *Top of the Pops*, Bob Geldof rasgó una foto de Olivia Newton-John y John Travolta porque «Summer Nights», esa mierda de single, llevaba siendo número uno durante siete semanas y, por fin, Geldof y su single «Rat Trap» con los Boomtown Rats les habían arrebatado el liderato.

Mi intención siempre había sido destruir la foto del papa que guardaba mi madre. Esa foto representaba falsedades, mentiras y abusos de todo tipo. Solo atesoraban esas cosas las personas que eran auténticos demonios, como mi madre. Nunca supe cuándo, dónde o cómo la destruiría, pero sabía que la destruiría cuando llegara el momento adecuado. Y con eso en mente, desde ese día la llevé cuidadosamente a todos los lugares donde viví, porque a nadie le importaban una mierda los niños de Irlanda.

Me he despertado después de acostarme a las seis de la mañana. Es la una de la tarde. Apenas quedan unas horas para la prueba de cámara del *SNL*. Voy a interpretar dos canciones, la segunda de las cuales es «War», de Bob Marley, que cantaré a capela. En realidad, la letra es un discurso del emperador etíope Haile Selassie ante Naciones Unidas, pronunciado en Nueva York en 1963, en el que se afirma que el racismo es la causa de todas las guerras. Pero voy a cambiar algunos versos para que se convierta en una declaración de guerra contra los abusos de menores. Porque estoy enfadada con Terry por lo que me contó anoche. Estoy cabreada, porque ha estado usando niños para vender drogas.

Y estoy molesta, porque no va a llegar vivo al lunes.

También sucede que llevo unas semanas enfadada porque he estado leyendo *La Santa Sangre y el Santo Grial* (una historia blasfema y apócrifa de la iglesia primitiva) pero también he encontrado breves artículos, enterrados en las últimas páginas de la prensa irlandesa, sobre niños violados por sacerdotes, niños cuyas historias no merecen la atención de la policía ni de los obispos a los que sus padres acuden para denunciarlas. Razón por la que no he dejado de pensar en destruir la foto de Juan Pablo II que tenía mi madre.

Y decido que esta va a ser la noche.

Llevo la foto al estudio de la NBC y la escondo en el camerino. Durante el ensayo, al terminar de cantar «War» de Bob Marley, sostengo una foto de un niño de la calle brasileño que fue asesinado por la policía. Le pido al camarógrafo que luego, durante el programa, amplíe la foto.

No le digo lo que me reservo para más tarde. Todo el mundo está contento. Un niño muerto lejos de aquí no crea ninguna controversia.

Sé que si lo hago se va a armar una bien gorda pero no me importa. Conozco las Sagradas Escrituras. Nada puede tocarme. Rechazo todo lo mundano y lo terrenal. Nadie puede hacerme nada que no me hayan hecho antes. Puedo cantar en las calles, como solía. No es como si alguien me fuera a arrancar la garganta.

Hora del espectáculo. Llevo un vestido de encaje blanco que una vez perteneció a Sade. Lo compré en una subasta de rock 'n' roll en Londres, cuando tenía 19 años. Pagué ochocientas libras por él. Es precioso. Tiene pequeñas plomadas del tamaño de una moneda a cada lado de la abertura trasera para mantenerlo recto sobre la espalda, y que una siempre parezca una señora.

Muy inteligente. Un vestido para que las mujeres que se lo ponen se comporten mal. Un día tal vez tenga una hija que lo use en su boda.

Así que el espectáculo continúa. Bordamos la primera canción, «Success Has Made a Failure of Our Home». Entre mánagers, maquilladores y compañeros es mucha la gente que se agolpa en el backstage. Soy la chica de moda. Todos quieren hablar conmigo. Decirme lo buena que soy, aunque sé que soy una impostora.

La segunda canción está muy bien montada. Con una vela a un lado y mi bufanda etíope atada al micrófono, canto «War» a capela. Nadie se huele nada. Aunque al final no sostengo la foto del niño: no, en la mano llevo la foto de Juan Pablo II, que procedo a romper en pedazos. Grito:

–¡Combatid al verdadero enemigo!

(Les estoy hablando a los que van a asesinar a Terry.)

Y soplo la vela.

Silencio total y aturdimiento entre el público. Ahora, cuando me dirijo hacia el camerino, no se ve ni un alma. Las puertas cerradas a cal y canto. Todos han puesto pies en polvorosa. Lo que incluye a mi propio mánager, que se encierra en su habitación durante tres días y desconecta el teléfono.

Todo el mundo quiere ser una estrella del pop, ¿sabes? Pero el caso es que yo hago canción protesta. Solo tenía cosas que sacarme del pecho. No albergaba ningún deseo de alcanzar la fama. De hecho, por eso elegí la primera canción: «Success Has Made a Failure of Our Home». Y, a decir verdad, todo el mundo me estaba tildando de loca por no comportarme como una estrella pop. Por no adorar la fama. Vale, entiendo que he destrozado los sueños de quienes me rodean, pero esos no son mis propios sueños: nadie me preguntó jamás cuáles eran mis sueños; solo se cabrearon conmigo por no ser quien ellos querían que fuera. Mi sueño es honrar el contrato que hice con Dios antes de firmar uno con la industria musical. Esa es una pelea mucho más digna. Tengo que llegar al otro lado.

Estoy en el camerino con mi asistente personal, Ciara. Hacemos las maletas y salimos del edificio. Afuera, junto a la puerta del 30 Rockefeller Plaza, nos esperan dos jóvenes que nos tiran un montón de huevos a las dos. Lo que no saben es que Ciara y yo somos capaces de correr cien metros en 11,3 segundos. Así que cuando huyen vamos en su busca. Los alcanzamos en un callejón. Están encorvados, jadeando contra una valla a la que no han tenido fuerzas para trepar. Todo lo que decimos, riéndonos, es:

—Oíd, no les tiréis huevos a las mujeres.

Están tan sorprendidos porque les hayamos perseguido y dado alcance que también empiezan a reírse, y todo termina de un modo amistoso. Recuperan el aliento y nos ayudan a encontrar un taxi para volver al hotel. El asunto ha saltado a las noticias y nos enteramos de que se me ha prohibido la entrada en la NBC de por vida. Esto me duele mucho menos que las violaciones a esos niños irlandeses. Y mucho menos que la muerte de Terry, cosa que de todos modos sucede el lunes siguiente.

NO TIENE POR QUÉ SER ASÍ

Mucha gente considera o especula sobre la hipótesis de que romper la foto del papa fue lo que hizo descarrilar mi carrera. No soy de la misma opinión. Creo que lo que hizo descarrilar mi carrera fue tener un disco en el número uno y que romper la foto me devolvió al camino correcto. Tenía que volver a ganarme la vida actuando en directo. Porque he nacido para eso. No nací para ser una estrella pop. Porque para eso hay que ser buena chica. No ser demasiado problemática.

No me sentía cómoda con lo que otros denominaban éxito porque implicaba que tenía que ser como los demás querían que fuera. Después de lo de *SNL* pude volver a ser yo misma. Hacer lo que me gusta. Ser imperfecta. Enfadarme cuando toca. Ir a mi aire. Yo no defino el éxito como labrarse un nombre o ser rica. Para mí el éxito consiste en honrar el contrato que hice con el Espíritu Santo antes de firmar otro contrato con la industria musical. Nunca firmé nada donde se dijera que debía ser una buena chica.

He mantenido a mis cuatro hijos durante treinta y cinco años. Nos mantuve actuando en directo y, si se me permite decirlo, me convertí en una excelente intérprete en directo. Así que, lejos de que el episodio del papa destruyera mi carrera, me puso en un camino que me convenía más. No soy una estrella del pop. Solo soy un alma problemática que necesita gritar ante un micrófono de vez en cuando. No pido ser la número uno. No necesito caerle bien a nadie. No busco ser bienvenida en los American Music Awards. Solo quiero pagar mis gastos anuales, desahogarme y no dar mi brazo a torcer ni prostituirme espiritualmente.

Así que no. Mi carrera no descarriló. Fue redescarrilada. Y creo que no me ha ido mal como madre soltera criando a mis hijos.

EL ESTADO EN EL QUE HE ESTADO –
1992, UNOS DÍAS MÁS TARDE

Esta mañana me he registrado en el Chelsea Hotel. Sucede que allí tienen a un huésped llamado Dee Dee Ramone que llama a mi puerta no con un pastel ni con una tarta, sino unos cuantos tripis. Me pregunta si quiero colocarme.

Me callo que nunca he tomado ácido, y me tomo un tripi mientras él hace lo mismo. Me doy cuenta de que está en los huesos. No parece que le importe la comida más que a mí, lo cual es casi imposible. Salimos a vagar por las calles de la ciudad, dirigiéndonos a lugares desconocidos y bailando al ritmo de la música que resuena en varios taxis con que nos cruzamos; incluso metemos la cabeza por la ventanilla abierta de un conductor atrapado en un atasco porque escucha a Ella Fitzgerald. Nos muestra la carátula del CD. En ella, Ella viste de rosa y sonríe. Y yo agarré esa carátula y leí todo lo que había en ella, de cabo a rabo, tal como la tía Frances me había enseñado a hacer.

Está clarísimo que esta no es la primera vez que Dee Dee se pone hasta las trancas porque está como una puta chota. Después de una o dos horas, se sienta en el suelo y empieza a actuar como Sybil[31] en la película ho-

---

[31] *Sybil*, película de 1976 con guion de Stewart Stern, basada en la obra homónima escrita por Flora Rheta Schreiber, que se basa, a su

mónima sobre una artista con trastorno de identidad disociativo:

–La gente, la gente, la gente.

Se cree que todo el mundo le mira. No es así. De hecho, si le miran es porque parece que se va a desmayar. Decide volver al Chelsea y dejarme a mi bola. No me importa. Eso significa que ahora puedo ir a la esquina de St. Mark's con A Avenue, cosa que hago de inmediato.

En casa de Terry me encuentro con mi amigo Rabbi. No sé su verdadero nombre. Lo llamo el Rabino porque siempre está hablando de Dios. Es un tipo fogoso, de aspecto rasta, pero con mala leche. No es un verdadero rasta. De hecho, no me sorprendería que se haya cargado a algunas personas. No es de buena pasta. A veces no sé por qué salgo con él. Creo que solo lo hago porque lo encuentro interesante. Él y yo vamos al parque. Todavía es de día. Me encuentro sonriendo a completos desconocidos. El ácido es así, te convierte de nuevo en una niña, con lo que te abres a la gente como cuando eras una cría. Una señora rubia me sonríe. Está sentada con su marido, o lo que quiera que sea. Me doy cuenta de que debo perder de vista al Rabino y volver al pub irlandés cuando empieza a tocarme las manos de un modo que sugiere que le apetece un revolcón o dos *in the leaba* (que es como un irlandés dice «en el catre»). No estoy interesada. No siento nada por él. ¿Quién quiere acostarse con un cascarrabias?

Después de esa noche, no volveré a tomar ácido hasta que tenga treinta y tres años. Será en un club de rockabilly de Oxford Street, en Londres, con mi amigo BP Fallon, un presentador de radio irlandés. Le encanta la música rockabilly. Yo no la soporto. Así que, una y otra vez, le ruego que por favor nos vayamos del club. Él insiste en

---

vez, en la vida de Shirley Ardell Mason. Fue dirigida por Daniel Petrie, con Sally Field y Joanne Woodward como protagonistas. (*N. del E.*)

que tenemos que quedarnos. Después de una hora sigo completamente sobria, así que imagino que ese ácido es una mierda. Que es tan malo como la música. De modo que le robo la bolsa de ácido a Beep (su mote es Beep), me encierro en el baño, y me la meto entre pecho y espalda mientras él golpea la puerta amenazando con matarme cuando salga. No hago ni caso y me trago todos los tripis riéndome a carcajada limpia. El caso es que después de otra hora sigo sobria como un juez. No pasa nada. Esto no es ácido, son solo unos cuadraditos de cartón y está claro que a Beep se la han metido doblada. Aun así, no quiere irse del club y terminamos quedándonos allí tres horas. Al final, alrededor de la medianoche, dice que podemos irnos.

Bueno, tan pronto como mi pie derecho pisa la acera de Oxford Street... se me va la pinza. La música no me había dejado viajar, porque la odiaba. Aquella noche comprendí lo profunda que es mi relación con la música. Llorando de risa (mi sentimiento favorito en el mundo), me vi fascinada por las estrellas. Fuimos a mi casa y encendimos la chimenea. Cuando estás puesta de ácido, el fuego te parece estar hecho de gusanos. Es de lo más raro. Me lleva a preguntarme si todo está secretamente hecho de gusanos. Me obsesiono con dejar entrar al jardín en casa y abro todas las ventanas en caso de que decida aceptar mi invitación. Eso nunca sucede, como es natural. Nos sentamos a hablar toda la noche. En un momento dado, un ramo de flores que había sobre el piano se desvanece ante mis ojos y todo lo que veo es la palabra «monstruo». Pero tan pronto como me doy cuenta de que es solo un despropósito mental, las flores reaparecen y se ponen a bailar. Así aprendí a controlar la mente con ácido, mucho mejor de lo que podía hacerlo sin él.

He tomado éxtasis unas cuantas veces. Lo odiaba. Al día siguiente estaba llorando a moco tendido por la madre de cualquiera. Acurrucada, en posición fetal.

Lo mismo con la coca. La probé dos veces. La odiaba. Al día siguiente estaba también llorando desconsoladamente, como un dibujo animado: las lágrimas no me caían por el rostro, sino que volaban horizontalmente. Eso no tiene nada de agradable. Acabas deprimida y veinte dólares más pobre. No vale la pena en absoluto. Una pierde los modales.

En una ocasión fumé heroína. Era asquerosa. Nunca más.

La siguiente droga que tomé fue speed. Eso, lo creas o no, me pasó en la loquería, en Dublín (yo la llamo la loquería porque estoy loca, pero nadie más puede llamarla así). En el pabellón a puerta cerrada donde te ponen si eres suicida hay más drogas duras que en el camerino de Shane MacGowan.[32] Jamás revisan a las visitas. No es como en América donde cachearían a tu abuela poniéndola contra la pared para expulsarla de inmediato si se le ocurriera aparecer con un frasco de perfume. Así que, sí, me pongo de sulfato de anfetamina durante una semana y debo decir que, probablemente, fue una de las semanas más felices de mi vida. Lo mismo sucede dos años después. Una semana de speed en el pabellón de la loquería, a puerta cerrada. Me entraron ganas de escribir. Ojalá tuviera unas anfetas ahora, de hecho, pero prometí no volver a tomarlas porque me gustaban mucho.

El alcohol y yo nunca hemos hecho buenas migas. Soy alérgica. Bebo y vomito. Debo de ser la única irlandesa en todo el mundo que no bebe. La última vez que me emborraché tendría unos veintitrés años, y fue en Nueva York. El día de san Patricio, en el Hotel Fitzpatrick, donde clavan un tablón al suelo del bar para proteger la alfombra de los vómitos, con un montón de alborotadores

---

[32] Cantante de la banda irlandesa The Pogues. Célebre por sus entrañables y épicas libaciones aderezadas con enteógenos de muy diversa naturaleza. (*N. del E.*)

Paddies que habían venido de Irlanda con el único propósito de beberse hasta el agua de los floreros.

Tomé café irlandés, aderezado con una horrible crema de menta. El caso es que acabé abrazada al retrete toda la noche mientras la habitación me daba vueltas. Eché hasta la primera papilla. Y estaba muy cansada, pero no podía dormir por culpa del café. Al día siguiente seguí vomitando. No he tocado ni una gota de alcohol desde entonces.

No me costó dejar de consumir ninguna de esas drogas, algo por lo que me siento muy afortunada.

Con la hierba jamás estoy del todo sobria. Cuando fumaba hierba no dejaba de trabajar. Me encantaba porque, cuando el mundo exterior no tenía sentido, yo podía quedarme en mi propio mundo. A la mayoría de los músicos les chifla la hierba porque enfatiza la música que llevas dentro y te ayuda a sobrellevar los ratos muertos en que estás mirando las musarañas, porque la hierba consigue convertir el no hacer nada en algo interesante. Hoteles, camerinos, autobuses, aeropuertos… una trabaja dos horas y media al día y el resto del tiempo espera sin descanso.

Sí, la hierba es mi debilidad.

UN SINTECHO EN SEMANA SANTA

El ser humano más increíble que conocí fue un vagabundo cuyo nombre no entendí. Perdóneseme la rima interna involuntaria. Sucedió poco antes de mi aparición en *SNL*, un Viernes Santo, en un restaurante de Nueva York lleno de gente blanca.

En la puerta apareció este afroamericano vestido con una larga gabardina tipo militar y, alrededor del cuello, un jack, que es el cable que conecta una guitarra con un amplificador.

Yo estaba sentada en la barra y todos los demás comensales blancos estaban sentados en sus mesas, y este hombre no parecía dar el corte para encontrarse en compañía de tan selecta clientela; razón por la cual el dueño del restaurante le invitó a dar media vuelta y luego lo acompañó hasta la salida, y tengo que decir que me quedé bastante sorprendida porque eso no es algo que suceda en mi país.

Regresó al minuto siguiente, o más bien a los cinco minutos de que lo pusieran de patitas en la calle. E hizo lo que me pareció lo más increíble que podía hacer un ser humano. Volvió al restaurante, entró, se detuvo a unos dos metros de la puerta, extendió los brazos y dijo:

–¿Alguien me da un abrazo? ¿Alguien quiere darme un abrazo?

«Genial», pensé. Eché a correr y me abalancé sobre él como un mono. Fui la única en hacerlo. Salté a sus brazos y me aferré a él como si fuera un bebé, envolviendo mis piernas alrededor de su cintura. Me aferré a él durante un buen rato.

Luego salimos y mantuvimos una conversación. No puedo recordar de qué hablamos, pero al acabar me regaló el cable que llevaba alrededor del cuello.

Creo que lo he perdido en alguna mudanza, la verdad es que ni sé cuándo pude perderlo; pero durante mucho, mucho tiempo fue como un tesoro para mí. Lo tenía colgado en la pared de mi dormitorio. Y a menudo pienso en él. Qué pedazo de genio. «¿Alguien me da un abrazo?»

«WAR», TERCERA PARTE – OCTUBRE DE 1992

Estoy muy emocionada. Voy a cantar en el concierto del Madison Square Garden para celebrar la carrera discográfica de Bob Dylan. Creo que me lo han pedido porque en todas las entrevistas afirmo que ejerció una gran influencia en mí, sobre todo en lo espiritual.

En lo que a mí respecta, su tema «Gotta Serve Somebody» traza la hoja de ruta para convertirme en el tipo de artista que quiero ser; y no solo como artista, sino como activista.

Bob Dylan actuando en tan sentido tributo a sí mismo (*cortesía de Columbia Records*).

De hecho, si no fuera por esa canción –y por cuanto en ella se dice sobre lo que deben hacer los músicos–, no me habría molestado en romper la foto del papa dos semanas atrás.

En el ensayo del día anterior, Willie Nelson se me acercó y me preguntó si al día siguiente del bolo me gustaría grabar con él «Don't Give Up», el tema de Peter Gabriel. Flipo. Si mi madre no estuviera ya muerta, ¡se moriría! Ella amaba de veras a Willie Nelson.

La canción que voy a interpretar en el Madison Square Garden es «I Believe in You», de *Slow Train Coming*. Cuando salió, llevaba mucho tiempo sin ver a mi padre, porque mi madre lo impedía y los tribunales de Irlanda se portaban como la mierda con los padres. Durante aquella época eché en falta la presencia de un adulto, y aquel álbum se convirtió en mi figura paterna.

Cuando intento cantar por primera vez «I Believe in You» lloro a mares, porque significa mucho para mí. Siempre sé que voy a cantar bien una canción si al principio me hace lloriquear. Lo mismo me pasó con «Streets of London». Tuve que salir corriendo del escenario tres veces. Lo mismo me pasó con «Don't Cry for Me Argentina» y con «Scarlet Ribbons». En algunas canciones, incluso cuando piensas en ellas, lloras. Como con «America the Beautiful».

De todos modos, dado que me emociono tanto, Booker T., sus muchachos –que ofician de banda de la casa– y yo creamos una versión suave como la seda, llena de susurros en el ámbito vocal. Aquí va a llorar hasta el apuntador.

Todo lo que quiero es que Bob se sienta orgulloso.

La mañana del concierto me compré un traje en Bergdorf Goodman. Solo porque me gusta el azul turquesa. Me gusta porque en el mundo de los médiums el turquesa es el color que simboliza la comunicación.

No me pruebo el traje en la tienda y al volver al hotel tampoco. Al final me lo pongo y me miro en el espejo, y veo que en realidad solo le sentaría bien a un personaje de *Dinastía*. Tienes que llevar un peinado *bouffant* para defender esas hombreras, y yo estoy calva como un huevo. Y mis piernas de ballet no quedan favorecidas con esa falda. Me veo ridícula y demasiado flaca porque rara vez pruebo bocado; pero ya son las cinco y es demasiado tarde para encontrar otra cosa. Así que me digo a mí misma que los médiums adoran este color y eso es todo lo que importa. Y sé que es verdad.

Por la noche, cuando salgo al escenario y la mitad del público empieza a abuchearme, por un segundo creo que es por el conjunto que llevo. Porque, con la emoción de formar parte de este espectáculo, me he olvidado del incidente de la foto del papa en *SNL*.

Y entonces la otra mitad del público comienza a aplaudir para sofocar los abucheos. Y me abruma un estruendo como nunca antes he escuchado, un ruido que no puedo describir más que comparándolo con un trueno que nunca termina. El ruido más fuerte que he oído. Como al romper la barrera del sonido, como si el cielo se estuviera desgarrando. Me hace sentir náuseas y casi me revienta los tímpanos. Y, por un minuto o dos, no estoy segura de que la gente del público no se vaya a amotinar. Ya están a la gresca a grito pelado. ¿Cómo sé que la cosa no va a ir a más?

Estoy parada en el escenario. Me doy cuenta de que si empiezo a cantar estoy jodida, porque nuestra versión solo funciona si susurro la letra, y las dos facciones del público van a ensordecer nuestra actuación. Y no puedo permitirme el lujo de no ser escuchada; los que me abuchean se lo tomarían como una victoria.

El maravilloso Booker T y yo nos miramos. Él me está diciendo las palabras «Canta la canción», pero yo no hago caso.

Ahora le pregunto a Dios qué debo hacer. Sigo dando vueltas por el escenario, lo que es un incordio para todos en el backstage porque el espectáculo tiene que seguir como estaba previsto, así que alguien despacha a Kris Kristofferson (esto me lo cuenta él después) para «sacarla del escenario». Mientras se dirige a mi encuentro, obtengo una respuesta de Dios: debo hacer lo que haría Jesús. Así que con la mayor rabia que tengo en mi interior grito «War», el tema de Bob Marley con el que destrocé la foto del papa. Y luego casi enfermo.

Veo a Kristofferson que viene a mi encuentro. Estoy pensando que no necesito que ningún hombre me rescate, gracias. Siento vergüenza.

–No dejes que estos cabrones te ganen la partida –me dice al micrófono. Salimos del escenario y casi le vomito encima cuando me da un abrazo.

Después, recuerdo que pensé que Bob Dylan debería haber salido en mi defensa para decirle a su público que me dejara cantar. Me cabrea que no haya movido un solo dedo. Así que le miro como si él fuera mi hermano mayor y acabara de contarles a mis padres que he vuelto a hacer novillos. Me observa fijamente, desconcertado. Está muy guapo con esa camisa y esos pantalones blancos. Son los treinta segundos más raros de toda mi vida.

Al día siguiente de lo del Madison Square Garden voy a visitar al mánager[33] de Dylan a su oficina. Le cuento lo que ha pasado con la iglesia de Irlanda, cómo han violado a –y se ha abusado de tantos– niños y cómo la iglesia lo ha estado consintiendo y encubriéndolo todo. Le pregunto si él y Dylan me ayudarían a sacarlo a la luz. Cree que estoy loca. No me ofrece ninguna ayuda. Ni él ni Dylan van a hablar por mí. Estoy sola. (Me pregunto si ahora todavía piensan que estoy loca.)

Mi padre, que aquella noche se encontraba entre el público, me aconseja después que podría ser el momen-

---

[33] Refiérese la autora al plenipotenciario y fiel escudero del bardo de Minnesota, el Excmo. Jeff Rosen. (*N. del E.*)

to ideal para volver a la universidad, porque acabo de tirar mi carrera por la borda. Tiene razón. Aunque no me importa. Hay cosas por las que vale la pena echar al traste una carrera. Y, de todas formas, ya no quiero una carrera de estrella del pop porque nadie me conoce y me siento muy sola.

MI HIMNO AMERICANO

Después de lo de *SNL* la cosa se puso mucho más tensa que un par de años atrás, cuando se desató otra controversia.

Es 1990, y en los últimos días, he visto algunas imágenes en noticieros que me han hecho desternillarme en las habitaciones de los hoteles donde me hospedo. Estoy de gira por América y, al parecer, en algunos pueblos y ciudades la gente se ha dedicado a amontonar copias de mis discos en las esquinas.

«Tráenos tu álbum de Sinéad O'Connor y lo aplastaremos por ti», es la consigna. Adelante, atrás, adelante, atrás... Hay unos viejos (de narices puntiagudas) con una mala leche impresionante que manejan unas apisonadoras sobre montones y montones de CDs. Creo que jamás he visto nada tan divertido. Tampoco la artista irlandesa que hay en mí se ha sentido jamás tan orgullosa como hoy, cuando, oculta tras unas gafas de sol y una peluca, frente al Saratoga Performing Arts Center de Nueva York, entre la prueba de sonido y la hora del espectáculo, tengo la inmensa dicha de unirme a mi mejor amiga, Ciara, en una protesta contra mí misma. Con falso acento americano, charlamos con los cinco o más veteranos de Vietnam que fueron los únicos que se presentaron a una manifestación auspiciada por un locutor local.

Digamos que estaban «entrados en carnes», todos eran varones y tres de ellos llevaban unas gafas redondas enormes con montura negra y lentes de culo de vaso que hacían que sus ojos parecieran gigantescos. Lo habían preparado todo con sumo esmero y llevaban orgu-

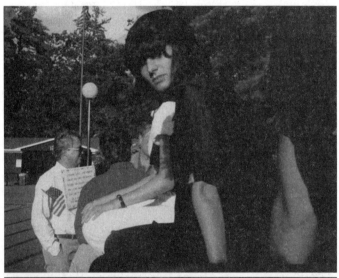

Sinéad disfrazada de manifestante contra sí misma (*Susie Davis*)

llosas pancartas que no dejaban duda alguna al respecto:
yo tenía que largarme de América de inmediato, porque
LO ÚNICO QUE SINÉAD O'CONNOR AMA DE AMÉRICA ES
EL DÓLAR.

Espero que no sea preciso aclarar que se equivocaban.
Solo una idiota no amaría a América. Además, solo un
tonto de remate dejaría América por cualquier otra razón que no sea la deportación. Y sea lo que sea aquello de
lo que se me acusa, estoy segura de que mi estatus sigue
siendo el de no expulsada. Ahora más que nunca, porque
si fuera una tonta de remate nadie tendría que estar tri-
turando mis discos.

Esto es algo muy bueno.

Con toda la pasión del mundo, Ciara y yo nos mos-
tramos de acuerdo con los manifestantes en que «Sinéz
Ocónorr», y todos los de su calaña, deberían «volver cagando leches a Ir Landa». Y que «ella es mala malísima y
trata de corromper a nuestros retoños». Y que «¡De ninguna manera puede ser cristiana!». Incluso nos tomamos
fotos con ellos, para que puedan ponerlas en sus álbumes
de recortes. Pobres criaturas, tan orgullosas de que dos
jóvenes tan agradables les apoyaran.

Después de unos veinte minutos, las damas nos subimos a una valla de madera y nos sentamos a ver cómo con-
tinuaban cumpliendo con su cometido, yendo de un lado
a otro con esos carteles. Se presentó un equipo de los in-
formativos de televisión, porque días atrás la prensa había
tratado de suscitar una gran protesta; pero, por lo visto,
diríase que les salió el tiro por la culata y aquellos chicos
eran los únicos manifestantes a los que podían filmar.

Acto seguido, una reportera de televisión local (morena, con seis años de maquillaje) se nos acerca con un
cámara y un técnico de sonido que carga un ridículo y
flácido micrófono sobre nuestras cabezas.

–¿Perrdón, perrdón, señorita, ess ussted de porr acá?"
–me pregunta.

Decido contestar «Ay», una y otra vez. Luego me atrevo a decir:

–Ssoy de Ssaratoga.

Ciara y yo intentamos no reírnos ni mirarnos.

–¿Y cómo sse llama ussted? – me pregunta la periodista.

–Ay. Prefiero no dessirle mi nombre a loss dessconossidos –replico.

Apenas logramos mantener el equilibrio sin caernos de la valla.

Por suerte, se fueron rápido. Les parecimos demasiado extrañas. Aunque lo sacaron más tarde en las noticias, en una pieza rotulada «¿Es ella?» Repitiendo sin cesar el material de mi «entrevista». ¡Ajá, ajá, ajá, ajá!

Toda esta tontería sucedió porque un par de meses atrás, antes de que yo saliera al escenario en algún lugar de Nueva Jersey, dos caucásicos (como dicen en América), un hombre y una mujer, vinieron a mi camerino. Me preguntaron qué me parecería si «The Star-Spangled Banner», el himno nacional americano, sonaba por los altavoces antes de mi actuación.

OK, mea culpa. Ahora bien, dado que en el lugar de donde provengo hablamos inglés, a juzgar por la fraseología de su pregunta –y por el mismo hecho de que la formularan como una pregunta– entendí que lo que me decían era que si no me parecía bien que sonara el himno. ¿Que no suena el himno americano? Vale, pues no pasa nada.

¿Entre tú y yo? A menos que lo toque Jimi Hendrix, todo himno plantea muchas y muy petrificantes asociaciones para los estirados del mundo. Además, la mayoría de la gente viene a los conciertos para olvidarse del mundo exterior, no para que se lo recuerden. Pero tenía unos diez minutos hasta el momento de salir al escenario y necesitaba meterme los cables por la parte de atrás de la camisa y hacer las típicas últimas micciones de puro pánico, así que dije que, si de mí dependía, prefería que no sonara. No les di ninguna explicación. Ellos sonrieron con dulzura y comentaron que les parecía «muy bien» y que ojalá tuviera «un gran espectáculo».

En realidad, todo fue un extraordinario montaje. Mientras estaba en el escenario, aquellos dos cantamañanas llamaron a un programa de noticias de la televisión local y crearon un alboroto nacional al informar falsamente que yo me había puesto en contacto con ellos para exigir que no sonara el himno antes del espectáculo. También afirmaron que yo les había dicho que si sonaba el himno no tocaría, lo cual es absolutamente falso. El seguro de la gira jamás cubriría una decisión así. (Ya he dicho que no soy idiota.)

Sigue el frenesí en los medios de comunicación. «Sinéad, enemiga de América». Justo en el punto más álgido de la gira.

El listo de MC Hammer me envía públicamente un cheque por valor de un billete de primera clase a Irlanda. El cheque, como él, hiede a timo. Incluso yo puedo ver que lo hace movido por la arrogancia típica de un hombre de negocios: porque sabe que dentro de unos años esa cosa va a valer mucho más que la cifra que ha garabateado de mil quinientos dólares.

En realidad, ahora que lo pienso, hay una razón para largarme de América: los vídeos de MC Hammer. Por los clavos de Cristo.

Frank Sinatra entra en liza; opina que deberían patearme el trasero, lo cual es preocupante porque me alojo en el mismo hotel que él. Puede que nos topemos en el ascensor, y creo que en Dublín mi padre no se pondrá contento si le cuento que, en defensa propia, tuve que zurrarle la badana al Viejo Ojos Azules.

Temo encontrarme una cabeza de caballo en la cama.

Me halaga que el *establishment* me considere una amenaza y, por ende, intente desacreditarme, junto con todas las demás bandas y artistas que han sido atacados en esta censura musical que América tiene a gala llevar a cabo desde *Straight Outta Compton*.[34] Está claro que todos nos traemos algo entre manos. Más claro que el agua que todos llevamos desde siempre trayéndonos algo entre manos. Y también sé de qué se trata: somos como el espejo en *Blancanieves*.

---

[34] Largometraje estadounidense de 2015 con dirección de F. Gary Gray, basado en hechos reales. Crónica del ascenso y caída del colectivo rapero N.W.A., entre cuyos miembros figuraban los célebres Ice Cube, Eazy-E, MC Ren, Dr. Dre y DJ Yella. (*N. del E.*)

TERCERA
PARTE

ALGUNOS APUNTES MUSICALES

Estoy segura de que parte de la razón por la que me convertí en cantante fue porque no podía ser sacerdote, dado que tenía vagina y un par de (insignificantes) pechos. Siempre me interesó trabajar con moribundos, porque siempre he sido alguien que cree a pies juntillas en la vida después de la muerte y en cómo no es necesario temerle a la muerte, cosa que discerní tras devorar los Evangelios. Me imaginé que esa era la razón por la que Jesús vino al mundo. Eso pareció calar tan hondo en mí que solo ahora –mientras escribo sobre mis canciones– me he dado cuenta de que muchas de ellas tratan de la muerte o de conversaciones con moribundos, o emanan de un narrador que, en realidad, es alguien que está muerto.

De hecho, el primer tema que escribí, «Take My Hand», presentaba a un ángel cantando a un anciano moribundo: «Ven conmigo. Todo será color de rosa». Era un tema inusual para una chica de catorce años.

En este libro he escrito sobre mi educación y mi juventud, sobre cómo llegué a convertirme en artista, pero aún no he dicho gran cosa sobre las canciones o los álbumes que he grabado. Y se me ha ocurrido que tal vez sea útil compartir toda la información que puedo dar sobre mis obras. Siempre digo que si se pudiera hablar de la música, no se necesitaría música, ya que la música es para las cosas que no pueden abordarse con palabras.

Por favor, tened en cuenta que cada álbum viene a ser como una suerte de diario y que cada canción es un capítulo de dicho diario. Y el conjunto de estos álbumes es una parte de mi largo viaje hacia la curación. Cuando era más joven escribía desde un lugar lleno de dolor porque necesitaba desahogarme. Pero luego llegué a grabar *Theology*, que parte de las Sagradas Escrituras, y me situé en un espacio de curación. Y el primer álbum que escribí en su totalidad desde dicho espacio es *I'm Not Bossy, I'm the Boss*. Y es en ese lugar donde se fundamenta la esencia de mi escritura. Después de todo, no tiene sentido emprender un viaje hacia la curación si no te vas a curar tú misma.

Y también es cierto que, si alguien quiere conocerme de verdad, la mejor manera de hacerlo es a través de mis canciones. En este libro no hay nada que pueda escribir o decir que ayude a nadie a conocerme. Todo está en las canciones.

I DO NOT WANT WHAT I HAVEN'T GOT

«Jackie» es el tema que recuerdo haber escrito después de «Take My Hand»; yo tendría unos quince años. Aquel tema acabó apareciendo en *The Lion and the Cobra*. Hacía poco había visto en televisión una obra de teatro sobre una anciana escocesa que estaba a punto de morir. Ella pasaba el tiempo descorriendo las cortinas para mirar por la ventana, a la espera de ver cómo su desaparecido marido regresaba de un viaje de pesca que había tenido lugar cuarenta años antes y en el transcurso del cual se había ahogado. No habían tenido hijos, y ella nunca conoció a nadie más.

De algún modo, aquello me inspiró para componer «Jackie», que versa sobre un personaje que vaga por la playa esperando el regreso de alguien que ha muerto. En mi canción, el narrador es un fantasma.

La gente siempre presupone que mis temas son autobiográficos, pero eso es cierto solo la mitad de las veces. A menudo se equivocan, sobre todo cuando suponen que una canción trata sobre la enfermedad mental. Aunque esto no parece ser el caso con «Jackie». Es interesante que esta canción se adscriba a la categoría de letras cantadas desde el punto de vista de alguien que ha fallecido. Ya entonces yo parecía interesada en la vida después de la muerte, en no creer que la muerte es el final de nuestro tránsito, y este era un interés patente tanto en el ámbito espiritual como en el musical.

Como ya he dicho, todo esto nace de mi imposibilidad de ordenarme sacerdote. Podría haberme hecho misionera, pero la mejor alternativa era la música.

Ya he dicho que «Drink Before the War» (¡no tengo ni idea de dónde salió ese título!) surgió de la ira contra mi director en Waterford, alguien que detestaba la mera posibilidad de que yo quisiera dedicarme a la música. A mí no me importaba una mierda, porque aquel director era un esnob y un mindundi, un cobardica. La canción significó mucho para mí cuando la escribí, pero ya no la interpreto más porque me siento avergonzada: cantarla es como leer en voz alta tu diario de adolescente.

Todavía interpreto «Never Get Old», también escrita cuando tenía quince años o así, y que también se coló en mi primer álbum. Es sobre Ben Johnson, el chico más guapo del cole. Todas las chicas querían salir con él, no solo porque fuera el más guapo, sino porque también era el más misterioso. Era cetrero: entrenaba halcones. Era muy amable y rara vez decía esta boca es mía. Como ya he dicho, al final conseguí salir con él; un día me llevó a ver a su halcón y pasamos una tarde increíble. Creo que al final nos besamos una o dos veces. Y luego me dejó, aunque lo hizo muy bien. Es probable que yo besara fatal. Aun así, aquello me dejó hecha polvo. Todo eso me animó a componer «Never Get Old».

«Mandinka» se inspiraba en *Raíces,* la serie televisiva basada en la novela de Alex Haley sobre la esclavitud. Era muy joven cuando la vi, y me conmovió tanto que provocó en mí una respuesta visceral. Vista la especie de teocracia en la que vivía, y a la luz de la opresión que reinaba en mi propio hogar, llegué a sentirme muy identificada con el movimiento de los derechos civiles y contra la esclavitud.

En lo musical, grabar «Mandinka» también supuso un gran avance para mí. Aquella grabación fue la primera ocasión en que tuve el valor de tocar la guitarra correctamente; Chris Birkett, el productor, y Chris Hill, de Ensign, me apoyaron mucho durante todo el proceso. La primera vez que la toqué para Chris Hill, estaba segura de que él pensaría que era una mierda pinchada en un palo. Pero, curiosamente, mi experiencia, cuando he acudido a alguien con canciones que temía que fueran una auténtica mierda –como con «Reason With Me», sobre un personaje que pedía ayuda para encauzar su vida–, es que a la gente le encantan. Y estaba muy orgullosa de haber logrado tocar la guitarra para ese tema porque, bueno, el caso es que no soy una gran guitarrista.

Cuando recuerdo los temas de *I Do Not Want What I Haven't Got*, veo de nuevo que la obsesión por la muerte, por morir y comunicarse desde el más allá, está omnipresente en toda mi obra. En la primera canción, «Feel So Different», estoy hablando con mi madre. Y «I Am Stretched on Your Grave», que, en realidad, es un viejo poema irlandés, trata sobre la muerte. Usé las bases de batería de un famoso tema de James Brown que empezaba a aparecer en muchas pistas de rap y la discográfica me hizo pagar cincuenta mil dólares, que apuesto a que no fueron a parar al baterista de James Brown. Me encanta cantarla y siempre pienso en mi madre cuando lo hago. A menudo, cuando estoy de gira, si un ser cercano acaba de morir le dedico «Stretched on Your Grave» a esa persona.

Una tercera canción sobre la muerte es «Three Babies», que habla de los tres abortos espontáneos que he sufrido. También trata sobre los cuatro hijos que he tenido, aunque la canción es quizás una profecía sobre lo que te aguarda por no ser una madre perfecta. Albergas todos esos sueños sobre cómo ser una madre perfecta para tus hijos, pero tal vez no siempre lo seas (aunque, la verdad sea dicha, a medida que creces vas mejorando).

«Black Boys on Mopeds» está basada en una historia real que tienen por protagonistas a dos adolescentes cerca de donde yo vivía en Londres. Habían cogido sin pedir permiso el ciclomotor de un primo; alguien llamó a la policía y los persiguieron y, al saberse perseguidos, aquellos chicos se asustaron, tuvieron un accidente y murieron. Sucedía esto en una época en la que se desató un escándalo en Londres por la desaparición de varios hombres negros en las comisarías. En aquella época, en Londres, cuando detenían a un ladrón siempre se le tildaba de «ladrón negro» (o, alternativamente, de «ladrón irlandés»). Había mucha tensión entre londinenses, por un lado, y jamaicanos e irlandeses del otro.

El enorme sencillo del álbum, mi versión del «Nothing Compares 2 U» de Prince, era una canción que siempre le cantaba –y siempre le estoy cantando– a mi madre. Cada vez que la interpreto me siento como si de verdad pudiera pasar tiempo con mi madre y me veo hablando con ella otra vez. Como si creyera que ella está ahí, que puede oírme y que puedo conectar con ella. Por eso lloro con el verso: «Todas esas flores que plantaste, mamá, en el patio trasero, murieron cuando te fuiste». Me encanta esa canción y nunca me canso de cantarla.

El tema que da título al álbum, «I Do Not Want What I Haven't Got» también me llegó de una manera muy oscura e interesante. Fui a ver a una médium y mi madre se nos apareció. Ella le pidió perdón a mi hermana por lo que nos había hecho a todos, pero mi hermana no la perdonó. Y aunque yo lo entendía, aquello me entristeció mucho por el alma de mi madre. Yo era muy joven y no sabía nada.

Aquella noche soñé con mi madre por primera vez desde su muerte, acontecida año y medio antes. En el sueño le dije a mi madre que lamentaba mucho que Éimear no pudiera perdonarla. Mi madre respondió:

–No quiero lo que no tengo.

Lo que mi madre quiso decir es que no merecía el perdón de mi hermana y que era muy consciente de que no lo merecía, así que yo no tenía que sentir lástima por ella.

En mi primer y en mi segundo álbum aparece con frecuencia el tema de la muerte y del morir. Pero también me he dado cuenta de que hay un montón de canciones sobre mi creencia en el mundo de los espíritus; no todo es «Vaya, vaya, mira cuántas canciones lúgubres sobre la muerte». No, no es así. Hay canciones que propugnan la idea de que los Evangelios son la verdadera palabra de Dios y las Sagradas Escrituras de la antigüedad son verdaderas. Y que no existe la muerte, que es lo que nos han venido diciendo todos los mensajeros de Dios, sin importar la religión de la que provengan.

AM I NOT YOUR GIRL?

No estaba preparada para la clase de éxito que obtuve con *I Do Not Want What I Haven't Got*. No era lo que buscaba. No sabía cómo manejarlo. Aquello me hizo perder la cabeza. No sabía por qué a toda esa gente le gustaban mis canciones. Al cantarlas frente a todas esas cámaras, por todo el mundo, en programas de televisión, no sabía dónde estaba, pero sí sabía que no estaba con mi hijo. Ya no sabía quién era. No me sentía cómoda ni en el papel de estrella del pop ni con sus servidumbres.

Musicalmente, no quería agobiarme grabando el típico segundo álbum. Necesitaba de veras una cortina de humo. Así ganaría tiempo para poder grabar el segundo álbum que de verdad quería hacer y no el que la discográfica me exigía. Un segundo álbum que obrara de cortina de humo, que estuviera alejado de las putas expectativas del mundo del pop, que nadie pudiera comparar con nada. Eso es lo que hice con *Am I Not Your Girl?*

El álbum está lleno de piezas de musicales y estándares de jazz. Mi única aportación personal se observa en un éxito de Loretta Lynn titulado «Success Has Made a Failure of Our Home». Porque, en realidad, soy yo la que habla de lo que el éxito ha provocado en mi vida. Al final, me inventé unas palabras que tienen algo de autobiográfico: cuando se acaba la letra, de repente empiezo a gritar: Am I not your girl? [¿Acaso no soy tu chica?]. Era la única parte del álbum que parecía ir en la onda de *I Do Not Want What I Haven't Got*.

También incluí «Don't Cry for Me Argentina», porque a mi madre siempre le había gustado esa canción. Para mí significaba mucho. Lo que también significó un mundo para mí fue una carta que recibí de Tim Rice, el autor de la letra, en la que afirmaba que, sin ninguna duda, mi versión era la mejor que había escuchado. Si mi madre no estuviera criando malvas se habría muerto de orgullo y alegría.

«Scarlet Ribbons» también está en ese álbum. Es un tema que mi padre me cantaba de niña. Por eso lloro en mi versión. Es una canción muy profunda y está llena de significado para mí. Al cantarme aquella canción, mi padre me hablaba del poder de la oración y de que a veces ocurren milagros. La historia de la canción me impresionó mucho. Supongo que mi padre también ponía una voz muy triste al cantarla, lo que me entristecía, de la misma manera que mi hija se acongojaba cuando yo se la cantaba de niña. Cuando oía la canción en la radio, decía:

–Es demasiado triste, quita eso, quita eso.

UNIVERSAL MOTHER

Por muchas, muchas razones, pienso con frecuencia en *Universal Mother*, el disco más especial que he grabado jamás, y una de esas razones tenía que ver con mi padre. Durante muchos años asistí a clases de canto impartidas por un caballero llamado Frank Merriman, que enseñaba un estilo denominado *bel canto*. La expresión significa literalmente «canto bello» y proviene de Italia, de principios del siglo XIX. No tiene nada que ver con escalas ni con la respiración ni nada por el estilo. La idea es que sean las emociones las que te conducen a las notas. Cuando vivía en Londres, al grabar mis dos primeros discos, yo cantaba con acento americano. Cantaba como toda la gente a la que idolatraba. Jamás canté con mi propio estilo. En los años 80 no estaba de moda cantar con acento irlandés. De hecho, fue Bob Geldof el primero que se atrevió a hacerlo.

No empecé a cantar con acento irlandés hasta que fui a tomar clases con Frank Merriman, cosa que hice porque cenaba a menudo con él y con mi padre cuando pasaba por Dublín, y me impresionó mucho lo que comentaba a propósito del canto. Se describía a sí mismo como un liberador de voces, no como un profesor de canto, y describía el canto como un estudio espiritual, cosa que, en su presencia, así sentía. Solo al estudiar con él empecé a usar mi propia voz y pude contar cosas que me importaban sin tener que codificarlas, como había hecho en álbumes anteriores. Frank liberó algo más que mi voz: me liberó la mente. En el *bel canto* no puedes hacer una cosa sin la otra.

Frank te hacía cantar arias de ópera, como «O mio babbino caro» de Puccini, en un tono demasiado alto para ti. Y justo cuando se acercaba a la nota más alta –y sabías que ibas a hacer un ridículo absoluto– te lanzaba una manzana o una pelota de tenis y estabas tan ocupada tratando de esquivarla o de atraparla que aquella nota te bro-

Mi querido profesor de canto Frank Merriman (*Irmantas Bauza/The Bel Canto School of Singing*)

taba de dentro. Era su manera de mostrarte que tú misma estabas bloqueándote: era el método Stanislavski adaptado al canto. Si conseguías salir del ensimismamiento, si lograbas contar la historia y sentir de veras veías que todas las notas ya estaban en ti. Frank solía decir esto:

–Ahora mismo, si se desatara un incendio en esta habitación, podrías gritar «¡Fuego!» en la octava más alta que hay. Pero si intentaras alcanzar esa nota sin que hubiera llamas, no la alcanzarías.

Así que el *bel canto* consiste en ver las imágenes, contar la historia, creérsela de verdad y creer que las notas te llevarán a las emociones. No tiene nada que ver con aprender a respirar, ni con el diafragma, nada de eso. La única imposición técnica es que siempre debes vocalizar con tu propio acento; al alcanzar los catorce años los músculos ya están plenamente formados y dichos músculos son los que conforman el sonido de tu acento, de lo que se deduce que cuando impostas otro acento acabas teniendo problemas con las cuerdas vocales. Por eso vemos a Bono, Adele y otros artistas que impostan la voz con problemas vocales: han constreñido las cuerdas vocales para actuar de una manera para la que no están diseñadas.

En 1993 me mudé a Dublín para asistir a clases de canto grupales, que se impartían los sábados, y tomar clases privadas con Frank. En las clases grupales había unas veinte personas. Algunos solo querían cantar en fiestas. Otros querían cantar profesionalmente. Otros (como mi padre) solo querían darse el gusto de asistir a una clase de canto, y allí se aprendía que el alma de cada uno es individual y hermosa, pero que el timbre del alma no aflora hasta que uno canta con su acento verdadero. Y eso es lo realmente hermoso.

A partir de las lecciones de Frank, desarrollé un truco que a veces sigo utilizando en el escenario. Mientras actúo, golpeo el suelo con el pie y pienso en ese mismo pie. No pienso en las notas que tengo que cantar, porque si pienso en las notas estoy jodida. Pienso en cualquier cosa menos en las notas que tengo que alcanzar.

Fue durante esas lecciones cuando supe de los grandes sacrificios que una persona puede hacer por amor al canto.

De joven, Frank se fue a Italia y vivió en un banco del parque durante un año porque no podía permitirse pagar un alojamiento. Solo tenía dinero para estudiar. Más tarde volvió a Dublín para dar clases, gracias a Dios.

Como he dicho, fue Frank quien me enseñó a cantar con mi propia voz y a encontrar mi propio espíritu. Gracias a tan valiosas enseñanzas pude abordar temas que me interesaban de veras. Aunque oficialmente *Am I Not Your Girl?* era mi tercer álbum, en realidad no era sino una cortina de humo. En *The Lion and the Cobra* y en *I Do Not Want What I Haven't Got* había cantado sobre mi infancia y mi adolescencia, pero sin decir gran cosa. Ahora las cosas iban a ser muy distintas.

Lo que me lleva de nuevo a *Universal Mother*, mi disco de 1994. Phil Coulter, un hombre maravilloso cuyos nueve hijos nacieron cada uno a los nueve meses del día en que regresaba de una gira, produjo la mayor parte del álbum. Phil está casado con Geraldine Brannigan, una cantante a la que yo había admirado desde siempre. Phil es un excelente pianista. También escribió un tema del álbum titulado «Scorn Not His Simplicity».

Una de las razones por las que estoy tan orgullosa de *Universal Mother* es que The Edge, de U2, confesó que solo pudo escucharlo una vez, porque era muy personal. Ya he comentado cómo Nigel Grainge afirmó lo mismo a propósito de *I Do Not Want What I Haven't Got,* el álbum que incluye «Nothing Compares 2 U». Afirmó que era como leer el diario de otra persona, y que no le interesaría a nadie. Creo que el pobre The Edge no opinaba lo mismo. Más bien sintió todo el dolor que hay en él.

Universal Mother también recibió la mejor reseña que jamás se ha escrito sobre un álbum mío, escrita por el difunto Bill Graham, que trabajaba para una revista irlandesa llamada *Hot Press*. En su reseña afirmó que era la primera vez que alguien cantaba sobre su familia en un país donde el tema de la familia es tabú, pero que como artista yo lo llevaba intentando desde el principio: siempre me había propuesto ir hasta el fondo del asunto, pero claro, ahora cantaba con otro acento y actuaba como otra persona. Todo estaba muy codificado, pero era obvio que quien cantaba aquí era una chica vulnerable y no necesariamente una Bambi que iba de dura con botas de militar, como creía todo el mundo.

Debo admitir que en la vida he estado tan colocada como en Ámsterdam, grabando con Tim Simenon, que me produjo los temas «Fire on Babylon», «Famine» y «Thank You for Hearing Me». Dios, fumamos muchísima hierba. No sé cómo me las arreglaba para mantenerme en pie, ni cómo logré cantar.

«Fire on Babylon» trata sobre mi madre. No voy a perderme en los detalles, pero tiene que ver con algo que descubrí que le había hecho a uno de mis hermanos y que me molestó mucho. En honor a la verdad, debo decir que me cuesta mucho enfadarme con mi madre. Es algo que me ha ayudado a sobrevivir: me he convencido de que ella no sabía lo que se hacía. La gente hace cosas así, pero, por fortuna, me he desecho de toda esa rabia y puede que al aceptarlo haya madurado. Incluso en el vídeo se puede ver lo furiosa que estaba con ella al mostrarme ofreciéndole a esa pobre figura maternal una tarta de cumpleaños que le explota en la cara.

Me gusta mucho «John, I Love You». Me encanta ese tema. La gente sospecha que la escribí sobre mi hermano John, pero no es así, aunque a veces la asocio con él. Esta es la historia: en la escuela de Frank Merriman yo tenía un profesor de piano, John Stokes, del que estaba locamente enamorada. Por supuesto, no le interesaba en absoluto porque era bastante sensato y sabía que yo estaba loca de remate y que era la última mujer a la que un hombre debería acercarse. Aun así, éramos amigos y yo le tenía mucho cariño, le quería mucho, mucho. Entonces era yo una zote al piano, algo que no ha mejorado: cuando se trata de tocar la guitarra o el piano soy un muñón. (Sobre todo con el piano.) En cualquier caso, ese tema trata sobre John Stokes.

«My Darling Child» trata sobre mi hijo Jake. En realidad, es una canción de cuna y una canción de amor.

A decir verdad, Jake canta y compone su propia canción en ese disco (de cuyos derechos disfruta), titulada «Am I a Human?». Solo tendría unos tres años, pero se acercó a un micrófono en casa de su padre y de repente le salió toda esta increíble filosofía.

«Red Football» aborda el hecho de que en este álbum fue la primera vez en mi vida en que me convertí en mí misma y empecé a ver realmente lo chapucera que había sido en mis primeros veintidós años de vida; por fin me estaba dando cuenta.

«A Perfect Indian» es un tema sobre Daniel Day-Lewis; la gente cree que tuvimos una aventura, pero no es cierto. Nos estábamos haciendo muy amigos hasta que lo eché todo a perder al montarle un pollo una noche, comportándome como a veces hago, como una chiflada. Por desgracia, ese tipo de comportamiento es una de las taras que me dejó mi infancia, así que la canción trata tanto de mi educación como de la de Daniel. En aquella época él estaba filmando *El último mohicano*, así que por eso se titula «A Perfect Indian». No es que estuviera enamorada de él. (No lo estaba.) Pero le tenía mucho cariño como amigo. Todavía nos tenemos mucho cariño, aunque apenas le he visto una sola vez en los últimos veinticinco años.

La canción «All Babies» trata de la única sesión de renacimiento a la que asistí, y me dejó completamente alucinada. Fue como ir puesta de tripi –aunque yo todavía no lo había hecho– y tuve una experiencia mágica. Esta canción también influyó en el cuadro que aparece en la carátula del álbum, que es la única portada que he dibujado yo misma. Eso me hace preguntarme: ¿dónde estará el dibujo original? Puede que se haya perdido en algún lugar de los archivos de Chrysalis o de EMI, o que lo hayan vendido o algo así, aunque, desde luego, me encantaría recuperarlo.

Escribí «Thank You for Hearing Me», el último tema de *Universal Mother*, sobre mi ruptura con Peter Gabriel. Había tenido una relación intermitente con él, en la que básicamente yo era su «rollo de fin de semana», siendo esta la forma más amable de describirlo. Y al final me harté de ser un mero rollo de fin de semana y escribí esta especie de canción de ruptura. Pero con los años se ha convertido en mi canción favorita en directo, porque es como un mantra: logra llevarte a la estratosfera, a un estado similar a la hipnosis.

Creo que Tim Simenon me hizo las bases. Con su repetición todos –cada nota, cada línea de bajo, la batería, el público–, todos entrábamos en trance. Me resulta muy difícil describir de dónde salió esta canción. Interpretarla supone una experiencia casi eclesiástica, a falta de una palabra mejor. Y estoy muy, muy orgullosa de que sea una canción de ruptura, teniendo en cuenta el hecho de que, cuando cae en la cuenta de que la han tratado como un mero rollito de fin de semana, una tiene todo el derecho del mundo a romper todos los platos de la vajilla.

En cuanto a «Famine», sí, recuerdo haber acudido a un programa de televisión en Londres y haber intentado interpretar ese tema en mitad de graves tensiones políticas entre Irlanda e Inglaterra; me dijeron que no debía tocar esa canción porque era demasiado política. Mi gente le dijo al productor:

–Un momento. Si estuviera aquí Bob Dylan, ¿le dirías que no puede interpretar «The Times They Are A-Changin'»?

Era imposible no estar de acuerdo. Al final conseguimos interpretarla en directo en la televisión británica, al menos en una ocasión. Obviamente «Famine» es una canción sobre Irlanda y sobre cómo todo el mundo cree que hubo una hambruna en el siglo XIX, aunque en realidad, había mucha, mucha comida en el país, solo que la estaban enviando fuera. Bueno, el caso es que si eras irlandés y te acercabas a cualquier cosa que no fuera una patata, te mataban a tiros. Denominarlo «hambruna» es una mentira.

Fue una canción polémica, aunque de no haberla compuesto no habría conocido al padre de mi hija, que escribió sobre ella en los mejores términos. Él se llama John Waters y nos vimos para hacer una entrevista sobre esa canción. Si no lo hubiéramos hecho, si esa canción no hubiera ocurrido, nuestra hija Roisin nunca habría nacido.

GOSPEL OAK

Gospel Oak se titula así por el barrio londinense donde visitaba a un terapeuta seis veces por semana. Se llamaba Morton Schatzman y era un viejo psiquiatra judío cuyo perro solía sentarse a sus pies, momento en el cual el chucho procedía a lamerse las pelotas. Aquello era un poco incómodo. Mientras tanto, allí estaba yo, sentada, tratando de explicar lo que me pasaba. Lo que me gustaba del Dr. Schatzman era que afirmaba que uno acude a terapia para descubrir que no le pasa nada. Aunque, a decir verdad, cuando su perro se lamía las pelotas sí había algo malo en mí. Soy irlandesa, así que me sentía un poco incómoda, por decirlo de algún modo.

Pero le tenía mucho, mucho cariño a aquel hombre, y, en muchos sentidos, tal vez estaba incluso locamente enamorada de él, como sucede a menudo[35] con tu terapeuta. En aquella época, él era la única persona que se mostraba amable conmigo. Yo me sentía muy sola, y por eso iba allí seis veces por semana. Probablemente me sentía sola porque tenía una personalidad difícil. En aquel momento no me di cuenta; era joven. Y también por mi trabajo, supongo.

---

[35] Todo el que ha pasado por el diván de un *shrink* (psicoanalista) sabe, a buen seguro, a qué se refiere la artista –proceso conocido como amor de transferencia en la literatura psicoanalítica–. (*N. del E.*)

De todos modos, aparte de «All Babies», la única canción que se escribió sola fue «This Is to Mother You». A veces los artistas dicen que sienten que están canalizando algo. Yo no siento que suceda de ese modo. En todo caso, lo que estás canalizando es tu subconsciente, que puede estar hablándote. Y tienes que tener mucho cuidado con lo que escribes, porque cualquier compositor te dirá que las canciones siempre se hacen realidad. En este caso me limité a escuchar algo dentro de mí, lo saqué con la guitarra y lo canté.

En realidad, un enfoque muy similar operó en todos los temas que brotaron de mi subconsciente en *Gospel Oak*. «I Am Enough for Myself» era una meditación sobre algunas cosas que estaba descubriendo en terapia. Era una meditación y un conjunto de afirmaciones sobre cómo quería que fueran las cosas.

«Petit Poulet» fue mi reacción al genocidio de Ruanda –me horrorizó lo que vi en televisión y esa fue mi reacción visceral– y «4 My Love» es precisamente eso, una canción de amor. Escribí «This Is a Rebel Song» como respuesta al «Sunday Bloody Sunday» de U2, un tema que siempre presentaban en directo diciendo:

–*This is not a rebel song.*

Quizá temían que la vieran como una canción sobre la guerra en Irlanda del Norte. En mi caso, quería que los oyentes supieran que no era solo una canción de amor, sino una canción sobre la guerra. Aunque, ¿cómo se narra la historia de una guerra? Tal vez lo consigas si logras que parezca que estás hablando de la relación entre un hombre y una mujer.

En este disco también se incluye «He Moved Through the Fair» (o «She Moved Through the Fair», como se suele llamar). Es una hermosa y antigua canción irlandesa, un enigma, pues nadie sabe quién la escribió. La regrabé en un tono mucho más alto para la banda sonora de la película *Michael Collins*, y esa versión también me gusta mucho.

Gospel Oak y *Universal Mother* estarán siempre vinculados en mi memoria porque hicimos las giras de los dos álbumes a la vez. Nos divertimos mucho en esas giras.

FAITH AND COURAGE

Faith and Courage salió en 2000 y fue mi quinto álbum de estudio y mi primer lanzamiento en muchos años. Grabar aquel álbum fue un acto artístico enorme y me revitalizó. Había sido una época difícil. Estaba criando a Jake y Roisin, me enredé en una horrible y muy deprimente batalla por su custodia, y en mi trigésimo tercer cumpleaños intenté suicidarme.

Mi relación con los numerosos productores de *Faith and Courage*, especialmente con Adrian Sherwood y Dave Stewart, era muy buena. De hecho, Adrian Sherwood y yo fuimos pareja durante mucho tiempo. Sin dudarlo, trabajaría con Adrian en lo que fuera: hasta cantaría la guía telefónica si él la estuviera grabando. Es el productor más increíble del mundo y el mejor liando canutos; no solo se hacía un porro, sino me escribía dulces notas de amor en el canuto.

En el disco, «The Healing Room» es el mismo tipo de canción que «Thank You for Hearing Me». Es un mantra, y con suerte, si surte efecto, transporta al oyente a otro mundo. Cuando salgo al escenario siempre rezo para poder ser una sacerdotisa y lograr que, cuando me vaya, la gente sienta que ha estado en la iglesia. «The Healing Room» me aporta ese punto de mejoría y sanación.

«No Man's Woman» es el típico tema pop y «Jealous» me encanta. Es una de mis canciones favoritas; la compuse con Dave Stewart.

También compuse «Daddy, I'm Fine» con Dave. Él me instó a escribir una canción sobre cómo era mudarse a Londres. Me encanta interpretarla en directo porque puedo gritar y chillar. En «Hold Back the Night» grabé una de las mejores voces que he hecho nunca. La escribió Bobby Bluebell, de los Bluebells, y Dave Stewart me la encontró para que yo la cantara, y no creo que pudiera haber encontrado nada mejor.

Grabé «Dancing Lessons» con Wyclef Jean. Fue muy, muy divertido. No dejaba de coquetear conmigo hasta que le solté esto:

Sinéad con Dave Stewart (*BP Fallon*).

–No pierdas el tiempo.

La discográfica me obligó a incluir «The State I'm In» en *Faith and Courage*. Me repugna. Yo no la escribí. No es el tipo de canción que casa con mi personalidad. Frank Merriman me había enseñado a no cantar ninguna canción que no casara con mi personalidad y aquí no observé esa regla, maldita sea. Y estoy furiosa porque creo que se cargó el disco.

Fue She'kspere Briggs quien me produjo cuando vine a Estados Unidos a grabar «The Lamb's Book of Life» como parte del álbum. No se dio cuenta de lo deprimida que estaba en Atlanta y, probablemente, pensó que era la zorra más aburrida de la tierra (lo que seguramente era verdad), porque todas esas complicaciones en Londres y en Irlanda me estaban matando.

«The Lamb's Book of Life» es la verdadera historia de aquel horrible periodo.

«If U Ever» es un tema sobre la muerte de mi madre, una conversación imaginaria entre ella y yo. «Emma's Song» trata de mi relación con John Waters, el padre de mi hija, del que he hablado antes, y el «Kyrié Eléison», bueno, era solo una travesura: una versión rasta de la primera sección de la misa católica.

Me lo pasé muy bien grabando *Faith and Courage* porque había muchos y muy buenos músicos, y conté con algunos de los productores que más admiro. Como ya he dicho, no puedo recordar muchos detalles porque estaba colocada todo el rato. Era arriesgado trabajar con mentes creativas tan diferentes, así que me resulta del todo increíble que todo saliera bien. Con excepción de «The State I'm In», que en mi opinión es una mierda pinchada en un palo, estoy muy, pero que muy orgullosa de ese disco.

SEAN-NÓS NUA

En *Faith and Courage* están algunas de las mejores canciones que he compuesto. Pero el siguiente álbum, *Sean-Nós Nua* –«nuevo-viejo estilo», en gaélico– contiene lo mejor que he cantado en mi vida.

Fue un álbum enigmático, ya que contiene muchas canciones tradicionales irlandesas que nadie recuerda quién escribió, por lo que siento que son como fantasmas: para darles vida hay que habitar el espíritu de esos temas. *Sean-Nós Nua* se grabó en los lugares más fantasmagóricos, y en torno a la realización de este álbum tuvieron lugar los acontecimientos más extraños. Grabamos en una casa rural de lo más anormal, donde había lo que en Irlanda denominamos un árbol encantado: era casi un árbol maligno. Poco después de grabar el álbum murió el niño de la casa, apenas un bebé. Todo fue muy triste. Como es obvio son canciones tristes, porque nadie en Irlanda escribe nunca una puta canción feliz.

Sin embargo, esas canciones y ese álbum son preciosos. Me lo produjo Dónal Lunny, con quien tuve a mi tercer hijo, Shane; si no hubiéramos grabado ese disco no habríamos concebido a nuestro hermoso hijo. También volví a trabajar con Adrian Sherwood en este disco, porque nadie se había atrevido a tocar ninguna de esas viejas canciones irlandesas a ritmo de reggae.

«Peggy Gordon» es la más hermosa de las canciones; la grabamos adrede en una tonalidad muy aguda para que sonara aún más agitada. Y nadie ha cantado jamás una versión más exquisita de «The Moorlough Shore», de «Molly Malone» o de «The Singing Bird». Sé que hacer alarde de ello es un pecado horrible y que probablemente arderé en el infierno por ir tan sobrada, pero es un disco muy, muy bueno.

Creo que sigo siendo una buena cantante, pero nunca seré tan buena como cuando canté en *Faith and Courage* y *Sean-Nós Nua*. Estaba en una edad en la que todo me salía a pedir de boca. Además, mi relación con Dónal Lunny, musicalmente hablando, era perfecta. Como productor tenía un gran instinto y mantuvimos una relación laboral estupenda, con una banda brillante y una discográfica estupenda. Todo funcionó muy bien. Es para un nicho de mercado, supongo. El disco fue número uno en Irlanda durante mucho tiempo.

Grabando con Robbie Shakespeare (izquierda) y Sly Dunbar (derecha) en Jamaica (*Collin Reid / AP Photo*).

251

THROW DOWN YOUR ARMS

En 2005 tuve la buena fortuna de viajar a Kensington, Jamaica, y grabar *Throw Down Your Arms* con Sly y Robbie (Sly Dunbar y Robbie Shakespeare) y la banda más increíble del mundo. Tuve la oportunidad de interpretar algunos de mis temas favoritos y que más me han inspirado, todos ellos temas rastafaris y muy masculinos. Durante tres semanas me lo pasé como nunca en Kensington con un amigo mío que era muy gay; en aquella época en Jamaica te caían diez años de trabajos forzados por ser gay. Así que cada dos por tres le tenía que pinchar en la barbilla para que cerrara la boca cada vez que veía a otro tipo espectacular. Mi amigo tuvo una aventura en nuestra habitación de hotel, que ambos compartíamos, con uno de los camareros del hotel, y aquel pobre camarero sospechaba que yo era la típica esposa cornuda.

Grabamos en Tuff Gong y, como siempre, hicimos buena música y fumamos montones de hierba. Robbie Shakespeare y yo nos enamoramos y tuvimos un gran romance. Más tarde, cuando salimos de gira para presentar el álbum, Robbie y yo montamos una gran cama en la trasera del autobús de la gira. Nos encantaban esos conciertos, pero también estábamos muy enamorados el uno del otro. De hecho, quería a todos los miembros de la banda; me llamaban mamá porque los cuidaba mucho.

En *Throw Down Your Arms*, mi canción favorita es «Prophet Has Arise», escrita por el gran trío jamaicano de reggae Israel Vibration; es un tema que siempre me eleva, por muy mal que me sienta. Más tarde pude cantar con Israel Vibration en la Brixton Academy, una noche en la que actuaba mi amigo Benjamin Zephaniah, y fue una experiencia increíble y conmovedora. Pude coger la mano del cantante y cantar todas esas canciones de Israel Vibration que me encantan. En *Throw Down Your Arms* también hice muchas versiones del músico de roots reggae[36] Burning Spear, porque quiero con locura a ese hombre. También aprendí una importante lección: nunca te dejes la hierba en el camerino si tocas con una banda de rastas; cuando vuelvas se habrá esfumado.

La verdad de las cosas es que, cuando grabé *Throw Down Your Arms,* me sentía un poco abatida. Me habían pasado cosas que me habían afectado mucho. Cosas que formaban parte de lo todo que me impulsó a avanzar en el ámbito espiritual. Además, tenía tantas ganas de grabar *Throw Down Your Arms* que pagué cuatrocientos mil dólares de mi bolsillo para producir aquel disco. Fue lo que me llevó a *Theology*, un álbum que, aunque parezca mentira, llevaba queriendo hacer desde que tenía siete años. Así, *Throw Down Your Arms* fue, en gran medida, el precursor de *Theology*, que también pagué de mi bolsillo. (Aunque no recuerdo cuánto me costó ese.)

[36] Variante del reggae que se desarrolló en Jamaica a partir del ska y el rocksteady, y se hizo famosa fuera del Caribe, en buena medida, gracias al proselitismo ejercido por el legendario cantante y compositor jamaicano Bob Marley. (*N. del E.*)

THEOLOGY

En el año 2000 fui a la universidad durante un breve periodo para estudiar Teología. Me apasionaban los libros de los profetas. Contamos con el mejor profesor posible, un sacerdote capaz de hacer brotar a Dios de las páginas cuando hablaba de los profetas. Sobre todo, de Jeremías. Decía: «Pobre pueblo mío, pobre pueblo mío» y los ojos se le llenaban de lágrimas.

Con la música yo quería hacer lo mismo que él hacía con sus clases: hacer brotar a Dios de las páginas. Que todos vieran la humanidad de Dios, su vulnerabilidad, su mal humor, su emotividad.

Un día, mientras esperaba a que empezara la clase, estaba leyendo en silencio el Cantar de los Cantares cuando, de improviso, entró el profesor y golpeando con el dedo el libro, me dijo:

–Deberías escribir canciones sobre eso.

Y así llegó la inspiración para mi disco *Theology*. A decir verdad, llevaba mucho tiempo pensando en hacerlo, pero no sabía cómo. Cuando se trata de escribir canciones religiosas hay una frontera muy sutil que separa lo cursi de lo genial, y yo crecí en los años setenta, con todas esas horribles carismáticas canciones cristianas en las ondas. Así que no quería arriesgarme a cometer el mismo error.

Theology es el único de mis discos que me llevaré a la tumba. Me encanta. Tomé prácticamente todas las letras de las Sagradas Escrituras; grabé una cara acústica y otra cara con la banda al completo porque no me decidía cuál me gustaba más. Las mismas canciones en distintas versiones. Mi método de trabajo fue el siguiente: puse en el suelo enormes trozos de papel, y escribí todos los versos que me encantaban y que ya estaban en las Escrituras y decidí juntarlos y no alterarlos, sino hacerlos rimar donde buenamente pudiera. En las Sagradas Escrituras ya hay algunas bellísimas canciones escritas por Dios.

El primer tema se titula «Something Beautiful» y, en cierto modo, desgrana todas las razones que tenía para querer grabar este disco y narra una historia real: la de aquella vez en que robé una Biblia (que creo que deberían ser gratis). «Something Beautiful» es la única excepción, en el sentido en que su letra no proviene de las Sagradas Escrituras, mientras que «Out of the Depths» está extraída de uno de los salmos.

La letra de «Dark I Am Yet Lovely» proviene del Cantar de los Cantares. «If You Had a Vineyard» proviene del Libro de Isaías. «Watcher of Men» es del Libro de Job: un texto muy complicado de rimar y encajar en tres minutos.

En «Psalm 33» hice una versión de «Rivers of Babylon»[37] muy distinta a la que la gente está acostumbrada a escuchar. Me encanta mi versión, no porque sea mía, sino porque es hermosa: su letra, el sentimiento de la gente que rompe sus arpas porque sus verdugos les exigen canciones. El salmo 33 no es el más amigable de los salmos. Hay un montón de golpes a bebés y cosas así.

«Whomsoever Dwells» es el salmo 91. Aprendí los salmos a la manera judaica, donde se les dan usos mágicos y se utilizan de distintos modos con ciertos nombres de Dios. El salmo 91 es un chaleco antibalas. La compa-

---

[37] Los más avejentados lectores acaso recuerden la versión del salmo que declamaba Boney M en pleno apogeo de su reinado, pese a idolatrar a «Rasputin» (*Russia's greatest love machine*). (*N. del E.*)

ñía discográfica me presionó para que también pusiera en el álbum «I Don't Know How to Love Him». Me encanta esa canción, aunque no es este su lugar. También hice una mala elección con «We People Who Are Darker Than Blue».

Mi amigo Graham Bolger y Steve Cooney fueron quienes produjeron *Theology*. En aquella época (en el día de mi cumpleaños, para ser más exactos) Graham había tenido un terrible accidente: se le resbaló la moto, se dio un tortazo y quedó parapléjico. En mi casa había un bungaló y le invité a quedarse conmigo, cosa que hizo. Reunirnos y grabar aquel disco fue algo bueno para él porque estaba pasando por un momento terrible, muy deprimente. Graham, Steve y yo nos juntábamos a diario a hacer música: eso le permitió a Graham ver que la vida seguía adelante. Graham sigue siendo un muy buen amigo mío. Es alguien a quien quiero con locura. Grabar *Theology* fue una experiencia muy enriquecedora para todos, otra razón por la que sigue siendo tan, tan especial.

Me encanta interpretar estas canciones en directo. Ya lo he dicho: es el único disco que me llevaré conmigo al cielo con la esperanza de que compense los malos tragos que hago pasar al prójimo por la mierda que soy el resto del tiempo.

HOW ABOUT I BE ME

Como estaba cuidando de mis hijos, tardé otro par de años en grabar mi siguiente disco, *How About I Be Me*. Empecé a escribir canciones desde un plano diferente: antes había estado escribiendo sobre el dolor, la miseria y mi educación. Ahora componía canciones sin más, algunas inspiradas en guiones de películas. Es el caso de «Very Far from Home»: me habían enviado un guion y escribí una canción para la banda sonora. Sin embargo, no acabé dándosela a la película. Me la quedé para mí.

«Back Where You Belong» fue un tema que hice para *Mi monstruo y yo*, una película infantil sobre el monstruo del lago Ness protagonizada por Emily Watson. Se la di y la utilizaron, pero también la colé en el disco. La grabamos en mi casa de Monkstown, en Dublín, y la produjo Daniel Lanois. Daniel es un personaje de una gran sensibilidad. La última vez que lo vi estaba muy preocupada por él: Daniel había estado tocando la guitarra en un concierto sin púa y cuando se bajó del escenario tenía los dedos hechos papilla, con profundos cortes que no paraban de sangrar. Le pregunté qué le pasaba y me dijo que su hermano había muerto poco antes. El pobre hombre estaba absolutamente destrozado.

Daniel es muy sincero. Una vez intentamos grabar una versión del «Mind Games», de John Lennon, y la verdad es que yo no podía cantar esa canción. Hay ciertas canciones que simplemente soy incapaz de cantar. Daniel fue muy sincero conmigo al respecto. Es bastante franco, y eso es algo que me gusta de él. No te lame las nalgas, y esa es una buena cualidad en un productor. Y además es muy atento. He tenido productores que son unos terribles controladores, porque eres la artista o porque eres mujer (¡o por ambas cosas!); siempre quieren tener la última palabra, siempre quieren meter la nariz en tus letras, cosas así. Pero Daniel nunca haría eso. Siempre me animó a darlo todo y más, y le agradezco mucho el trabajo que hicimos juntos.

«Take Off Your Shoes» es una de las canciones de las que más orgullosa estoy. Evoca una conversación del Espíritu Santo con el papa y el Vaticano en la época de todos aquellos informes por los escándalos eclesiásticos. Pretende ser blasfema. Me encanta la idea de un espíritu que canta, verme a mí misma interpretando el personaje de un espíritu. Aquí sí que pongo en práctica el método de canto de Frank Merriman y Stanislavski.

También llegué a cantar «Queen of Denmark», de John Grant; es un tema muy divertido de interpretar en directo porque tiene el mejor estribillo del mundo, que reza «I don't know what it is you wanna want from me»: no sé qué es lo que queréis querer de mí. Cuando escucha ese estribillo, el público se vuelve absolutamente majara.

«Reason With Me» es una hermosa canción sobre ser una yonqui. Yo no soy una yonqui ni jamás lo he sido, pero soy adicta a la hierba. Es un tema sobre la adicción a la hierba y sobre el martirio de ser una colgada. Solía fingir que ninguno de los temas de este álbum era autobiográfico porque no quería tener que hablar de eso. Pero todos lo son.

Excepto «4th and Vine», la primera canción, que definitivamente no es autobiográfica. Surgió cuando John Reynolds estaba tocando sobre una pista grabada y, de repente, tuve una visión de mujeres que no acudían a las ceremonias de sus bodas. Así que, a veces, las canciones son simplemente canciones sin más, y a veces escribo sobre cosas que siento que necesito expresar.

Para mí, componer es un proceso, algo que sucede en mi interior. Nunca me siento con una guitarra e intento escribir una canción. Lo que ocurre es que las canciones se me aparecen mientras hago tareas domésticas, o mientras paseo por la calle. Un buen día, parte de la canción se me manifiesta sin anunciarse. A la semana siguiente, otra parte empieza a resonar en mi cabeza. La siguiente, se me ocurre la otra y así sucesivamente. Así que nunca me he sentado a intentar escribir una canción a la antigua usanza. Simplemente dejo que se edifiquen dentro de mí como si fueran una pequeña construcción, y ese es el momento en el que me siento con una guitarra, cuando el tema ya está terminado en mi interior.

La cubierta del álbum *How About I Be Me* se convirtió en un incordio. En Gran Bretaña, me decepcionó que ni mi mánager ni la discográfica pensaran en utilizar el hermoso cuadro de esa niña sentada en camisón sobre la bandera irlandesa. (De hecho, la edición de la UE muestra una foto mía.) Aunque, en realidad, no tenía muchas opciones, salvo dar mi brazo a torcer. Fue mi primer disco que no versaba sobre mí, que no trataba de la angustia adolescente o de la angustia de una mujer aún joven. De acuerdo, puede que algunas de las canciones no sean precisamente una fuente de prístina felicidad, pero, por razones de diversa índole, ahora escribía sobre otras cosas, sobre otras personas y sobre otros escenarios.

Marcó un punto de inflexión cuyos inicios ya asomaban en *Sean-Nós Nua* y en *Throw Down Your Arms* y en *Theology*: usé todos esos discos como peldaños para ascender a un lugar donde me liberaba de toda esa mierda horrible que me moría por quitarme de encima. Así que eso es lo que representa este álbum para mí.

I'M NOT BOSSY

Por necesidad, mis primeros álbumes eran como una suerte de diario. Por eso casi diría que *I'm Not Bossy, I'm the Boss* es, en cierto modo, mi primer álbum. Tiene canciones pop de tres minutos y canciones de amor. Curiosamente, el primer tema de este álbum era «How About I Be Me», el título de mi anterior álbum, del que debía haber formado parte, pero nos retrasamos con el master del tema y no pudo ser. Así que la puse en *I'm Not Bossy* porque me encanta. Iba a ser un tema reggae: alguien me había dado esa pista de acompañamiento con una base de reggae y yo escribí las letras, pero acabó por no gustarme el estilo reggae para dicha canción. «Dense Water Deeper Down» era una canción de amor que, en realidad, tenía que ver con Brian Eno. «Kisses Like Mine» no versaba sobre nadie en particular. No sé de dónde surgió: solo estaba tocando la guitarra y tonteando.

John Reynolds, que produjo el álbum, me grabó las bases para «Your Green Jacket». Es una gran canción que trata de algo que hacen las chicas: oler la ropa de sus parejas. Si quieres a un hombre, le hueles la camisa o la chaqueta. Seguro que los chicos hacen lo mismo. Algunos piensan que eso tiene algo de acoso, pero no creo que sea más acosador que el «Someone Like You» de Adele, donde canta: «Tenía la esperanza de que me vieras la cara y que te recordara que para mí no se ha acabado». Con

«The Vishnu Room» hice lo que nunca había hecho: escribir una canción larga que revelara el tipo de mujer que puedo ser. Nunca había escrito canciones sobre la vulnerabilidad. He oído a otros artistas decir lo mismo. Amy Winehouse, por ejemplo. Ella misma afirmó que, probablemente, no debería haber filmado su propio funeral para el vídeo de «Back to Black».

«Take Me to Church» es una canción sobre canciones: sobre cómo todo lo que escribes se convierte en realidad, así que tienes que tener mucho cuidado. La protagonista compone canciones deseando ligarse a un tipo. Al final lo consigue, y se lleva un buen susto, como se puede escuchar en el siguiente tema, «Where Have You Been?».

Es algo interesante: una busca el romance, busca el amor, quiere enamorarse, quiere conseguir lo que se le antoje, y luego descubre que se muere por huir a un millón de kilómetros de donde se encuentra. Aunque no suena triste. Es un disco pop y son canciones de amor y son preciosas y estoy muy, muy orgullosa de ellas.

PRÓXIMAMENTE...

He pensado que esta podría ser una oportunidad para hablar de mi próximo álbum, en el que estoy trabajando ahora, durante el verano de 2020. Pero primero quiero retroceder un poco.

El Sr. X es un paciente en el Hospital de la Administración de Veteranos de Chicago. No es «problemático», por mucho que las enfermeras me lo hayan pintado así. Solo quiere tener acceso a Internet. Bajo las pestañas inferiores de sus ojos parece adivinarse la presencia de lechos fluviales, por todo lo que lloró cuando su hijo se suicidó unos años atrás. Además, está casi ciego. Así que tiene el televisor más grande que he visto jamás. Debe ser de unas noventa y cinco pulgadas. Por las fosas nasales le corren unos tubitos que le conectan a una gran máquina blanca de oxígeno que está en el suelo, junto a su silla, y esos tubos son lo bastante largos como para permitirle ponerse de pie y caminar. Tiene enfisema. Ha fumado toda la vida. (Veo que probablemente voy a seguir sus pasos.)

Me cuenta que no tiene miedo a morir porque sabe que va a volver a ver a su hijo, y que lleva ya seis semanas en este asilo al que no quería venir. Es un hombre lleno de vida. Una nunca adivinaría que tiene un pie en la tumba. No le pregunto a nadie –ni siquiera a él– cuánto tiempo le queda.

Tiene noventa y dos años, es de Siria y luchó por Estados Unidos en la guerra de Corea.

Su mujer murió hace diez años. Me muestra hermosas fotos de ellos cuando eran jóvenes y salían a bailar, bien vestidos, muy felices juntos. Le queda un hijo, pero vive al otro lado del país, así que no puede estar junto al lecho de muerte de su progenitor.

Durante una hora, cada día, ese es mi cometido por el momento: acompañarlo.

Él forma parte de un programa llamado «Ningún veterano muere solo». Se trata de acompañar en su tránsito hacia la muerte a aquellos soldados que han sobrevivido a sus familias o que, simplemente, no tienen familia cerca, por el motivo que sea.

Intento lograr que se le permita tener acceso a Internet, pero no lo consigo. No sé por qué el hospital de veteranos no tiene wifi. Así que su fabuloso y caro televisor no le sirve de nada, y el único entretenimiento que le queda es mi fea cara.

Hay otro señor mayor que me espera todos los días en el vestíbulo, porque le desconcierto. Es un veterano de Vietnam. También tiene noventa y dos años. No sabe si soy un chico o una chica, porque acudo regularmente al hospital ataviada con un traje de béisbol de Babe Ruth. Y, por supuesto, llevo la cabeza afeitada. Esto es motivo de asombro para el señor en cuestión. A la mañana siguiente de establecer que soy mujer, me espera de nuevo.

–Entonces, ¿eres lesbiana? –me pregunta.

–No –respondo.

–Entonces, ¿por qué te has cortado todo el pelo?

Está totalmente desconcertado, pero sigue esperándome todos los días porque nunca había visto a una mujer heterosexual sin pelo. No se da cuenta de que en realidad soy asexual. No me molesto en explicárselo porque ya está alucinando demasiado.

También hay una señora a la que cuido, también de noventa y dos años. Fue conductora durante la Segunda Guerra Mundial. Se pasa el día coloreando dibujos de princesas Disney. Le compro unos rotuladores gordos con caras. El personal se los roba ante mis narices y eso me horroriza.

Cuando le empujo la silla de ruedas para sacarla de paseo, deja de ser la niña que colorea dibujos de Disney y vuelve a ser la mujer soldado. Sin palabras, pero asintiendo con la cabeza, me muestra dónde están colocados los francotiradores en los tejados del hospital. De verdad. Por si acaso.

Así que no hay Internet, pero sí francotiradores. Y eso que no estamos en guerra. Ya te digo.

Tengo suerte porque no se me ha muerto nadie cuando dejo el trabajo (voluntario) para volver a Irlanda. Es el mejor y más estimulante cometido que he tenido nunca. Por eso siento un profundo amor por los soldados.

Así que mi próximo álbum se titulará *No Veteran Dies Alone,* en honor al programa. Acabo de escribir la canción que da título al disco. Se lo voy a dedicar al Sr. X. En otoño de 2020 también voy a formarme para ser auxiliar de enfermería, de modo que pueda sacarme el diploma que me permita acompañar a los moribundos y hacer de ello mi cometido entre giras y grabaciones. Sueño con ello desde hace años. Ahora voy a hacerlo realidad.

«DAGGER THROUGH MY HEART»

Mi colaboración favorita de todas las que he grabado fue «Dagger Through My Heart», que canté en un disco de homenaje a Dolly Parton donde ella elegía a los cantantes. La razón por la que es mi favorita es porque después ella me envió una preciosa carta agradeciéndome y elogiando mi interpretación de aquel tema. Enmarqué la carta y se la regalé a mi madrastra, Viola. Porque las dos adoramos a Dolly.

Pensé en todo esto la semana pasada, mientras estaba sentada en el porche, contemplando el paseo marítimo, como tengo por costumbre a primera hora de la mañana en los días estivales. En aquel momento, una anciana con el pelo corto y cano, agitado por el viento, se acercó a mi casa paseando a su perro. Agitó una botella vacía de plástico y me preguntó si podría llenársela con agua para su perro; tenía la cara roja como la grana y estaba alterada. Tenía el rostro congestionado y estaba disgustada. Su respiración también parecía agitada. La anciana me confesó que sufría una crisis de ansiedad. Así que le pedí que se sentara y le preparé una taza de té, sin dejar de cantar la canción de Dolly en mi cabeza.

La pobre tenía una dolencia cardíaca y había recibido malas noticias sobre un ser querido en el paseo marítimo, así que andaba con el ánimo por los suelos. Dijo que cuando una sabe que va a perder a alguien no puede evitar que se le rompa el corazón, por mucho que se trabaje el duelo y el luto. Se quedó como una hora. Fue encantadora. Disculpándose sin cesar, aunque sin la menor necesidad: sin advertirlo, era ella la que me estaba haciendo un favor a mí.

Volvió ayer. Con el pelo bien peinado y siendo «ella misma». Ahí me di cuenta de lo incómoda que estaba la primera vez que la vi. Yo estaba limpiando la casa de arriba a abajo. Me dijo que iba a hacer lo mismo y me regaló un precioso pañuelo blanco. Creo que me encanta tanto como la carta de Dolly. Y espero volver a verla, porque se trata de una señora muy especial. No puedo revelar su nombre, pero sí dar una pista: aparece en una canción que canté.

Pero ella sabe muy bien quién es y me gustaría darle las gracias. Muchos bichos raros se cruzan en mi camino. Rara vez lo hace un ángel.

EL MAYOR AMOR DE TODOS

Cuando era muy joven mi mayor héroe y mi mayor fuente de inspiración era el boxeador Muhammad Ali. Al menos en una ocasión mi padre me levantó de la cama para ver uno de sus combates más famosos, y también vi muchas imágenes de él en la televisión, peleando, y nunca me perdía una de sus entrevistas en la pequeña pantalla. Jamás me gustó ver los combates. No me gustaba ver a hombres negros dándose palizas, para solaz y provecho económico de los blancos.

Además, en aquella época, en tanto que víctima de abusos infantiles, odiaba ver los combates, punto. La noción de que la violencia puede servir de entretenimiento es algo que todavía me resulta aborrecible, aunque sí canté en un combate de Conor McGregor. Apoyé la cara de su madre contra mi pecho para que no tuviera que ver lo que le estaban haciendo a su hijo, eso por no hablar de lo que él le estaba haciendo al otro. En todo lo relativo a las ideas de Ali, creo no equivocarme al señalar que estaba muy adelantado a su tiempo y yo lo amaba, como estoy segura de que lo amaban todos los supervivientes de abusos infantiles, porque teníamos problemas de autoestima similares a los de los afroamericanos. Lo nuestro era distinto, pero sin duda también era una pequeña forma de esclavitud, con «e» minúscula. Soy muy consciente de que habrá quien opine que debería disculpar-

Con Muhammad Ali en las Olimpiadas Especiales de Dublín, 2003. (*Stringer / Getty Images*).

me por usar la palabra «esclavitud» para describir lo que supone ser una superviviente o una víctima de abusos infantiles, pero, bueno, ahí lo dejo.

Al grano. Ali fue capaz de atravesar el mundo para colarse en los salones de las casas de los niños irlandeses y hacernos saber que nuestros padres estaban equivocados. Saltaba de un lado a otro y gritando:

—Soy el más guapo, soy el más grande, puedo hacer todo lo que quiera, soy muy guapo…

En nuestro país todas estas cosas eran pecado, no solo para los supervivientes de los abusos infantiles, sino para los mismos católicos. Porque para ser un buen católico tenías que pensar que eras una mierda pinchada en un palo. Esa era la idea. Cuanto menos pensaras en ti mismo, más pensaría Dios en ti. De modo que cuando Ali fue capaz de colarse en nuestras casas y arrasar del todo con la teocracia y también arrasar con la… no sé cómo llamarla… (¿*patriarcracia*?) nos hizo ver que, de hecho, éramos preciosos. Éramos salvables, éramos redimibles.

No solo eso, sino que éramos los más grandes, y además también éramos los más guapos. También nos mostró que íbamos a hacer algo grande por nosotros mismos. Que íbamos a alzarnos y a trascender todo lo que nos había sucedido. Recuerdo una entrevista que su hija Laila, también boxeadora, concedió unas décadas atrás. Alguien le preguntó:

—¿Crees en Dios?

Y lo que respondió, y que casi me hace llorar, fue:

—Todo lo que tengo que hacer para creer en Dios es mirar a mi padre.

Y eso describe lo que yo sentía por su padre, y estoy segura de que también describe lo que el resto del mundo sentía por él.

Aparte de tener hijos, la experiencia más increíble que he tenido fue conocer a Muhammad Ali. No solo lo conocí, sino que, en 2003, Jake, mi hijo mayor y yo le acompañamos a las Olimpiadas Especiales de Dublín. Y así fue como ocurrió.

Bon Jovi había dado un concierto en Dublín, y el espectáculo fue tan ruidoso que los vecinos se quejaron: de hecho, se escuchaba desde donde yo vivía, y eso que me hallaba a unos treinta kilómetros del lugar. Alguien me llamó y me preguntó si quería ir a la fiesta que darían tras el concierto en un hotel llamado Berkeley Court, en Dublín, que era donde se alojaba la gente elegante. Y fui.

Llego a la fiesta y empiezo a hablar con la que era la esposa de Jon Bon Jovi, Heather, una señora muy guapa. Y resulta que le cuento lo mucho que me gusta Muhammad Ali, y ella me dice:

–Dios mío, mañana vamos a conocer a Muhammad Ali, porque él y Nelson Mandela son los anfitriones de las Olimpiadas Especiales que se celebran aquí.

No le doy más vueltas y lo siguiente que hago es ponerme a hablar con su marido, Jon Bon Jovi, al que no conozco mucho, aunque resulta ser un tipo encantador. Total, que estamos charlando y me dice:

–Ah, sí, mañana hemos quedado con Muhammad Ali.

No me atrevo a decir que me encantaría conocerlo. En vez de eso, comento:

–Dios mío, me voy a morir de celos aquí mismo, ese tipo es mi mayor héroe.

No le doy más vueltas y vuelvo a casa. En realidad, después de dejar a Jon Bon Jovi, subo la calle para ver a un tipo que conozco, y acabamos haciendo el amor, y concibo a mi tercer hijo, lo que no debería haber ocurrido porque no estaba ni mucho menos en la mitad de mi ciclo; de hecho, estaba menstruando. El niño acabará naciendo en el cumpleaños de su padre, dos semanas antes de lo previsto. Es una criatura que tenía que nacer y que, de hecho, lleva el nombre de Ali, porque esa fue la semana en que lo conocí.

El domingo por la mañana recibo una llamada de alguien que dice ser el agente deportivo de Muhammad Ali y que me pregunta si Jake y yo queremos ir al Hotel Berkeley Court para conocer a Muhammad Ali. Venga ya, ¿tiene el año 365 días? ¡¡Claro que nos gustaría conocer a Muhammad Ali!! Así que saco a mi hijo de la cama y allá vamos, y en cuanto entro en la habitación, Muhammad Ali me pone cara de beso… vamos, quiere que le dé un beso. Eso es suficiente para asustarme, y pienso, «Ay, Dios mío, este hombre podría ser mi padre». Claro que no es nada sexual, sino platónico, así que le planto un beso y pienso: «Ay, Dios mío, ¡he besado en los labios a Muhammad Ali!».

Ali, que para entonces tiene muy avanzada la enfermedad de Parkinson, le empieza a gastar bromas a Jake, lo cual es muy dulce. Se levanta de la silla y logra hacer un truco de magia: se coloca junto a la puerta y levanta uno de los pies, de modo que parece que está levitando, pues de algún modo logra ocultar el otro pie, como por arte de magia. Aunque tal vez esté levitando. Y también me hace un bonito regalo, una colección de contradicciones bíblicas que él mismo ha reunido. Nos sentamos y charlamos con su esposa y su familia, y llega el momento de dejarles. Pero justo antes de salir de la habitación su agente se nos acerca y nos pregunta si queremos acompañar al Sr. Ali a las Olimpiadas Especiales. Y hete aquí que Jake y yo ahora estamos en un coche del Ejército con un soldado. Porque hemos acabado escoltando a Muhammad Ali y sentándonos con él. Y somos los únicos que se sientan con él, los únicos que le ayudan durante aquella velada.

Como es obvio, su familia está cerca, pero nos confían su cuidado. En Croke Park, a la espera de que empiecen los Juegos Olímpicos Especiales, mientras avanza por el pasillo para sentarse en su localidad, me pide que le ayude a ponerse la chaqueta. Y mientras le pongo la chaqueta casi me echo a llorar. Camina unos centímetros delante de mí, no puede ponerse la chaqueta y me pide ayuda.

Este es mi padre. Estoy ayudando a mi padre a ponerse la chaqueta. Al recordarlo se me saltan las lágrimas.

Que Dios nos perdone a Jake y a mí, porque ambos pensábamos: «Que se joda Nelson Mandela». Me explico: todo el mundo quería conocer a Mandela, y por supuesto todo el mundo quería conocer también a Ali, pero la gente se dividía en dos grandes bandos. O eras de Ali o eras de Mandela, y nosotros éramos totalmente de Ali.

Cuando aquello acabó y salimos para acompañar a Ali hasta su coche, presencié el segundo espectáculo más bonito de mi vida: todo el personal del catering, jóvenes y viejos, se echaron a llorar, lloraban por el simple hecho de ver a Ali. En parte, sentían un poco de pena por él, cosa que odio, pues nadie debería sentir pena por Ali. Puede que tuviera el cuerpo tocado, pero estaba claro que la mente le funcionaba a pleno rendimiento. A pesar de todo, nunca había visto algo tan increíble: cada hueco, cada ventana y cada puerta del catering se pobló de rostros atentos que solo querían ver caminar a aquel hombre santo.

Después de aquella noche, mantuve el contacto durante un tiempo con el agente de Ali, con el que, de hecho, también me habría ido a la cama (está claro que aquella semana estaba ovulando). Pero por suerte tenía una amiga que se quedaba con él, así que eso nunca ocurrió. Sí, le regalé el anillo con el león rasta.

Ay, esto no lo he contado. En un momento dado, en el backstage, Ali hizo un hermoso dibujo en un mantel. Era un enorme barco que navegaba por un valle. En el otro extremo del mantel dibujó uno de sus combates, en pequeño. En aquel camerino, el soldado y yo nos miramos, como diciendo:

–Tú pierdes

–No, pierdes tú.

–No, pierdes tú.

Porque estábamos viendo quién de nosotros iba a quedárselo. Por supuesto, gané. Ali me lo firmó y me lo regaló, y hace un año yo se lo di a mi hijo Jake, porque ahora tiene treinta y dos años y quería esperar a que fuera lo bastante mayor como para cuidarlo como se merece.

Todo fue mágico, y nunca podría haber imaginado que algo así me ocurriría en esta vida. He sido una persona muy afortunada, en el sentido de que todos los sueños que he tenido se han hecho realidad. Más aún, también se han hecho realidad varios sueños que jamás me atreví a soñar. Así que, en efecto, de no ser por aquella semana, de no ser por el hecho de que el padre de mi hijo vivía en la misma calle, de no ser porque gracias a Dios el agente deportivo de Ali tenía a alguien que se quedaba con él, mi tercer hijo no habría nacido. Mi hijo se llama Nevi'im Nesta Ali Shane. *Nevi'im* es el nombre en hebreo para los libros de los profetas. Yo sabía que ese hijo iba a carecer de una figura paterna cercana, así que quise que los profetas fueran sus padres, sus guías masculinos.

Nesta es el verdadero nombre de Bob Marley. Como es obvio, Ali es el padrino que elegí para él, junto con Dylan, y Shane es el nombre de mi amigo Shane MacGowan, el músico. Así que menuda semana más estupenda. Tengo que agradecerle a Muhammad Ali la existencia de mi hijo, y sí, la que ha sido la experiencia más increíble de toda mi vida (además de tener hijos, como es obvio).

LOU REED

La otra ocasión en que recuerdo haberme sentido atraída por una gran estrella fue cuando conocí a Lou Reed, alguien a quien no me había dado cuenta de lo mucho que quería hasta que lo traté en persona. Me había enamorado de su álbum *New York* y, en especial, del tema «Busload of Faith», que había escuchado sin pausa. Y, de repente, me encuentro en el Carnegie Hall y me contratan para cantar en la fiesta del quincuagésimo cumpleaños de Roger Daltrey.[38] Y en aquellos días solía ser bastante metomentodo y preguntaba a la gente si podía sumarme a las coristas en sus discos.

Bueno, dije que, si era posible, me gustaría cantar algunos coros con Lou Reed. Y lo siguiente que supe fue que Lou Reed se metió en mi camerino y empezó a hablar conmigo: me di cuenta de que pensaba que era una descarada por preguntar si podría hacerle coros. Pero cuando me dijo que sí, que vale, todo lo que pude ver fue su boca moviéndose. Ya no acertaba a oír nada de lo que decía; solo oía un sonido como de *blip blip blip*, como si estuviera puesta de tripi. Él movía el rostro, movía la boca, pero yo no podía entender nada de lo que decía. Era como sufrir un ataque de pánico. Cuando se fue tuve que pedir-

---

[38] Véase la autobiografía *Mi historia, memorias del fundador de The Who* (Libros del Kultrum, 2019).

le a mi amigo Doodles, que también estaba de visita en el backstage, que me cogiera la mano durante media hora. Canté unos coros para Lou, aunque no recuerdo nada de las canciones, porque no estaba en el planeta Tierra, sino en el cielo. Y luego, no mucho después, tuve una hermosa experiencia con ese hombre tan maravilloso.

Me contrataron para tocar un bolo en Londres, en algo llamado *The White Room* y la idea era que unas seis o siete bandas se colocaban en círculo y cada una tocaba un par de canciones. Y luego la siguiente tocaba otro par de temas, y así sucesivamente. Cuando llegué al ensayo general, todo el mundo me dio la espalda, porque la moda era tratarme como a una loca, como a una paria, por lo que había hecho en *SNL*, por lo que, aparte de mi propio grupo, nadie quería saber nada de mí. Sin embargo, todo el mundo estaba tan emocionado como yo por el hecho de que Lou Reed formara parte de aquello.

Llega al ensayo general y Lou Reed se empeña en ignorar a todo el mundo, salvo a mí. Me busca, se pega a mí como una lapa. Me abraza efusivamente, como si nos conociéramos de toda la vida. Fue algo maravilloso porque no tenía ninguna necesidad de hacerlo, y cambió la forma en que todos los presentes reaccionaban en mi presencia. Al ensayar y actuar empezaron a tratarme con un poco de respeto. Desde entonces siento un enorme cariño por el señor Lou Reed y pienso mucho en él.

ALGUNAS LECCIONES E HISTORIAS VERDADERAS

Nada me gusta más que subirme a un escenario. Aparte de mis hijos, por supuesto. Y una de las cosas en las que pienso mientras me preparo para emprender otra gira (cuando la pandemia termine) es en lo extraña, y a veces peligrosa, que puede ser la fama.

Hace años hicimos un bolo en Las Vegas, creo que en el Hard Rock Café. Johnny Depp se vino al concierto y después se pasó por el backstage. Su visita llegó en un momento en el que llevábamos tanto tiempo de gira que habíamos perdido un poco la cabeza.

Mi violonchelista, Caroline Dale, tenía una bolsa que parecía una oveja de peluche. La llamábamos la oveja Shaun. Había estado en todas partes, pues venía de gira con nosotros, y se convirtió en nuestra mascota. Aquella noche, en Las Vegas, decidimos casar a esta oveja con otro peluche que se había hecho un hueco en nuestro equipo. Fue una ceremonia muy elaborada y Johnny Depp tuvo que quedarse de pie y vernos oficiar una boda de cuarenta minutos de duración.

No hace falta decir que no volví a verle el pelo. Vale, en realidad eso no es cierto. Me lo encontré hace poco en la fiesta del sesenta cumpleaños de Shane MacGowan y me confesó, muy amablemente, que la verdad es que se había divertido mucho aquella noche. Estoy segura de que pensó que estábamos como unas maracas. Coincidencia o no, todo esto ocurrió mientras Johnny estaba en Las Vegas interpretando a Hunter S. Thompson en *Miedo y asco en Las Vegas*.

Hablando de encuentros extraños, o de encuentros no tan extraños, corre por ahí la leyenda de que conocí a John F. Kennedy Jr. en una cena elegante y que él me pasó su número de teléfono y yo lo rompí en mil pedazos. Es una absoluta patraña. Una gran anécdota, sí, pero lo cierto es que ni siquiera lo llegué a conocer. De haberlo hecho, habría saltado sobre él como un mono, como cualquier otra chica. Habría tenido que ser gay para rechazar ese número.

También han corrido algunos bulos sobre mí y Anthony Kiedis, de los Red Hot Chili Peppers. En su autobiografía, titulada *Scar Tissue* confiesa que nos besamos. Eso nunca ocurrió.

Dice que mantuvimos una especie de relación romántica. Sí, en sus sueños.

Pasamos tiempo juntos, cierto, y es un caballero muy agradable: incluso recuerdo que en una ocasión me ayudó a llevar a mi hijo al hospital. Me molestó que quisiera llevar las cosas más lejos. Que Dios le ayude. Se enfrentó a la cólera de los O'Connor, no porque intentara besarme, sino porque insinuó que deseaba, bueno, avivar las llamas. Creo que me tomó por algo que no soy. Eso nunca ocurrió.

UN SEÑOR ENTROMETIDO

Cuando una se hace famosa no solo se enfrenta a inquietantes rumores y cotilleos, sino a la propia abundancia de personas dispuestas a hacerte daño con tal de lucrarse.

Una supuesta amiga encontró en mi iPad una foto mía que me había hecho yo misma y que le envié por mensaje a un exmarido al que por lo que sea le encanta el billar. En dicha foto no llevo nada más que un traje muy cortito de sirvienta que me deja el culo al aire.

Es una suerte que los derechos de autor de la foto en cuestión sean míos, porque mi supuesta amiga se la dio a un tonto del culo que ahora está llamando a todos los periódicos irlandeses para intentar colocársela. Un periodista que conozco me llamó para avisarme de que el tontín quiere pasarse de listo.

Estoy decidida a impedir que se publique, así que le pido a mi amigo que me dé el número del tontolaba en cuestión y, acto seguido, le envío un mensaje de texto haciéndome pasar por un reportero de un tabloide inglés que quiere comprar la foto. Se lo cree. Y me cito con él en una gasolinera, a unos ocho kilómetros de mi casa. Llego pronto, ataviada con una larga peluca marrón. Y durante unos veinte minutos me quedo agazapada, hasta que puedo identificar en qué coche está aquel tipo. Resulta que ha aparcado justo a mi lado.

Entro en la tienda fingiendo que voy a comprar algo. Y al salir me detengo ante su coche y, sin cortarme ni un pelo, le saco una foto a su matrícula.

Está desconcertado. Me mira fijamente preguntándose: «¿Qué se trae entre manos esta chiflada?». Para cuando monto en mi auto y me pongo el cinturón ya se ha dado cuenta de lo que sucede y pisa el acelerador, camino de la autopista. A toda velocidad le sigo en mi coche –un monovolumen de siete plazas, un coche de mamá– durante unos cinco kilómetros. Hay una auténtica persecución automovilística, hasta que gira a la izquierda, pues su vehículo es más rápido. Se adentra por una pista forestal y le pierdo de vista. Conoce bien la zona. Vive cerca.

Lo llamo. Se caga por las patas. Le informo de que tengo los derechos de autor de la imagen en cuestión. Se niega a admitir que mi supuesta amiga se la ha dado. Pero sé que así ha sido: es la única que ha usado mi iPad.

Lo siente mucho, dice. Se deshará de la foto. No vuelvo a saber nada más del tema. Y no vuelvo a ver a mi supuesta amiga. No es la primera vez que me utiliza. Eso me pone muy triste. Siempre me está robando cosas. También lo hacen otras personas. Eso es algo que me rompería el corazón si no lo tuviera ya roto en mil pedazos.

JAKE, ROISIN, SHANE Y YESHUA

Tengo cuatro hijos de cuatro padres distintos, con uno de los cuales me casé. También me casé con otros tres hombres, pero ninguno de ellos es el padre de ninguno de mis hijos.

Sin faltar a la verdad, puedo decir que el padre de mi primer hijo y el padre de mi último hijo son mis mejores amigos en este mundo. Sin embargo, con los padres de mis dos hijos medianos solo procede un «Si te he visto no me acuerdo».

Como he escrito antes, mi primer hijo, Jake, fue una sorpresa muy agradable: lo concebimos gracias al consejo de una amiga mía, lo bastante amable como para revelarme que el día más seguro del ciclo es el día catorce… y por eso no hice el amor con su padre hasta el día catorce, algo que tuvo lugar en algún pueblo de Inglaterra mientras en la tele sonaba un concierto de Madonna.

Diría que Jake sufrió un poco, debido al hecho de que yo era muy joven cuando lo tuve y de que me había convertido en estrella en la industria musical de la noche a la mañana, debido al extraordinario éxito que tuve, pues mi primer álbum salió tres semanas antes de que él naciera. Con veinte años, no puedo decir que entendiera el concepto de abnegación de la forma en que una debe hacerlo cuando se convierte en madre.

Sé que fui una buena madre en lo referente a Jake y mis otros tres hijos, pero es difícil ser una muy buena madre cuando tocas música y sales de gira. Era afectuosa y cariñosa, pero me ausentaba mucho, e incluso cuando estaba en casa me comportaba más bien como un autómata: estaba cansada, agotada y también muy asustada de acabar pareciéndome a mi propia madre. Siempre me aseguré de tener una niñera cerca, porque temía que pudiera comportarme como ella. A fin de cuentas, esto también pudo importunar a Jake. Creo que lo vio como si una parte de mí no quisiera responsabilizarse de cuidarlo, pero la verdad es que quería asegurarme de que mis hijos nunca tuvieran que pasar por lo que yo pasé; si no tenía el día, siempre podía subir arriba o salir de casa, y mis hijos no tendrían que lidiar con mis estados de ánimo.

Tener a Jake cuando era muy joven tuvo sus ventajas, sobre todo porque nos convertimos en íntimos. A medida que crecía, nos hicimos más y más amigos. A menudo éramos más dos amigos que una madre y un hijo, lo que supongo que no es necesariamente algo bueno, pero teníamos una relación muy bonita.

Mi forma de cocinar siempre ha sido un problema para mis hijos. No soy buena cocinera. De hecho, eso es casi un eufemismo. Lo que cocino me queda tan duro que una podría demoler una casa o romper una ventana con uno de mis platos. En consecuencia, a una edad muy temprana, Jake se vio obligado a convertirse en un buen cocinero y ahora trabaja como jefe de cocina en un restaurante de Dublín: es un gran profesional del que me siento muy orgullosa. Es un joven muy, muy trabajador.

Jake es también padre por partida doble: tiene una niña, Naime, y un niño, Louie, así que soy abuela de dos preciosos niños que, a día de hoy, tienen uno y tres años.

Hace dos o tres años, cuando estuve enferma, a Jake le costó muchísimo estar cerca de mí, pero me alegra decir que volvimos a ser muy buenos amigos y que quiero a ese niño con toda mi alma, como también adoro a todos mis hijos. De hecho, en secreto, a cada uno de ellos le digo

que es mi favorito y luego añado que no les diga a sus hermanos que se lo he dicho. Cada vez que veo a uno, le digo:
—Eres mi favorito. No se lo digas a los otros.

Mi hija Roisin no nació por sorpresa. Su padre es un caballero llamado John Waters, un periodista que solía escribir para el *Irish Times* en Irlanda. Nos conocimos para que me entrevistara sobre mi polémica canción «Famine», del álbum *Universal Mother*.

No diría que nos enamoramos; no lo hicimos. Yo acababa de sufrir un aborto espontáneo y John estaba disgustado porque nunca había tenido un hijo. Nos llevábamos muy bien, y acordamos tener un hijo, con el entendimiento de que no estaríamos juntos. Así que concebimos a Roisin y llegamos a un acuerdo por el que ella pasaba la mitad del tiempo con su padre y la otra mitad conmigo. Aunque no tengo ninguna relación con John, ha sido un padre fantástico, un padre absolutamente maravilloso.

Estoy muy orgullosa de Roisin, sobre todo porque al crecer se portó muy bien; no puedo decir que hiciera ninguna travesura. Pero lo que sí puedo decir es que tiene un ángel de la guarda. No soy la única que lo ha visto, porque muchos de sus amigos también la han visto.

Yo no creía a sus amigos cuando me contaban que habían visto una niña ángel de la guarda, ni creí a un novio mío cuando me confesó que también había visto a una niña pelirroja. Al menos no hasta una mañana en la que estaba embarazada de mi tercer hijo, Shane, y estaba durmiendo en la cama con Roisin. Me desperté y allí estaba su ángel, sentada encima de Roisin, con la cabeza entre las manos, como si estuviera aburrida y esperando a que se despertara. Vi a una niña pelirroja, vestida con una sudadera roja y blanca.

Aquello fue tan poco aterrador que me volví a dormir de inmediato. Cuando me desperté una hora después, la niña seguía sentada encima de Roisin. Volví a dormirme y cuando me desperté la siguiente vez la niña ya no estaba. Pero una semana más tarde estaba regañando a Roisin por el estado en que tenía su habitación (más que un cuarto ordenado lo que tenía era un cuarto de orden y tres cuatros de desorden) cuando una enorme botella de agua de cuatro litros cayó de la mesa al suelo; estaba claro que a su ángel de la guarda no le hizo mucha gracia que me enfadara con Roisin.

Cuando Roisin cumplió dos años, se acercó corriendo a una mesa donde había un cuchillo de trinchar con el filo a la altura de sus ojos. Cuando estaba a un milímetro del cuchillo, este se elevó por los aires y se movió hacia la izquierda para alejarse de su cara, lo que obviamente fue obra de su ángel de la guarda. No he visto ni oído a otros ángeles de la guarda cerca de mis demás hijos, pero supongo que están ahí. Sin embargo, el ángel de la guarda de Roisin tiene un carácter tan fuerte que se hace visible.

Cosa curiosa, al igual que Jake, Roisin también se ha convertido en chef, aunque ella se ha hecho pastelera. Se formó en París y ahora trabaja en Irlanda. Tiene unas manos pequeñas y delicadas. Con esos delicados dedos suyos, siempre ha sido capaz de hacer las criaturas más diminutas de Tamagotchi y ahora crea hermosos pasteles y galletas veganas.

Me parece divertidísimo que hasta ahora dos de mis hijos se hayan convertido en grandes cocineros. Sin embargo, me doy cuenta de que jamás le envían a su madre un paquete lleno de comida. Como tengo una leve anorexia suelo matarme de hambre, pero aun así me gustaría que me hicieran llegar una cajita de pastas y espero que después de leer este libro lo hagan.

No es bueno cabrear a Roisin. Y la única forma en que la cabrearás es si eres intolerante. En tal caso, Roisin se levantará y se alejará de ti. No tiene el carácter de su madre, gracias a Dios, así que te dará la espalda y se callará y no se molestará en volver a hablarte. La admiro por su capacidad de alejarse de una bronca: yo tiendo a meterme en todas. Y en este aspecto aspiro a parecerme más a mi hija.

Roisin está ahora felizmente casada con un hombre encantador al que llama Poldy. Es exactamente igual que el hermano de Roisin, Jake, lo cual es muy dulce. Roisin y Jake tienen una relación absolutamente maravillosa y siempre la han tenido; literalmente se sientan en las rodillas del otro, se abrazan y se acurrucan. No creo que hayan tenido nunca una sola pelea. Si te metes con Roisin, tendrás que lidiar con Jake y créeme, eso no es algo que merezca la pena.

Nacido en 2004, Shane es el tercero de mis hijos. Fue una sorpresa. En aquella época su padre estaba casado, así que hubo un gran revuelo en torno al hecho de que me hubiera quedado embarazada.

Aunque a veces me vuelva loca, sigo teniéndole bastante cariño al padre, Dónal Lunny, aunque no tenemos contacto. Las cosas se pusieron muy cuesta arriba para Shane y para mí.

Shane es un personaje muy especial, muy, muy psíquico y muy, muy espiritual. Un día, cuando tenía tres años, me preguntó:

–¿Estuviste en un terremoto cuando yo estaba dentro de tu barriga?

Al principio le dije que no, porque había olvidado que así había sido. A las dos semanas de quedarme embarazada –ni siquiera sabía que lo estaba– hubo un terremoto mientras me hallaba de vacaciones en Malta. Nunca volví a pensar en ello, nunca lo mencioné. Nunca se lo dije al niño, creo que ni siquiera se lo conté a nadie más. Sin embargo, este niño de tres años fue capaz de decirme que, efectivamente, vivió un terremoto, y no sé cómo lo supo.

En otra ocasión estaba en la bañera y me preguntó:

–¿Has conocido a Dios?

Y yo le conté que, bueno, que tal vez sí, que me habían sucedido algunas cosas mágicas, y que tal vez había conocido a Dios de ciertas maneras. El niño me echó una buena bronca mientras el agua se salía de la bañera y añadió:

—Así no se conoce a Dios. Tienes que hacer realidad tus sueños.

A los ocho años le hicieron una evaluación y le declararon superdotado. Me dijeron que tenía la capacidad de aprendizaje, el vocabulario y el razonamiento matemático de un joven de dieciséis años. Empezó a estudiar Ciencias en una universidad de Dublín con adultos, pero no le gustaba ir allí, así que no duró mucho tiempo.

Me recuerda a Clint Eastwood. Podría meterse en todo tipo de problemas, pero como es tan tranquilo y tan amable, y tan genuinamente encantador, se las arregla para pasar por las cosas sin que le afecten, y lo admiro por eso.

Sé que se supone que los niños como Shane pueden ser difíciles y desafiantes, pero en realidad no me da problemas porque soy una madre muy poco habitual. Shane no es una clavija cuadrada que haya que meter en un agujero redondo: no, es el niño que más se parece a mí, por su aspecto y por su naturaleza, aunque, por supuesto, es una versión de mí con lógica y razón. Como podría decir Jack Nicholson, Shane es un cliente genial.

Sospecho que este niño se va a dedicar a algún tipo de actividad que implique ayudar a la gente; puede llegar a ser un muy buen chef. Preferiría morirse de hambre que comer cualquier plato que yo cocine. Es el tipo de cocinero que no necesita una receta y, simplemente, echa todo lo que tenga a su alcance a la olla y a la sartén, y le sale todo de perlas. Otro testigo de mi pésima, pésima forma de cocinar, aunque parece que sí se me da bien tener hijos.

La concepción de Yeshua fue cuidadosamente planeada. Nació, diría yo, dos semanas antes de lo previsto, el 19 de diciembre de 2006. Mientras estaba embarazada de él, curiosamente, el único antojo que tenía era un poco de silencio. Con mis otros hijos, los antojos tenían que ver con la comida: en el caso de Jake, salchichas y kiwis; en el de Roisin, pepinillos de lima; y en el de Shane, pastel de pescado. Todo lo que Yeshua anhelaba era silencio.

Tenía que meterme en una habitación oscura y quedarme muy, muy callada. Y resulta que Yeshua se ha convertido en una persona muy silenciosa. Su padre, Frank Bonadio, tiene una hija llamada Claire que también necesita silencio, y mi abuela era una gran amante del silencio. Yeshua se le parece mucho.

Necesita tener su propio espacio y le gusta estar solo. Es un ser humano extraordinariamente creativo. Creo a pies juntillas que se convertirá en cantante: tiene una voz fenomenal y un colosal talento musical. Toca el piano tan bien que se diría que está sonando un disco.

Rara vez me quedo sin palabras, pero cuando le oigo tocar el piano y cuando le oigo cantar no acierto a decir nada durante diez minutos. En cuanto empieza a tocar me quedo sin palabras. Yeshua me va a sacar de los escenarios y me va a dejar a la altura del betún. Así que estoy siendo deliberadamente amable con él (en esto me secunda el resto de la familia) porque creemos que va a ser millonario a los veinte años y queremos asegurarnos de que se porta bien con nosotros.

Se ha convertido en un adolescente obsesionado con los superhéroes y con Harry Potter. Cuando te encuentras con él solo te habla de qué superhéroe le gustaría ser y de qué superpoder le gustaría tener. Está realmente molesto por no tenerlo. Aunque siempre le digo que, de hecho, sí tiene uno: su gran corazón, su empatía, la cantidad de amor que siente por la gente. Por supuesto, se burla de mí, diciendo:

—No puedes salvar el universo con un gran corazón empático.

Bueno, pues no estoy de acuerdo.

Yeshua es una de las personas más divertidas que he conocido, con una risa tan contagiosa que hace reír a todo el mundo, aunque no sepas de qué se ríe, porque cuando ríe literalmente llora de risa.

Algo que me encanta es que se está convirtiendo en un calco de su padre. Incluso se sienta exactamente igual que su padre. Y tengo que decir que su padre es el mejor padre que he conocido. Y Dios sabe que el Día del Padre es un día de mucho ajetreo en mi casa. De hecho, es una puerta giratoria.

La gente siempre quiere saber por qué tuve cuatro hijos con cuatro hombres diferentes. Les digo que simplemente sucedió así. No fue algo que planeara, ni tampoco me creí en la obligación de casarme por quedarme embarazada. Aunque me casé con el padre de mi primer hijo, éramos, como ya he dicho, más bien como hermanos. (Por eso nuestra relación no funcionó: no me cabía en la cabeza que se pudieras hacer el amor con tu propio hermano.)

John Reynolds y yo nos casamos porque creímos que debíamos hacerlo, o más bien porque yo creía que debíamos hacerlo al tener un hijo juntos. No es un error que esté dispuesta a cometer de nuevo. Cuando me encontré embarazada por sorpresa de Shane estaba enamorada de él, aunque no quería estar con su padre. Lo mismo ocurrió con Roisin. En el caso de Yeshua, Frank y yo estuvimos juntos cinco años, y seguimos siendo los mejores amigos y vivimos a cien metros el uno del otro, por lo que el niño puede ir y venir a su antojo. No me propuse ser excepcional ni independiente. Simplemente quería a esos cuatro niños.

Hace algunos años me sucedió algo bastante divertido en una gira, cuando tuve que explicar a un agente de aduanas alemán en el aeropuerto de Múnich por qué mis cuatro hijos tenían cuatro apellidos diferentes. A aquel hombre le preocupaba que yo estuviera traficando con niños. Estaba hablando por teléfono con él desde mi hotel, y la niñera, que también tenía un apellido diferente, me traía a los niños de visitas. Tardé unos veinte minutos en explicarle al agente de aduanas de qué iba todo. Nada tenía sentido para él hasta que añadí:

–Mire, yo era un poco puta.

Y entonces dijo:

–Ah, vale.

Y eso fue todo. Aunque estaba de broma.

Una pequeña e interesante acotación a pie de página: una noche, hace años, mi propio padre vino a visitarme y me dijo que casi sentía celos por la forma en que yo vivía mi vida con respecto a tener descendencia, sin sentir que tenía que casarme y vivir como a un hombre le gustaría vivir. En resumen, que nuestra sociedad admite que los hombres tengan hijos con diferentes mujeres, pero que a veces se desprecia a las mujeres por tener cuatro hijos con cuatro hombres diferentes o más de un hijo con distintos hombres.

A mí nunca me han mirado mal por ello, ni he experimentado ningún estigma al respecto. Lo único que he vivido en mis carnes ha sido escuchar a mi pobre padre afirmar que ojalá hubiera podido vivir su vida como yo vivo la mía.

Si no he tenido ningún otro propósito en esta vida que el de traer a estos cuatro niños al mundo, pues bueno, con eso ya he hecho algo útil. No lo digo solo porque sean mis hijos. Son seres humanos absolutamente inusuales, inteligentes, cariñosos, compasivos, espiritualmente avanzados, divertidos, que valen la pena, trabajadores, y no podría estar más orgullosa de ellos.

EL MAGO DE OZ

La razón por la que no me he extendido en estas páginas sobre lo que ocurrió entre 1992 y 2015 es que, en agosto de 2015, después de haber escrito la primera parte de este libro, me practicaron una histerectomía radical en cirugía abierta en Irlanda que desembocó en una crisis nerviosa total.

Había llegado hasta la historia de *Saturday Night Live*, pero durante los cuatro años que tardé en recuperarme de la crisis no escribí nada más, y, para cuando me recuperé, era incapaz de recordar en gran medida todo lo que había ocurrido antes.

Como parte de mi viaje de recuperación, pasé buena parte de 2016 y 2017 en distintas localidades de Estados Unidos porque el sistema de atención de salud mental en Irlanda me estaba fallando (por ejemplo, no me ofrecieron ninguna terapia de reemplazo hormonal), y porque nadie que me conociera quería tener nada que ver conmigo; estaba tan fuera de mí que todos me tenían miedo. Nadie nos había explicado –ni a ellos ni a mí– que perder los ovarios me ocasionaría algo denominado menopausia quirúrgica, que es la menopausia multiplicada por diez mil, y que, como consecuencia, podía volverme muy inestable.

En Estados Unidos le cuentan estas cosas a tu familia, y te las dicen a ti, la paciente. En Estados Unidos los hospitales psiquiátricos reconocen que te acaban de extirpar tu femineidad. Y te someten a un tratamiento hormonal. En Irlanda no hubo nada de esto. Después de la histerectomía salí del hospital en Dublín sin ninguna información, sin nada más que un frasco de Tylenol y una cita de seguimiento a la que no me atreví a acudir.

Me habían operado porque sufría de endometriosis crónica. En realidad no necesitaba que me extirparan los ovarios. El médico simplemente lo decidió, decidió que «podría» quitármelos. Si los hubiera dejado donde estaban, ahora podría contar muchas más cosas sobre mi vida entre 1992 a 2015. Pero tal vez convenga olvidar algunas de ellas. Al fin y al cabo, convertirme en paria durante décadas, después de lo de *SNL,* fue muy doloroso.

Con todo, no cambiaría nada de lo que hice. Hay cosas por las que merece la pena convertirse en paria.

En Estados Unidos, en 2016, me quedé unos días con la única persona que conocía que tenía un piso disponible. Luego me puse en contacto con una familia encantadora que conocía, los Walker. De lo cual me alegré porque me vi obligada a tomar cartas en el asunto, no me gustaba la forma en que trataba a su mujer; la trataba con sumo desprecio. (Cuando me fui, debería habérmela llevado conmigo.)

Mientras me hospedaba con los Walker, que vivían en un suburbio arbolado de Chicago llamado Wilmette, acudí a muchas sesiones con el psiquiatra y recibí muchos consejos. Matt Walker es el baterista de Morrissey. Su esposa se llama Charlotte. Son personas a las que les debo la vida, porque de no ser porque me invitaron a vivir con ellos, de no ser porque Charlotte me llevaba al médico y a las citas de terapia y se quedaba conmigo, no estaría aquí esta noche, escribiendo estas líneas. Sin ella, en aquellos momentos no habría podido ni caminar.

Aunque nos divertimos mucho. Ella, como yo, tiene un humor socarrón. Igual que su madre, que tiene más de noventa años y es la señora de melena oscura más guapa que te puedes echar a la cara. De joven tuvo montones de amantes. Y no tiene pelos en la lengua. Con ella te partes de risa. Le puse un mote tan irreverente que no lo escribiré aquí. Pero a ella solía hacerla llorar de risa porque le venía como anillo al dedo.

Yo me quedaba en la habitación de la hija de los Walker, hasta que un día ella volvió de la universidad y ya tuve que buscarme mi propia casa. Me mudé a un motel en la cercana localidad de Waukegan.

Me sentía muy sola, pero también disfrutaba del hecho de que en aquel motel te dejaban fumar. Y me encantaba el enorme Walmart que había justo enfrente del motel, donde compraba cosas materiales inútiles, para intentar sentir algo de emoción y hacer que mi habitación se pareciera más a un hogar.

En algún momento compré un poco hierba que me hizo sentir fatal, así que decidí dejar la hierba y me fui a San Francisco, a un centro de desintoxicación que me había recomendado alguien que conocía a mi terapeuta. Me quedé allí tres meses. Luego volví a Irlanda durante una semana, pero nadie quería saber de mí. Así que regresé a Estados Unidos, a Nueva Jersey, y mi mánager me consiguió un apartamento en su mismo edificio. Pero tenía tantos impulsos suicidas que no podía quedarme allí, así que decidí internarme y ponerme bajo supervisión médica.

En la última de mis tres visitas al Hospital de Englewood, que tuvo lugar después de decenas de visitas al Centro Médico de la Universidad de Hackensack, tras partir peras con mi mánager, y después de que me mudara a un motel en algún lugar de Nueva Jersey y tuviera una piedra en el riñón e hiciera un llamamiento en vídeo en Facebook para que alguien viniera a ayudarme, anunciaron por megafonía en el pabellón que me llamaba un tal Dr. Phil. Fue mi momento Cenicienta.

Phil quiere ayudarme. Dice que su investigador me encontró a través de mi abogado de inmigración, Michael Wildes, porque su foto y su nombre habían aparecido en mi página de Facebook.

Mientras Phil se presenta por teléfono, me supervisa una auxiliar de enfermería de pelo rubio y camisa color burdeos, de unos dieciocho años y con la piel más pálida que una pueda imaginar. Esto ocurre con todos los pacientes suicidas. En Estados Unidos jamás he estado en un hospital sin que una amable señora no estuviera conmigo a todas horas del día y de la noche, y son esas señoras las que me hicieron querer convertirme en auxiliar de enfermería, porque me resultaba mucho más curativo charlar y reírme con ellas que cualquier medicina o terapia. Saber que estarían allí mientras yo dormía fue lo más parecido a tener una madre que he experimentado en la vida. No me molestaba que me observaran; era enternecedor.

De todos modos, su piel era tan pálida que parecía de papel, así que cuando una loca despiadada pasó a su lado y le arrojó media taza de té hirviendo sobre el brazo, y nadie vino a ayudarla, creí que debía colgar el teléfono. Monté un escándalo en el mostrador porque nadie le había hecho caso y entremedias una enfermera me pasó una nota. La había escrito el hombre que fue mi médico en Hackensack. Este hombre ha oído hablar del Dr. Phil y coincide con el médico de Englewood en que no le parece muy saludable que aparezca en su programa de televisión.

Creo que ambos están locos. ¡Hablamos del puto Dr. Phil! ¡Él puede sanar a cualquiera! ¡Y ellos tampoco tienen la menor idea! Entonces, ¿qué tengo que perder? Por supuesto, la loca soy yo. Aunque, por desgracia, no pueden impedirme legalmente que abandone el hospital (lo que habría sido lo mejor para mí), e insisto en aceptar la llamada de Phil, que me llama unos diez minutos después de que la anciana haya lanzado esa taza de té.

Es importante apuntar que, tras unos cuantos días –y noches– en cualquier dependencia psiquiátrica estadounidense, una se muere de veras por un cigarrillo. No es como en Irlanda, donde lo único bueno es que te dejan fumar. En Estados Unidos, como mucho te dan un puto parche de nicotina. Y no hay zonas al aire libre, con lo cual, después de una semana estás incluso más chiflada de lo que ya lo estabas, y de ahí que en gran parte mi insistencia por hacer una locura y acudir a la llamada del Dr. Phil se basara en mi deseo de poder fumar. Y, ya puestos, fumar también algo de hierba. También me parecía una agonía estar sin hierba en aquel momento. Phil me ofrecía un viaje de ocho horas en coche, a un centro de tratamiento que había recomendado a algunos de sus pacientes en el sur de Estados Unidos. Mi astuta mente de adicta sabía que eso me daba unas horas para fumar hierba y tabaco. Cosa que hice durante todo el trayecto.

Mientras estaba en el hospital me habían presentado a una nueva mánager y de ahí, con el conductor y un equipo de rodaje formado por dos hombres que Phil me había enviado, fuimos a mi apartamento vacío, donde me encontré con el camello que me vendía la hierba. Luego monté en una gran furgoneta negra, le di un beso de despedida a mi mánager y me adentré en la noche, con la certeza de que esta vez me iba a curar. No me refiero a dejar de fumar, sino a dejar estar enfadada y con ideas suicidas y tan llena de dolor que, fuera de un hospital, ni siquiera podía hacer la o con un canuto. Había estado rezando para que Dios me enviara ayuda en forma de un ser humano. Y de verdad creía que la ayuda que Dios me había enviado era el Dr. Phil. Pensé que él era literalmente la respuesta a mis oraciones, pero debería haber sabido que jugaba en mi contra porque no era espiritualmente sincero. En el programa de Jimmy Fallon le preguntaron cómo nos habíamos conocido y dijo:

–Ella me contactó.

No, no es cierto. Si hubiera dicho la verdad, Jimmy podría haberle acusado de explotar a alguien que estaba muy, muy frágil.

Así que, después de ocho horas de conducir, fumar y hablar, llegamos a aquel centro de tratamiento de traumas en el puto culo del mundo. Los médicos de Nueva Jersey habían dicho (con razón, resultó) que un tratamiento del trauma sería peligroso, porque me hallaba en un estado muy vulnerable, pero nadie los había escuchado. La primera putada es que la gente del centro quiere llevarse mi iPad. También podrían haber intentado llevarse mis pulmones. Los hice perseguirme por la propiedad en mitad de la noche, luego me metí el iPad en los pantalones y me escondí entre los arbustos, mientras dos mujeres recorrían las inmediaciones en un carrito de golf, buscándonos a mí y a mi iPad. Al final, di mi brazo a torcer y se lo llevaron. Como protesta, no quise llevarme ninguna de mis posesiones a mi habitación. Les dije que si se llevaban el iPad podían quedarse con todo lo que tenía. Porque es cruel llevarse la muleta de una persona y abandonarla a su suerte, sin consuelo ni distracción, durante veinticuatro horas al día. Especialmente si se trata de alguien con un montón de traumas. Así que, de la noche al día, pasé de tener algo de comodidad a no tener la más mínima. Y odié a aquellas mujeres por ello. Pero solo por un día porque resultó que eran encantadoras, las dos.

Cuando vuelvo del jardín hacia mi habitación me encuentro con el psiquiatra, plantado ante el maletero de su coche. Me ofrece una barrita de higos. ¿Para qué coño quiere una roquera una maldita barrita de higos? ¿Está más loco que yo? Le digo:

–No, gracias, las barritas de higo son para los hippies.

Veo que no nos vamos a llevar nada bien.

Cuando todo está arreglado para la noche, ya se ha hecho muy tarde. Me acuesto sobre la una de la madrugada. La gente del programa del Dr. Phil viene por la mañana, porque la condición que me puso Phil para ayudarme era que tenía yo que grabar el programa. Y tenía que hacerlo antes de disfrutar de cualquier tratamiento en aquel lugar al que él me había remitido. De esta manera no puedes quejarte ante la cámara, ni explicar lo mucho que te han explotado y lo deficiente que ha resultado esa supuesta atención médica que te recomienda.

Es decir, ni siquiera estoy segura de que ninguno de los miembros de mi equipo de tratamiento haya buscado mi historial médico en ningún hospital donde haya estado internada. Y eso incluye Englewood, de donde me habían sacado. Así que, por no saber, no parecían saber siquiera si debía someterme a una hora semanal de terapia del trauma individual, por no hablar de nueve horas diarias. Me sentía embrutecida. Todo aquello me trastornó aún más.

Sea como fuere, en cualquier caso, ahora estoy sentada frente al Dr. Phil, listo para grabar su programa. Llena de esperanzas y sueños. Lo primero que dice es que ha venido porque, después de ver mi vídeo en Facebook, mis fans le escribieron y le pidieron que me ayudara. Agita una enorme carpeta que afirma tener llena de peticiones por correo electrónico. Llena de múltiples muestras de amor y apoyo. Le pregunto si puedo quedarme con la carpeta y su contenido. Me dice que sí, pero se le olvida dármela. Comenta que qué suerte tengo ahora; que, dado que este lugar donde me encuentro es tan próspero y maravilloso, tiene que ser el mejor.

Me obliga a contarle mi historia ante la cámara. Confío en él porque me encuentro muy vulnerable. Y quiero vivir. Así que sigo adelante y me desahogo. Lloro como un bebé. Incluso me hace hablar con mi madre. Todas esas cosas que la «pequeña Sinéad» podría querer decirle a su mamaíta. Lo hago. Porque creo que me está ayudando. Ah, y también porque, antes de que empiece el rodaje, me viene a decir que mi presencia en su programa mostrándome tan frágil será un acto de gran valentía que «ayudará a mucha gente». Menciona el nombre de un gran productor que conoce. Me jura que ese tipo me va a llamar y que vamos a grabar discos. Cuando estamos filmando un último paseo por los alrededores, me cuenta que recientemente estuvo en una reunión a la que asistió Steve Bannon. Y que en dicha reunión la gente de Trump había discutido la posibilidad de que MAGA fuera MAWA: «Make America White Again». Hagamos que América vuelva a ser blanca. Al contarme eso se hizo el horrorizado.

Yo supuse que si de verdad estaba tan asqueado se lo diría a todo el mundo. Eso sería un signo de honestidad espiritual. Arriesgarte a perder todo lo que tienes para salvar a los más vulnerables. Arriesgarte a que te tilden de loco, arriesgarte a convertirte en un paria. No. Él no tenía cojones para hacerlo.

Se fue en su helicóptero y jamás lo volví a ver.

Al día siguiente, el psiquiatra y yo tuvimos un desencuentro. Me acusó (falsamente) de querer que me trataran como a una estrella de rock porque me había olvidado de firmar la salida cuando me iba a fumar.

Me sentí insultada porque, en realidad, en un centro de tratamiento nunca querría que me trataran de forma diferente a los demás. Y me demostró que las barritas de higos se le habían subido al cerebro.

Me sentí herida pero no dije ni una palabra. Me limité a salir tranquilamente de su despacho e ir a mi habitación.

Al parecer, supuso que yo estaba enfadada y se fue corriendo hacia una colina para alejarse, en caso de que yo me fuera a por él. Eso me tocó las narices, cuando antes ni siquiera estaba cabreada. El puto psiquiatra es un comehigos y un blandengue y ni siquiera puedes llorar a su lado o se le caerá el alma a los pies. Por Dios. Les avisé de que no me volvieran a poner en una habitación con él porque temía soltarle una hostia. Así que llamaron a Phil y este me llamó a mí. Le conté que no estaba contenta ni con el comehigos ni con la atención del resto del personal. También le dije que no creía que se me pudiera curar (cosa que sigo pensando).

–Yo no fallo –replicó el Dr. Phil. Y me advirtió de que no debía tratar mal a aquel psiquiatra.

Cada vez que elevo una queja formal sobre el equipo las cosas van de mal en peor. O sobre la otra chica suicida que Phil les envió después de un programa, sollozando por no haber recibido la atención que creía necesitar, aunque decía que tenía impulsos suicidas. Al final me sacan de la casa principal para ponerme en una vivienda enorme y vacía que hay en la propiedad. No se me permite entrar en la casa principal, lo que me molesta sobremanera. Al igual que me asfixian las nueve horas de terapia diarias para el trauma. (Un día, en mitad de una maratoniana sesión de terapia traumática, entró uno de los encargados de la parte legal y de contabilidad. Me entregó un contrato que quería que firmara. En él se estipulaba que si grababa cualquier cosa –todos los clientes lo hacían como parte de su tratamiento– con el musicoterapeuta, aquellas grabaciones serían propiedad del centro de tratamiento. Ni que decir tiene que no firmé y que, sea cual sea el motivo, es repugnante que alguien se cuele en una sesión de terapia, y menos aún para hacerle saber a esa persona que quieres aprovecharte de ella.)

Al final, una noche pierdo la cabeza y me pongo a gritar y llaman a la policía porque he dicho que soy suicida. Me llevan al hospital local, donde me evalúan y me dicen que en realidad no soy una suicida, sino que estoy traumatizada. Me aconsejan que no vuelva al centro de tratamiento. Y, muy amablemente, la policía me busca un motel y me lleva allí.

Por la mañana, encuentro en el bolso la llave de la casa grande donde me había quedado sola en el centro de tratamiento. Y como una tonta decido llevarla de vuelta. Llamo al único taxista del lugar. Me cuenta que tiene una bala en la cabeza de la guerra de Corea y que las chicas del pueblo se mueren por sus huesos. Mientras conducimos veo un hermoso cementerio a nuestra izquierda. Estatuas y tallas blancas. Símbolos religiosos gigantes y flores.

A la orilla derecha de la carretera, justo enfrente, hay algo que parece un cementerio de animales. Diviso un centenar de piedras negras del tamaño de un pomelo en el suelo, pero no hay tumbas a la vista. El terreno está descuidado, la hierba sin cortar. Le pregunto a mi conductor si es un cementerio de animales.

–No –niega–. Eso es para los negros, pero yo no me trato con ellos.

Siento que el corazón se me parte en dos. Ahora comprendo por qué la única negra que trabaja en el centro estaba tan asombrada de que fuera su hombro el que yo he elegido para llorar cuando las cosas se me han puesto cuesta arriba. La primera vez que ocurrió se sorprendió y me dio las gracias como si fuera un honor.

Voy a devolver la llave y me convencen para ir a Los Ángeles a otro centro de tratamiento, a lo que accedo: me llevan en avión y allí me dejan. No sé nada de Phil, aunque me han dicho que está financiando mi estancia. Al cabo de tres semanas, uno de los empleados, de mal genio, me informa de que el centro me está dando gato por liebre y que lo que había oído en el primer centro eran una sarta de mentiras. No me sorprende. Hago las maletas y me largo. Y desde entonces no he vuelto a saber nada de ellos.

En 2018 escribí una canción sobre todo eso. Se titula «Milestones» y estará en mi próximo álbum, aunque ya hay una demo en YouTube. Y no, no menciona las barritas de higo.

HACIA ADELANTE Y AHORA

Algunas personas creen que en el cielo siempre es de noche, y yo espero que así sea. También deseo que si existe el cielo yo haya hecho los méritos necesarios para entrar (si es que existe la posibilidad de no entrar). Me cuesta creer que Dios sea cruel. Pero si por un casual mereciera lo contrario, espero que el hecho de haber cantado sirva como contrapartida a mis múltiples y horribles pecados.

Me encanta el fuego. Espero que en el cielo haya fuego. Cuando me siento débil, el fuego me hace fuerte.

También amo la noche, porque para eso está el fuego. ¿Qué pasaría si en mi noche no hubiera fuego, ni ardieran las llamas en mi oscura mañana? Me quedaría desvalida. Desnuda, incluso. Como lo estaría sin mi hiyab.

Me lo pongo desde octubre de 2018 (no el mismo y, sí, lo he lavado para que mi cabeza no huela a pies) cuando me revertí. Decimos «revertir» –y no «convertir»–, porque abrazar el islam es como volver al hogar. Así lo experimenté siendo yo una persona que había estudiado teología desde niña: era como volver a casa. Toda la vida, a través de cada libro y cada canción, lo había estado buscando y por alguna razón dejé el islam para el final. A pesar de que durante años había tocado la llamada a la oración antes de cada concierto, nunca me había sentado a estudiarla.

Tengo una afición de la que no he hablado aquí: me gusta ilustrar fragmentos de las Escrituras. Llevo mucho tiempo haciéndolo. Suelo regalárselas a la gente, pero últimamente no lo hago porque me he dado cuenta de que acabo teniendo broncas con casi todos a los que les regalo una.

Cuando me vaya de este mundo mortal quiero que todas las personas a las que les he regalado un cuadro se reúnan en un lugar y monten una exposición. Esas per-

Una ilustración para las Escrituras (*cortesía de la autora*).

sonas no se conocen entre sí. Proceden de todos los ámbitos de la vida. Me gustaría que se conocieran, si no han destrozado esos cuadros. E incluso si lo han hecho.

Me pasé al dibujo porque cada cuadro me llevaba un mes y acababa en un hospital por no comer. Pintar era como una adicción. Ahora uso rotuladores. Y pintura con efecto de pan de oro. Así es más fácil y el resultado es idéntico. Es mi manera de rezar. Aquel octubre me senté en mitad de la noche para pintar la llamada a la oración. Rezar en otro idioma es como cantar. Hay que saber lo que se dice. Tenía las versiones en inglés y en árabe y quise pintar la versión en árabe. Me quedé impresionada por lo que significa *La ilaha illallah* («No hay más Dios que Dios») y por lo que sentí en la boca al pronunciarlo, por su matemática. Eso fue todo, estaba en casa. El lenguaje y la inteligencia de la llamada a la oración me llevaron a escuchar el Corán. Había vuelto a casa. Había sido musulmana toda la vida y nunca me había dado cuenta. La llamada a la oración es la canción más matemáticamente inteligente jamás escrita.

La idolatría (amar algo o alguien más que a Dios) consiste en amar algo tanto que crees que morirías sin ello. O que querrías morir sin ello. Puede ser una persona, un lugar o una cosa. No lo sabrás hasta que Dios decida mostrártelo. Aunque te lo mostrará. Será tu propio becerro de oro. Y te quedarás atónita, porque pensabas que eras una verdadera creyente.

Dicen que en el cielo está el paraíso. El paraíso nocturno. Fresco y tranquilo. Jardines con ríos que fluyen a tus pies. Yo anhelo algo así, y lo recreo aquí, por las noches, en la sala de estar. Un fuego. Y la oscuridad, pero para ello… imagino el cielo como un jardín. Uno que cuenta con un clima perfecto y donde, aunque está poblado por múltiples almas, nadie te ve si no quieres que te vea nadie.

Sin embargo, yo sí quiero. Quiero que me vean. Nadie me ha visto jamás. Ni siquiera yo misma. Quiero cantar donde pueda hacerlo sin molestar a Dios, a mi abuela o a mi madre. Siendo la clase de persona que soy, causo muchos revuelos en esta tierra.

En esta vida solo he hecho una cosa santa y ha sido cantar. Aunque la industria de la música es de veras impía. Después de un tiempo todo se tuerce. No puedes trabajar bien porque estás en el entorno equivocado. Algo así como el tripi que no me subía en el club de rockabilly. Mi espíritu no es apto para la industria musical. Ni para ninguna otra actividad aparte de componer canciones e interpretarlas, que es mi pasión. Me refiero a actuar. Nací para eso. Sí, señor.

Me pregunto si compondrán canciones en el cielo. Y si se las susurran luego a los compositores en la tierra. Pero qué digo: el mismo Corán es como una canción. Y le fue susurrado a Gabriel, quien luego se lo susurró a Mahoma. Tardó veintiún años en completarse. En realidad, Dios es un increíble compositor de canciones.

Espero que sea verdad eso de que Dios ama a los cantantes. Y apuesto a que Mahoma debe de haber tenido una hermosa voz. Espero que todavía esté cantando en el paraíso nocturno. Tal vez si me quedo callada lo pueda escuchar.

Estoy tan emocionada. La gente se ha vuelto loca con mi interpretación de «Nothing Compares 2 U» en el *Late Late Show* de Irlanda. Se convirtió en viral. Dos millones de personas lo vieron *online*. Y me dieron la bienvenida a casa. Por la música.

Todo lo que tengo que hacer es no cagarla. Por ahora todo va bien. Solo he tenido un pequeño desliz porque amenacé al estado irlandés en Twitter. Luego conté una mentira como un templo: dije que me habían hackeado la cuenta de Twitter y que el tuit no era mío. Mentira total. Como una cabra.

Aparte de eso, me ha ido bien. Tres programas y ninguna queja; muchos hombres que lloran. Por eso sé que me ha ido bien: solo cuando canto hago llorar a los hombres por una buena razón. El resto del tiempo lloran porque soy un grano en el culo.

Me puse una abaya roja y un hiyab a juego. Muy a lo *Star Wars*. Alguien publicó una foto de uno de los guardias del emperador Palpatine. Yo misma me morí de risa. Tengo que encontrar algunos hiyabs más cortos. Me gusta llevarlos. Me gusta mi hogar dentro del islam. Me gusta que mis hermanos y hermanas me identifiquen por la calle. Me gusta representar mi fe. Porque el islam lo pasa mal. Pero ya no soy una soldado. Solo quiero representar mi fe.

En directo el hiyab me puede resultar incómodo, por el auricular que uso. Necesito poder juguetear con él mientras canto. De hecho, ahora, después de un año de cubrirme el pelo –en verano no me ponía el hiyab porque no podía soportar el calor; en su lugar llevaba un turbante muy fino–, me siento desnuda si no me pongo algo. No sé cómo se las arreglan las mujeres en los países de calor intenso.

No creo que se deba obligar a nadie a llevar hiyab. Aunque tampoco creo que se deba obligar a nadie a no llevarlo. Debería quedar a elección del personal. En mi caso, así es. A las mujeres que me reprochan mi elección y dicen que intento ajustarme a la idea de belleza de los hombres orientales, les recuerdo que teñirse el pelo es lo mismo que el hiyab, solo que el suyo se ajusta a la idea de belleza de los hombres occidentales. Y les sugiero que si de verdad no les gusta llevar hiyab se afeiten la cabeza.

No lo llevo por verme guapa, ni por ningún hombre. A mi edad no busco atraer a nadie. No es algo que contemple como posibilidad, aunque no me importaría tener un compañero si Dios me tiene reservado uno que me aguante o al que yo pueda aguantar. Visto como me gusta, eso es todo. Pero todo lo que me pongo para trabajar tiene que ser atractivo. Si no, ¡mi madre me masacraría! Aquella mujer era modista y modelo, y si yo saliera al escenario en chándal y camiseta ella haría que me partiera un rayo.

Como decía Yeats, no se puede separar al bailarín de la danza.

Estoy muerta de miedo porque la gira empieza en tres semanas y todo el mundo espera que sea la bomba, pero solo voy a tener cuatro días de ensayos y hace cinco años que no canto, así que temo no ser capaz de recordar la letra de dieciséis canciones. Estoy tan agobiada en casa que no he tenido tiempo de sentarme a escuchar las canciones y, para colmo, la impresora está hecha una puta mierda, así que no puedo imprimirlas. No voy a salir a comprar otra puta impresora. Arrastro una maldición que contagio a las cosas que me rodean; se mueren cuando paso por delante de ellas. Y tengo una agorafobia de cojones. Algo que rara vez menciono.

Agorafobia. Tengo miedo en los espacios abiertos. No a la gente. Es consecuencia del trastorno de estrés postraumático. El hogar es seguro. Los hoteles son seguros. El trabajo es seguro. Dentro del coche me siento segura. Lo que pasa es que llego a la ciudad y me entra el pánico: necesito estar en casa. Me debilita porque hace que la vida social sea una mierda. En especial porque solo les he hablado de este problema a un par de mis amigos. Así que la gente se enfada conmigo porque hago planes para ir a algún sitio y siempre los cancelo. Quiero ir cuando hago el plan, de veras que quiero ir, pero cuando llega el momento me entra el pánico y echo mano de una mentira piadosa para justificar por qué no puedo. No sé por qué miento. Supongo que no quiero que la gente piense que estoy loca.

EPÍLOGO
MI ESTIMADÍSIMO PADRE,
TE ESCRIBO...

Te escribo esta pequeña carta porque quiero que la imprimas y la pegues en tu espejo, o te la tatúes en el interior de tus adorables párpados, para que nunca dudes o te culpes a ti mismo y/o a mi madre por mi comportamiento o el estado de mi salud mental.

Así que aquí está...

Sinéad, que según los inescrutables designios de Alá, resulta ser tu querida hija y la de Marie, nació –sin ninguna culpa tuya ni de su madre– con una serie de anomalías cerebrales derivadas del ADN de los O'Grady, que se manifiestan en forma de enfermedad mental.

A la edad de once años, Sinéad también sufrió una gravísima lesión en la cabeza, cuando un niño de un tren que pasaba a toda velocidad por la estación de Blackrock abrió una puerta hacia fuera y la golpeó, mientras ella estaba de pie en el andén.

Se ha demostrado científicamente que este tipo de lesiones en la cabeza pueden causar enfermedades mentales o empeorar cualquier enfermedad mental con la que se haya podido nacer.

Por tanto, quiero que sepas que, aunque hubiera tenido por padres a san José y a la Virgen María y se hubiera criado en la Casa de la Pradera, tu hija seguiría estando más loca que una cabra y desquiciada como una regadera.

Ni en el entorno en que se crio Sinéad ni en su experiencia hay nada que haya provocado dichas enfermedades mentales. Esto es así y buena prueba de ello es la consistente cordura de tus otros tres hijos y de Marie.

La investigación psiquiátrica y musical ha demostrado con creces que, por necesidad, todos los individuos a los que Alá elige insuflar el suspiro de Su fuego musical están también tocados por la locura. Y que todos los músicos tocados por la divinidad son unos lunáticos. De lo contrario, serían unos cabrones arrogantes. La humildad es el requisito número uno de cualquier artista verdaderamente llamado por Dios.

Además, y por mucho que hayan crecido en el paraíso o en el infierno, o en cualquier lugar entremedias, todos los músicos de rock son unos cerdos que infringen normas: delincuentes, drogadictos, unas zorras negligentes, unos padres inadaptados y unos maníacos alcohólicos, aunque no estén lo bastante locos como para acabar en el manicomio ni sean tan criminales como para acabar entre rejas.

Por eso se inventó la industria musical. De lo contrario, no habría habido ningún lugar donde alojar a gente como Little Richard y Liberace. 🌚

Así que tu hija nació loca.

Ni tú ni su madre sois responsables. Ambos hicisteis todo lo que estuvo en vuestra mano con las herramientas que Dios os dio. Y tu hija solo recuerda todo lo maravilloso que ambos le disteis. En tu caso, lo más importante fueron las canciones, el canto y Alá.

Así que no te subas por las paredes, a menos que lo hagas por diversión.

Y recuerda siempre que Alá te lleva a ti y a tus hijos en su boca, como una leona lleva a sus cachorros. Y que los problemas son solo uno de los disfraces que adopta Dios.

Y que en el cielo hay un trono con tu nombre, con una joya incrustada por cada cana que te haya causado tu asilvestrada hija.

♥ ♥ ♥ ♥ ♥ ♥ ♥
Sinéad/Shuhada

Hoy es 5 de abril de 2020. El mundo está confinado. Nadie sabe cuándo o en qué forma volverá la vida «a la normalidad». Como si alguna hubiéramos disfrutado de semejante cosa.

Tal vez cambie el modo en que hemos estado viviendo. Puede que sigamos queriéndonos tanto como hasta ahora, pero quedándonos en casa. Eso nunca se sabe. Pero habrá un viaje a través de siete infiernos. Habiendo tenido mucho entrenamiento en tales viajes, de alguna forma creo poder ayudar a algunos seres queridos a prepararse. Cuando uno convive con el diablo descubre también que hay un Dios.

En Estados Unidos, Trump desea que todos vuelvan a trabajar, justo en la cresta de la ola del virus. Y quiere que los enfermos tomen un medicamento del que él no sabe nada de nada, y además no se pondrá una mascarilla. Es un vendemotos, el rey del Kool-Aid. Dice que con mascarilla no podría reunirse con presidentes, dictadores, reyes o reinas. Aunque lo cierto es que la semana pasada murió una princesa en Europa. Del virus.

La culpa es del pueblo. Si Trump fuera el presidente o el primer ministro irlandés ya le habrían arrancado físicamente de su cargo el mismo día en que por primera vez devolvió al hijo de alguien en una frontera. Es un enfermo mental. En el mejor de los casos, los presuntamente cuerdos se quedan cruzados de brazos; en el peor, lo capacitan. Como a un gigantesco emperador desnudo. Lo que, dicho sea de paso, es sin ninguna duda. Una puta lección para que la gente no sea siempre tan buena. Vamos, que ninguno de los periodistas le pregunta:

—Señor, ¿de qué va?

Negligencia. El deseo de ser amables los está matando. Y así vamos. Sin importar qué hace o qué deja de hacer.

Antes, los americanos ocupaban las calles para luchar pacíficamente por los derechos civiles de los demás. Ahora ninguno puede ni siquiera salir de casa.

¿Qué harán con este monstruo cuando tengan oportunidad? La historia ha tenido la habilidad de lograr que «socialismo» sea la palabra más denostada que alguien puede pronunciar en Estados Unidos. Sin embargo, tal vez de aquí pueda germinar una terrible belleza.

Estoy sentada fuera, en los escalones, en el porche, frente al mar. Fumo demasiado para quedarme dentro. Estoy examinando mi vida y cómo quiero que sea cuando todo esto termine. Soy consciente de que va a durar mucho tiempo. Me refiero al confinamiento. Soy consciente de que tengo muy poco control sobre cómo vivir mi vida, al menos durante el próximo año. Porque los conciertos que tuvimos que cancelar debido al virus tendrán que hacerse a principios de 2021. No puedo pasarlos al verano. A menos que ocurra un milagro. Mirad, quiero ir a la universidad. Es un curso de un año de auxiliar de enfermería. Empieza en septiembre, en mi escuela de formación profesional local. Y termina en junio. Pero siempre hay algo que se interpone. Hace dos años intenté hacerlo, pero no me encontraba bien del todo. El año pasado necesitaba trabajar, rendir. Porque en mayo, después de no estar bien durante cuatro años, salí del hospital con ocho mil dólares en el banco y enseguida recibí una factura de dos mil dólares por la calefacción de mi casa, que había permanecido vacía y desierta mientras yo no estaba.

Este septiembre confiaba en poder salir de gira. De haber estudiado auxiliar de enfermería dos años atrás, ahora estaría en primera línea, ayudando a la gente. El gobierno ha pedido que todos los auxiliares de enfermería echen una mano. Tal y como he dicho, estoy sentada, sin hacer nada más que ganar peso. Así que he decidido empezar a estudiar en otoño de 2020 y en el verano de 2021 (eso espero) volveré a salir de gira. Me he decidido y he reservado el dinero para ello, ahora que lo tengo. Así, además de grabar discos e ir de gira, tendré una ocupación. No estaré sentada durante un año sin hacer nada, sino metida en harina.

Parece que este virus marca el fin de un mundo y el comienzo de otro.

Tal vez el de uno mejor.

(BP Fallon).

Libros del Kultrum le agradece el tiempo dedicado a la lectura de esta obra. Confiamos en que haya resultado de su agrado y le invitamos a que, si así ha sido, no deje de recomendarlo a otros lectores.

Puede visitarnos en www.librosdelkultrum.com, en Facebook, en Twitter y en Instagram donde encontrará información sobre nuestros proyectos; y desde donde le invitamos a hacernos llegar sus opiniones y recomendaciones.

TÍTULOS PUBLICADOS
KULTRUM

**REACCIONES
PSICÓTICAS Y MIERDA
DE CARBURADOR**
Lester Bangs

**VÍCTIMA DE MI
HECHIZO**
Memorias de Nina Simone

HÍPSTERS EMINENTES
Memorias de Donald Fagen

CON BILLIE HOLIDAY
Julia Blackburn

**CASH:
LA AUTOBIOGRAFÍA
DE JOHNNY CASH**
Johnny Cash

**MI HISTORIA:
MEMORIAS DEL
FUNDADOR
DE THE WHO**
Roger Daltrey

SEMILLA DEL SON
Crónica de un hechizo
Santiago Auserón

**CON LAS HORAS
CANTADAS**
Memorias de Gil Scott-Heron

**KEITH JARRETT:
UNA BIOGRAFÍA**
Wolfgang Sandner

**THE CLASH:
AUTOBIOGRAFÍA
GRUPAL**
The Clash

**NICK CAVE: LETRAS
OBRA LÍRICA
COMPLETA
1978-2019**
Nicholas Edward Cave

**ARETHA FRANKLIN:
APOLOGÍA Y
MARTOROLOGIO DE
LA REINA DEL SOUL**
David Ritz

**QUE RULE EL AMOR:
MEMORIAS**
Lenny Kravitz

**"Q": AUTOBIOGRAFÍA
DE QUINCY JONES**
Quincy Delight Jones Jr

**AMOR CRÓNICO:
TALKING HEADS ·
TOM TOM CLUB · TINA**
Memorias de Chris Frantz

**LA TIERRA QUE VIO
NACER EL BLUES.
PROSAS REUNIDAS
DE UN FOLCLORISTA
LEGENDARIO**
Alan Lomax

EN PREPARACIÓN
KULTRUM

I · ME · MINE
MEMORIAS,
CANCIONERO,
IMÁGENES
George Harrison

INFATUACIONES NO
CORRESPONDIDAS:
CONFESIONES DE UN
DISCÍPULO DEL ROCK
Y DEL SOUL
Steve Van Zandt

PUBLICADOS
CULT ROOM

ENTREVISTAS
DE ULTRATUMBA.
LA RESURRECCIÓN
DE LA CARNE:
AUTORES VIVIENTES
CONVERSAN CON
SUS CADÁVERES
PREDILECTOS
Edición a cargo de
Dan Crowe

BREVÍSIMO
DICCIONARIO
DE ENFERMEDADES
(Y NECEDADES)
LITERARIAS
Marco Rossari

W
O
M